北大刑法博士文丛（12）
陈兴良　总主编

福柯刑事法思想研究

——监狱、刑罚、犯罪、刑法知识的权力分析

孙运梁　著

中国人民公安大学出版社
·北　京·

图书在版编目（CIP）数据

福柯刑事法思想研究/孙运梁著．—北京：中国人民公安大学出版社，2009.10

（北大刑法博士文丛；12/陈兴良总主编）

ISBN 978-7-81139-760-4

Ⅰ．福…　Ⅱ．孙…　Ⅲ．福柯，M.（1926～1984）—刑法—思想—研究　Ⅳ．D914.01

中国版本图书馆CIP数据核字（2009）第178238号

北大刑法博士文丛

福柯刑事法思想研究

——监狱、刑罚、犯罪、刑法知识的权力分析

FUKE XINGSHIFA SIXIANG YANJIU

孙运梁　著

出版发行：中国人民公安大学出版社
地　　址：北京市西城区木樨地南里
邮政编码：100038
经　　销：新华书店
印　　刷：三河鑫鑫科达彩色印刷包装有限公司印刷

版　　次：2009年10月第1版
印　　次：2009年10月第1次
印　　张：7.75
开　　本：880毫米×1230毫米　1/32
字　　数：201千字
印　　数：1～3000册

书　　号：ISBN 978-7-81139-760-4/D·614
定　　价：20.00元

网　　址：www.cppsup.com.cn　www.porclub.com.cn
电子邮箱：cpep@public.bta.net.cn　zbs@cppsu.edu.cn

营销中心电话（批销）：（010）83903254
警官读者俱乐部电话（邮购）：（010）83903253
读者服务部电话（书店）：（010）83903257
教材分社电话：（010）83903259
公安图书分社电话：（010）83905672
法律图书分社电话：（010）83905637
公安文艺分社电话：（010）83903973
杂志分社电话：（010）83903239
电子音像分社电话：（010）83905727

总 序

“北大刑法博士文丛”即将由中国人民公安大学出版社陆续出版。作为总主编，我感到十分高兴。随着法学教育的发展，每年毕业的博士生人数越来越多，博士论文作为获得博士学位的前提，成为一种学术成果的重要载体，受到学术界的高度重视。博士论文的水平，也成为衡量一个博士点质量高低的重要指数。在这种情况下，从已经答辩通过的博士论文中，择其优者经过修订予以出版，也是对学术界的一种贡献。北京大学刑法学博士点是我国培养刑法学专业博士生的一个重要基地，自 1990 年建点以来，已经培养了数十名博士生，并曾经系统地出版过博士论文集。这次在中国人民公安大学出版社出版的“北大刑法博士文丛”是这一出版活动的延续。我在主编本文丛的时候，择优入选博士论文，主要基于以下三个标准：

一是选题新。刑法学是一门发展较为成熟的部门法学科，到目前为止，博士论文已有数百篇，已经出现一些选题重复的现象。因此，在选题上如何出新，就是一个值得研究的问题。入选本文丛的博士论文，我要求选题一定要新。这里的新，既指没有相同选题的博士论文，更指它能开启新的学术领域。陈旧的选题是很难在内容上出新的。因此，选题新就成为入选的一个基本前提。

二是观点新。博士论文虽然力求通过，但仍然给学术创新留下了一定的空间。如果在观点上都是一些陈词滥调，没有任何独创之处，就不可能成为一篇好的博士论文。因此，观点新是对博士论文的一个基本要求。这里的观点新，就是指论文在内容上具有一定的原创性，而不是资料堆砌或者文献综述。应该说，这是一个较高的要求。当然，观点新也并非是标新立异，而是要在承接前人研究成果基础之上的推陈出新，这就要求作者具有扎实的学术基础。

三是表述新。表述虽然只是一个形式问题，但我认为也是必须引起我们充分重视的。长期以来，我们在刑法理论研究中已经形成了某种固定的程式，按照这种程式写出来的论文在表述方法上是十分陈旧的，给人一种似曾相识之感，缺乏新意。我一直倡导一种新的表述方法，能够给人以别开生面之感觉。表述是一种文字功夫，虽然只是学术的载体和外表，但好的表述能使观点更引人入胜，更具有吸引力。

达到以上三个标准的博士论文，才是优秀的博士论文，这是我对本文丛入选标准的一点看法。我期待有更多的优秀博士论文能够入选。当然，由于出版资源有限，我们每年只能出版三至五本，这些博士论文应该是北京大学刑法学博士论文中最优秀的。本着宁缺毋滥的原则，我将严格把关，力争使本文丛的博士论文在质量上达到较高的学术水平。尤其是在论文的选题上，我将更侧重于前沿性的理论问题。博士论文的出版，对于培养学术新人来说，是一项功德无量的工作。对于那些立志将来献身学术研究的博士生来说，博士论文将是他/她的第一本个人专著。对于那些投身司法实践工作的博士生来说，博士论文也许是他/她的最后一本，甚至是唯一的一本个人专著。因此，饱含个人心血的博士论文能够出版，这是一件幸事，对此，我深有体会。想到十多年前，我出版个人博士论文时的艰难，更为自己能够为学生们的博士论文的出版助一臂之力而感到快慰。

最后，我还要感谢中国人民公安大学出版社对本文丛出版所给予的大力支持。中国人民公安大学出版社在刑事法学术著作出版方面成绩卓著，已经成为刑事法学术著作出版的“重镇”，本文丛的出版就是一个明证。

是为序。

陈兴良
谨识于北京锦秋知春寓所
2004 年 6 月 20 日

序

孙运梁的《福柯刑事法思想研究——监狱、刑罚、犯罪、刑法知识的权力分析》一书即将出版，作为导师，我感到十分高兴。当初孙运梁与我商量博士论文选题的时候，对将福柯的刑事法思想作为博士论文的选题还有一些疑虑。在我的鼓励下，孙运梁完成了博士论文的写作，并顺利地通过了论文答辩，成为第一篇研究福柯刑事法思想的博士论文，也可以说是一篇填补空白之作。

对于刑事法学界来说，福柯是谁，这是一个首先需要回答的问题。而这个问题，恰恰是一个最难以回答的问题。英国学者路易丝·麦克尼在《福柯》一书中指出：

福柯的著作博大精深，不容易将其归入哪一门学科，并且这通常导致难以对它们加以批判性的接受。历史学家们拒绝了福柯的著作，因为它们太哲学化了；哲学家们拒绝了福柯的著作，因为它们缺少形式上的严密性；社会学家们拒绝了福柯的著作，因为它们带有文学和诗意的性质。①

我们刑事法学界当然既没有资格拒绝，也没有资格接纳福柯。其实，福柯不属于任何一个学科，但他又对每一个学科产生了影响，因而被每一个学科所研究。这就是福柯—— 一个大百科全书式的思想家：他的思想属于每一个学科。

福柯的著作之所以具有如此大的影响力，我以为主要在于他

① 参见［英］路易丝·麦克尼：《福柯》，贾湜译，黑龙江人民出版社 1999 年版，第 1 ~2 页。

创造了一种对社会的分析方法，即权力分析方法。在此之前，对于政治、法律与社会的解读，往往是采用精神分析法或者经济决定论。前者如唯心主义者，例如黑格尔；后者如唯物主义者，例如马克思。福柯则从权力关系切入，把人置入权力关系的网络之中，社会也无非是一种权力的建构。因此，在福柯看来，权力是揭示社会秘密的一个路径。福柯用权力来解读社会，也用权力来解读刑罚。在对于刑罚的分析中，福柯采用了权力/肉体的分析范畴，这是一种权力技术学的分析。福柯指出：

我们可以有把握地接受一个基本观点，即在我们今天的社会里，应该将惩罚制度置于某种有关肉体的“政治经济”中来考察：尽管它们并不使用粗暴的、血腥的惩罚，尽管它们使用禁闭或有教养的“仁厚”方法，但是，最终涉及的总是肉体，即肉体及其力量、它们的可利用性和可驯服性、对它们的安排和征服。①

因此，福柯重写了刑罚史：从以道德观念或法律结构为背景撰写的惩罚史到以肉体史为背景撰写的惩罚史。正是在权力与肉体的互动中，福柯揭示了刑罚发展的内在根据。可以说，福柯的这些论断，对于我们理解刑罚是具有重要启迪的。

孙运梁在《福柯刑事法思想研究》的博士论文中，对福柯的刑事法思想作了系统的论述，其内容正如博士论文的副标题所提示的，涉及监狱思想、刑罚思想、犯罪思想和刑法知识，并着重于权力分析。由此可见，孙运梁博士对福柯刑事法思想的探讨是极为系统全面的，也是十分深入的。

刑事法，这里主要是指刑法，首先是一门规范学科，其主体内容当然是对刑法的规范研究。但是，刑法不仅仅是一种规范，而且也是一种社会现象，甚至是一种思想观念。在这种情况下，

---

① 参见［法］米歇尔·福柯：《规训与惩罚》，刘北成、杨远婴译，北京三联书店1999年版，第27页。

对刑法进行超规范的研究，也是十分必要的，它对刑法的规范研究会有促进作用。以往刑法专业博士论文的选题，绝大部分集中在规范研究的领域。而孙运梁能够采用权力分析方法、循着福柯的思想路径，对刑事法进行某种超越规范的理论研究，这种学术勇气是值得嘉许的。从孙运梁的博士论文内容来看，并不是简单地归纳梳理福柯的刑事法思想，而是站在一定的理论高度，对福柯的刑事法思想进行评价与分析，因而达到了相当的思想深度与理论高度。我国的刑事法思想，长期以来受政治意识形态的教条的影响，以专政为中心思想来加以解读，对刑事法，包括犯罪、刑罚、监狱等制度的分析，更多的是采用阶级分析法与政治分析法。即使是现在，对于刑事法的理解也还没有完全从阶级专政的教条遮蔽中摆脱出来。在这种情况下，通过孙运梁的博士论文，了解福柯对刑事法所进行的权力分析的思想谱系，对于转变我们的刑事法观念，不啻是打开了一扇思想门窗，使我们的刑事法知识获得增量。因此，孙运梁的博士论文对于我国刑法知识的转型与刑法观念的转变，具有理论意义与现实意义。

孙运梁本科毕业于中国人民大学新闻学院，于2002年考入北京大学法学院，追随我学习刑法，从硕士生到博士生，经过六年的苦读，终于结束了这段求学生涯，博士论文是这段求学生涯的一个句号。现在，孙运梁博士在北京航空航天大学法学院任教。博士论文的出版是学术生涯的起点，我相信孙运梁博士在学术的路上会越走越远。

是为序。

陈兴良

谨识于北京依水庄园渡上寓所

2009年5月24日

目 录

导 言

米歇尔·福柯（Michel Foucault）是法国著名的思想家。福柯思想的深度和广度给人以非常深刻的印象。他的作品横跨哲学、历史、社会学和文学理论。他的著作深入地研究了心理学、临床医学、精神病学、现代刑罚制度以及古代希腊和罗马道德的发展历史，也广泛地考察了现代文学，并且对自文艺复兴以来的西方思想进行了结构分析。反过来，这些文学和历史研究又充满了对现代社会中的理性、真理、权力以及所谓人性的哲学反思。① 福柯的思想很难被归入哪一种主义。在法国的结构主义的阵营中，福柯曾经被认为是代表人物之一，可是他一转眼就坚决反对别人称他是结构主义者。紧跟着解构主义影响了一代文学研究模式的新历史主义，虽然推举福柯为其祖师，可是福柯对于新历史主义，也还只能算是一位先驱人物。且不论他与心理学的瓜葛，甚至福柯究竟是哲学家还是史学家，似乎也成了一个叫人颇费猜测的问号。但是，没有人怀疑福柯在后结构主义和后现代主义思想中的举足轻重的地位。福柯被认为是开启了一个反启蒙的传统，他不遗余力地质疑现代社会的理性、知识形式、社会制度和意识形态。他呼吁在权力和知识的现代形式之间，应当建立起

① ［英］路易丝·麦克尼：《福柯》，贾湜译，黑龙江人民出版社1999年版，导论，第1页。

一种新的认知模式。[1] 为此，福柯埋首浩瀚的档案文献，并且深入他所研究的许多领域，博取第一手经验，就精神病学、犯罪学、医学以及性学等等话题提出许多惊世骇俗的观点，这正构成了《何谓启蒙?》一文中，他所谓对我们这个历史时代的批判。

与法国当代其他思想家一样，福柯深受尼采的影响。尼采既为福柯提供了批判性的眼光，也为福柯提供了批判的方法——谱系学方法。福柯的思想是震撼性的。可以说，他给人们提供了一副新的眼光，以重新认识人类文明。福柯的哲学及历史著作可以视为对现代性的深刻反省，对人类处境的热切关注。[2] 他从根本上改变了我们看待事物的方式。福柯对现代性的反省，既继承了反理性思潮的传统，也有他独特的领悟。他对知识、话语、权力及伦理的分析，是相当精辟的。在《规训与惩罚》中，福柯一再申明，他进行历史研究的目的不在历史，而在当前，他要写一部“现在的历史”。福柯对古希腊伦理的研究也是这样：他不是要还原古希腊的伦理面貌，而是要为西方当代人提供一个伦理参照。福柯明确指出，对当代人来讲，普遍的、必须服从的道德观念不再有效，个体的“生存美学”实践就是必然的。福柯的这一思想散见于《性意识史》、晚年的访谈和短文。从研究对象的角度讲，他回溯到了遥远的古希腊；从价值趋向看，他借鉴了许多古典智慧。[3]

福柯影响最大的著作是《规训与惩罚》，该书于 1975 年在

---

① 陆扬：《后现代性的文本阐释：福柯与德里达》，上海三联书店 2000 年版，第 34 页。

② 李晓林：《审美主义：从尼采到福柯》，社会科学文献出版社 2005 年版，第 5 页。

③ 李晓林：《审美主义：从尼采到福柯》，社会科学文献出版社 2005 年版，第 6 页。

法国出版。第二年，该书的意大利文、西班牙文和德文译本纷纷面世。接着，英译本于 1977 年面世。根据福柯本人的意见，英译本书名改为《规训与惩罚》（Discipline and Punish）。福柯曾说这是“我的第一本书”，这可以从“成熟之作”和“领衔之作”的双重意义上来理解。这并非毫无原因：因为就福柯作品的压卷之作而言，此书因极尽语言与结构、表述风格与篇章顺序之能事而颇具竞争力；就引人入胜而言，它丝毫不亚于《疯癫与文明》；而就原创性而言，也不亚于《事物的秩序》。福柯又一次挖掘出最出乎意料的原始资料，他对历史记录的重新诠释又一次天马行空而发人深省。如果说在时代划分上，这篇论述监狱的诞生的著作令人回想起《临床医学的诞生》，因为它们在时间跨度上非常相似——从 18 世纪中期到 19 世纪中期，而在其领域的广度上，则堪与《词与物》相比。关于生活、劳动和语言的知识构成了昔日著作的范围广阔的主题，而如今关于监狱、工厂、医院和学校所扮演的基本的同构角色这一思想，也给予他同样广阔的思考领域，只是这时的作者无疑变得明智了，他在这些制度性领域中只选择了一个，而且把分析牢牢集中于这个领域，即刑罚的建制与话语。[①] 在这本书里，他运用权力概念阐述了现代监狱的兴起。虽然他像通常一样使用了丰富的历史资料，但他那别出心裁、狂放不羁的论点又一次震动了人们。在监狱制度中注入“更多的善意、更多的尊重、更多的人道的做法，实际上是个圈套：正因为它成功地柔化了刑罚的外观，使其变得不再那么严酷，现代监狱才集中体现了一种谦和的、基本上无痛苦的强制，而这一般说来正是现代世界典型的强制形式。”福柯抨击说，从学校到各行业，从军队到监狱，我们社会的主要惯例体制

---

① ［巴西］J. G. 梅基奥尔：《福科》，韩阳红译，昆仑出版社 1999 年版，第 104 页。

表现出邪恶的效能，极力对个人施以监控，“消除他们的危险状态”，通过反复灌输训诫条例来改变他们的行为，结果将不可避免地造就一些毫无创造能力的驯顺的团体和听话的人群。① 福柯本人死于艾滋病，实际上死于一种现代瘟疫，这种瘟疫酝酿着现代的麻风病人，并引起了一种反应，这种反应同他十年前在《规训与惩罚》一书中所讥讽的那种“瘟疫心理”完全类似。福柯称那是“一整套测试、监控和矫正变态人的技术和制度”，旨在隔离那些被推断为“罪犯”的人，驱除那种想象中的威胁，那种被视为“传染病患者”的……叛乱者、罪犯、流浪者、被遗弃者这一类在混乱中来去无定、自生自灭的人们的威胁。②

福柯曾经说过：就《规训与惩罚》而言，我是想写一部与具体的监狱活动直接相关的著作。那时正好兴起了一场质疑现存监狱制度的运动，人们对监禁罪犯的方式提出了异议。我发现自己也卷入了这场运动，并与过去的囚犯一道工作，因此我想写一本关于监狱的历史的书。我并不是想要讲述一段故事，也不是要分析当代的情形，这远远超出了我的经验的范围，我与监狱机关之间也不具备那样的联系。我只是想写一部历史，这历史将有助于我们理解现状，甚至会导致某种行动。你可以这样认为，我想就监狱的情况写一部“明白晓畅的论著”，我希望它容易为人理解，也容易被人批评。③ ……我力图使《规训与惩罚》让人读起来不困难——尽管是在不牺牲准确性和历史细节的基础上。我知

---

① ［美］詹姆斯·米勒：《福柯的生死爱欲》，高毅译，上海人民出版社2003年版，第13页。

② ［美］詹姆斯·米勒：《福柯的生死爱欲》，高毅译，上海人民出版社2003年版，第22页。

③ ［法］米歇尔·福柯：《权力的眼睛——福柯访谈录》，严锋译，上海人民出版社1997年版，第26页。

道，确实有许多非严格意义上的学者和知识分子读过这本书。我知道有许多与监狱有关的人，如律师、管教者、探监者等也读过这本书，更不用说那些囚犯了。《规训与惩罚》拥有比学生、哲学家、历史学家更广泛的读者群，这一点格外令我感兴趣。如果一个律师把《规训与惩罚》当做刑罚史的论著来阅读，我会非常高兴的。再例如，我很高兴历史学家没有在《规训与惩罚》中找到什么大的失误，与此同时，囚犯们在牢房里也在读这本书。让这两种阅读同时存在是一件很重要的事情，尽管我也觉得很困难。①

在1972年至1973年度的教学讲演中，福柯探讨了司法领域的权力—知识的形式。他把西方社会称做“惩罚社会”。在历史上，西方社会先后使用过四种惩罚方式：在古希腊和罗马时代，公民会遭到放逐，或被排斥在某些领域之外；在日耳曼人的传统中，主要是实行赔偿；在中世纪末和“旧制度”② 时期，权力的印记直接打在肉体上，即实行酷刑；从18世纪末到19世纪初，监狱作为一种主要惩罚手段而问世。当然，这几种惩罚方式不是纯粹的，也有相互重叠之处。值得注意的是，他第一次提到边沁的“全景敞视监狱”（panopticon），而且宣称：“19世纪确实可以说是全景敞视主义（panopticism）的时代。”这一年的演讲实际上是《规训与惩罚》的写作大纲。

《规训与惩罚》探讨了出现于18世纪的规训机构及其实践。虽然《规训与惩罚》关注的是现代欧洲社会中监狱的诞生，它对一般大众的日常生活还是具有广泛的启发意义。它涉及的观念包括微观权力（micro - power）、规训机构、全景敞视主义

---

① ［法］米歇尔·福柯：《权力的眼睛——福柯访谈录》，严锋译，上海人民出版社1997年版，第27页。

② “旧制度”是指18世纪法国封建专制制度的一个专用术语。

（panopticism）和规范性判断（normative judgements）。[①] 这些概念将帮助我们理解现代西方社会是如何自我组织，又是如何规范人们的思想和行为的。福柯利用被他称之为考古学和谱系学的研究方法来进行这项工作。从根本上讲，这两种方法都致力于寻找不同历史时期的话语构成及实践，但是谱系学侧重于探讨权力问题，以及话语权作用于身体的方式。权力作用于一个主体的身体，因为它们塑造了我们的身体行为。人们通常不会去想他们应该怎么做——他们从孩提时代起，就被教导遵循男人或女人适当的举止，因而这些被“记录”（write）在他们身体上的社会规范就有效地决定了他们的身体行为。

《规训与惩罚》的副标题是《监狱的诞生》。福柯在书的开头说，这本书来源于现时多于来源于历史。以监狱为中心的斗争涉及对人体实施权力的全部技术。什么是监狱？人们是怎样从过去酷刑的喧嚣过渡到现时徒刑的沉寂的？这是中世纪死牢的古老遗产吗？它或许是一种新技术：16 至 19 世纪对程序总体的调整、束缚，为的是控制、衡量和驯服个体，使他们既顺从又有用。监视、训练、操纵、评判、等级和地位、分类、检查、记录，这一整套蹂躏人体、控制人类数量并操纵他们能力的方法经过几个世纪的古典时代逐渐在医院、军队、学校、大学或工厂里发展起来：这就是纪律。无疑，18 世纪创造了自由，但它却为自由筑起一个阴森、坚固的地下室——我们永远隶属的纪律社会。监狱需被重新安置在这种监视社会的形成过程中。[②] 在人类的知识下面和在惩罚的人性下面，有某种针对人体的惩戒、某种

① ［澳］J. 丹纳赫、T. 斯奇拉托、J. 韦伯：《理解福柯》，刘瑾译，百花文艺出版社 2002 年版，第 55 页。

② ［法］迪迪埃·埃里蓬：《权力与反抗——米歇尔·福柯传》，谢强、马月译，北京大学出版社 1997 年版，第 259 页。

征服和客观化的混合形式、某种相同的权力—知识。《规训与惩罚》获得了巨大成功。人们经常援引该书开篇有关达米安的酷刑和18世纪的残酷刑罚。人们还经常引用有关监狱的作用的思想——力量。作为一个权力要尽力控制的自我封闭的场所，监狱在制造犯罪。边沁把“敞视式监狱”，亦即福柯长篇描述的那个机构，想象成为围绕着一个中心点确定的建筑物，从这个中心点总可能看到一切，这种敞视式监狱已成为这种监禁机构的权力眼睛的象征，而它正是20世纪70年代部门斗争中被不断指责的对象。在斗争中思考和成熟的《规训与惩罚》应该反过来服务于这个宗旨：“我所有的著作”，福柯在采访中说，“无论是《精神病史》还是这本书，可以说都是一些小工具箱。假如人们愿意打开它，使用这一句话、这一个观点和这一种分析，就像使用螺丝刀或者松螺丝刀那样，以便超越和消除权力体系，包括我的著作由之而来的体系……那就太好了。”这本书留下了一个悬念：“我就此住笔，解释一个脚注，这本书应为各种有关现代社会正常化的权力和知识的形成的研究提供历史背景材料。”①

《规训与惩罚》是福柯运用谱系学分析权力—知识机制的最重要成果，也是他以前著作的主题与方法的延续与发展。《疯癫史》中的监禁（禁闭），《临床医学的诞生》中的观察，在《规训与惩罚》中都得到进一步的发挥。② 在某种意义上，与《词与物》一样，《规训与惩罚》也是人文科学考古学，只不过它考察的是刑法学。福柯随后在一次谈话中说：“只有研究干预人的肉

---

① ［法］迪迪埃·埃里蓬：《权力与反抗——米歇尔·福柯传》，谢强、马月译，北京大学出版社1997年版，第260页。

② 刘北成编著：《福柯思想肖像》，上海人民出版社2001年版，第269页。

体、行动和行为方式的权力机制，才能建立人文科学考古学。”[①]惩罚史或监狱的诞生史正是这样一种可以成为关于肉体的政治技术学的分析个案的历史。福柯否认他挖掘那些陈旧的档案的目的是对于过去的历史的兴趣，他坚持这项工作的现在性：“我为什么愿意写这样一部历史呢？只是因为我对过去感兴趣吗？如果这意味着从现在的角度来写一部关于过去的历史，那不是我的兴趣所在。如果这意味着写一部关于现在的历史，那才是我的兴趣所在。”[②] 这恐怕也正是福柯在20世纪70年代以后致力于谱系学研究的深意所在。[③]

鉴于《规训与惩罚》在福柯作品系列中的重要性，以及该书与笔者的研究专业存在切合点——刑罚、监狱，笔者反复阅读了该书，为福柯优美的文笔和深邃的思想所陶醉。然而，正如我国学者所感慨的那样：福柯思想内涵的深刻性、浓缩性、艺术性和极端游动性，使试图把握他的思想的任何人，都难免会时时陷入困惑和面临“瓶颈”。唯有反复阅读和深思他的著作，如同重复诵读和鉴赏一首好诗那样，从前向后，又倒过来，由后至前，再尝试从中间的不同地方自由穿插——这也如同在惊涛骇浪中游泳或驾船冒险那样，上下沉浮，来回穿梭，或在中途突然变换方向，前后绕道迂回——才能慢慢地对他的基本概念和思路有所了解。由此，也才能对他的思想中所提出的难题和曲折性，逐渐地产生强烈的兴趣，并意识到福柯思想风格的魅力。也正是在这

① 刘北成编著：《福柯思想肖像》，上海人民出版社2001年版，第270页。

② ［法］米歇尔·福柯：《规训与惩罚》，刘北成、杨远婴译，北京三联书店1999年版，第33页。

③ 吴猛、和新风：《文化权力的终结——与福柯对话》，四川人民出版社2003年版，第242页。

里，典型地体现了福柯思想的不确定性、多变性、含糊性、独一无二性和自由创造性。[①] 以下的内容，就是笔者阅读福柯著作，借鉴前辈研究成果，苦苦思考后的收获。

① 高宣扬：《福柯的生存美学》，中国人民大学出版社2005年版，序言，第4页。

第一章 福柯的权力理论

福柯作品中最引人注目的地方，大概就是他的“权力”（pouvoir）概念。在20世纪70年代以后，“权力”一语在福柯的著作中占据了中心地位。1972年，他在与德勒兹合著的《知识分子与权力》一文中说：那东西如此神秘，可见又不可见，在场又不在场，无所不至、无孔不入，这东西就叫做权力。① 他公开承认尼采是他的榜样和先驱。像尼采一样，他所理解的权力，并非是一定分量的物质力，而毋宁是某种在每个活的机体和每个人类社会中流动的能量流。这种能量流的无定形的流动受着许多条条框框的扼制。这些条条框框，除了一些不同类型的政治、社会和军事组织之外，还包括各种各样的行为方式、内省习惯和知识体系。② 受尼采影响的福柯认为权力关系是人类的宿命。在福柯看来，不管古代世界的权力形式与现代世界的权力形式有多么大的不同，权力关系作为人类生存的唯一关系却是一样的，所谓自由不过是颠倒权力关系即肯定另一种权力关系的方式。③

① 陆扬：《后现代性的文本阐释：福柯与德里达》，上海三联书店2000年版，第39页。

② ［美］詹姆斯·米勒：《福柯的生死爱欲》，高毅译，上海人民出版社2003年版，第13页。

③ 余虹：《艺术与归家——尼采·海德格尔·福柯》，中国人民大学出版社2005年版，引言，第5页。

福柯在权力领域所作的探究，被认为堪与弗洛伊德在精神分析领域的建树相匹，甚至福柯本人，也因而被称为权力思想家。福柯认为权力是档案社会的政治侧面，是一种无所不在、无法摆脱的社会事物。权力总是与知识携手并进，利用知识来扩张社会控制，故权力和知识是共生体。

一、福柯对传统权力理论的否定

传统的权力理论视权力为统治一个国家国民的一组机构和机制，或者说，是一部分人对另一部分人实施统治的总体系统。它总是强调权力的否定功能：它惩罚，它制裁，它压抑，它限制。总之，“权力的理论如此强调权力与暴力、法律与违法、自由与意志，特别是国家与独裁（即使后者不再是极权的个人而是以集团面目出现）的问题的重要性。”“这里我们又遇到对某一特定主题的维护：权力一定具有压抑的作用；权力是个坏东西，它只能是消极否定的，等等。在这些情况下，对自身的性的谈论一定意味着一种解放。可是，据我看来，情况要复杂得多。”① 福柯的权力研究直接针对一切既有的权力理论，他认为这些理论既误解了权力，更对现代权力一无所知，因此，“对我来说，全部的工作集中到一点，就是对权力理论进行重新阐述。”②

传统的权力观把权力视为基本上是法律机制的起否定和禁止作用且具有大量消极效果（排斥、否认、阻碍、隐藏等）的事物。福柯特别强调，绝不可以将权力仅仅同法律或国家机器联系在一起来看，他说：“如果我们在看待权力的时候，仅仅把它同

---

① ［法］米歇尔·福柯：《权力的眼睛——福柯访谈录》，严锋译，上海人民出版社 1997 年版，第 28 页。

② ［法］米歇尔·福柯：《权力的眼睛——福柯访谈录》，严锋译，上海人民出版社 1997 年版，第 175 页。

法律和宪法，或者是国家和国家机器联系起来，那就一定会把权力的问题贫困化。权力与法律和国家机器非常不一样，也比后者更复杂、更稠密、更具有渗透性。”[①]“我所说的权力，不是指保证一个特定国家的公民的服从的一组机构与机制，也不是与暴力对立的以法规面目出现的征服手段。而且，我头脑里也没有一个集团统治另一个集团的普遍系统的概念，这个系统通过一系列途径充斥整个社会。这一从权力角度所作的分析，绝不能以国家极权、法律形式或统治整体为出发点，这些只是权力的最后形式。”[②] 福柯眼里的权力既不是一元化的国家机构意义上的权力，也不是指一个社会集团用来压迫另一个社会集团的一般统治制度。权力应被理解为在一个特定领域里发挥作用的“权力关系的复合”。[③] 当然，法律和国家机器是权力的最纯粹的形式，是权力最赤裸裸的形式，但是，法律和国家绝对不是权力的全部，权力的触角远比法律和国家机器要伸展得更广、更远、更加深入。[④] 在福柯看来，已有的权力理论建立在法律模式和机构模式之上，它们关注的是作为权力合法化基础的法律以及握有权力并实施权力的机构——国家，这种权力理论在根本上漠视了真正的权力关系。以福柯之见，真实的权力关系并不是大多数人为了更长远的利益将自己的权利部分地让渡给少数统治者，从而建立起来的统治与被统治的允让关系，也不仅仅表现为高居于社会之上

① ［法］米歇尔·福柯：《权力的眼睛——福柯访谈录》，严锋译，上海人民出版社 1997 年版，第 161 页。

② 李银河：《性的问题：福柯与性》，文化艺术出版社 2003 年版，第 336 页。

③ ［英］阿兰·谢里登：《求真意志——米歇尔·福柯的心路历程》，尚志英、许林译，上海人民出版社 1997 年版，第 236 页。

④ 李银河：《性的问题：福柯与性》，文化艺术出版社 2003 年版，第 337 页。

的国家暴力关系，更为真实和更为普遍的权力关系是渗透并与社会一体化的关系，是人对人的管理关系。[①]

传统的权力观基于君主统治的经验，它将权力设想为一种以君主权力为核心、以司法权力为表现方式的国家权力或统治权力。在《知识意志》中，福柯说“权力”一词很容易引起误解，他反对将权力理解成大写的权力（Power），即理解成一套束缚公民的国家机构和机制，一种单纯的暴力奴役方式，一套自上而下的控制系统，他认为不应该将国家权力和法律统治系统看成是一开始就有的，而应该看成是权力采取的极端形式。[②] 福柯的研究力图表明自18世纪以来的西方社会发展出一种具有新的目标、新的方式且社会化程度越来越高的权力，这种权力不再通过法律、警察、监狱、军队等国家机器来实施野蛮的镇压，而是通过纪律、规范、家庭、学校、工厂、社会组织、社区等有形无形的网络来实施文明的监督和规训，这种权力的目标不是消灭异己者的生命而是造就驯服而有用的生命。随着这种权力的出现，现代权力空间多元化了，国家权力被分散、被中介，也被强化了。更重要的是，这种新出现的权力在根本上改变了权力机器的总体运转方式，因此，对现代权力的研究既不能从统治权力之一维来进行，也不能将新出现的权力作为统治权力的派生物来研究，而恰恰要从新出现的权力样式入手进行研究，尤其要注意这种权力的相对独立性和对国家权力的支撑方式。[③] 福柯说：“我想表明不

① 余虹：《艺术与归家——尼采·海德格尔·福柯》，中国人民大学出版社2005年版，第280页。

② 余虹：《艺术与归家——尼采·海德格尔·福柯》，中国人民大学出版社2005年版，第265页。

③ 余虹：《艺术与归家——尼采·海德格尔·福柯》，中国人民大学出版社2005年版，第249页。

同路径的分析的价值。在社会身体的每个点之间，在男人和女人之间，在家庭成员之间，在老师和学生之间，在有知识和无知识的人之间，存在着各种权力关系，它们不仅仅纯粹是巨大的统治权力对个人的投射；它们是具体的、不断变化的、统治权力赖以扎根的土壤，它们使得统治权力的发挥功能成为可能。”① 福柯权力研究的新路径就是转向对广泛散布在社会机体各个层面、各个方位的非统治性权力的研究，并由此来重新考察整个现代社会权力网络的运作机制。

在绝对君主制时代，国王或女王可以行使权力，因为权力属于他们，他们从上帝那里得到了权力这一礼物。但是，在古典时期和现代，权力的位置被清空了，权力不再属于任何人。即使君主依旧处于统治地位之上，他们也不再以个人名义掌权了。1649年英国议会处决查理一世和1793年法国革命者处决路易十六的时候，他们证明他们理所当然并不相信君主神圣的权力——查理和路易就自身而言并不是上帝的代表。同样，人们认为上帝并没有授权或者决定谁应该掌权——而国家通过它的各种权力团体却可以决定这一点。② 有一部关于法国革命的老电影精彩地展现了这种态度的转变。国王的一些忠实仆人试图帮助路易十六从革命者手中逃脱，但他还是被捕获并送回巴黎处决。一个革命者回到国王的房间，看到他的女仆跪在那看似是国王实际上却是他套在衣架上的礼服——他的王冠、他的闪闪发光的服装、他的珠宝和他的鞋子——面前。从那时起，权力的礼服将留在原处，而这仅仅是一个空壳。对福柯而言，现代权力是通过协调国内不同领

① ［法］米歇尔·福柯：《权力的眼睛——福柯访谈录》，严锋译，上海人民出版社1997年版，第176页。

② ［美］布莱恩·雷诺：《福柯十讲》，韩泰伦编译，大众文艺出版社2004年版，第137页。

域、制度、行政机构和其他团体（私人媒介和其他商业机构）的关系来运作的。这些权力关系的一个特点在于它们都并非固定不变。权力会很快地从一个地点或者领域移向另一处，这种移动取决于变化的联盟关系和环境。换句话说，权力是易变、视情况而定的。在现代权力关系中不存在君主，也不存在这个位置，现代权力关系是一个没有绝对中心的不断变化的力量对立的网络，在这个网络中没有特殊身份的人可以站在这个网络之外，每个人都被安置在这个网络的某个位置上，并在一些位置上流动，这些位置与位置的关系构成了一种权力关系，而每个位置都不属于任何人，这是一个没有国王的权力系统。① “如果权力是在精密复杂的机器一样的系统中实施的话，起作用的是人在系统中的位置，不是他的本质，因为无法依赖单个的人。如果有人能站在这台机器之外单独对它进行操纵，权力就会与这个人同一，那么，我们又回到了君主形式的权力。在圆形监狱中，每个人根据他的位置被所有的人或某些人所观察。这里存在着总体的和不断流通的猜疑，因为没有一个绝对的点。”②

福柯区分了许多权力理论。一个是建立在自由主义和马克思主义基础上的经济理论。福柯称之为经济主义的司法权力论，包括“法律的、自由的政治权力的概念（建立在18世纪哲学的基础上）与马克思主义的概念（至少是目前流行的马克思主义概念）”。③ 这种理论将权力看做是根据某种契约关系而由法律赋予

① 余虹：《艺术与归家——尼采·海德格尔·福柯》，中国人民大学出版社2005年版，第269页。

② ［法］米歇尔·福柯：《权力的眼睛——福柯访谈录》，严锋译，上海人民出版社1997年版，第161页。

③ ［法］米歇尔·福柯：《权力的眼睛——福柯访谈录》，严锋译，上海人民出版社1997年版，第223页。

某人的权利（我有权利这样用权），它是某人的合法所有物（大权在握），人们可以像商品一样对它进行买卖交换（权钱交易），也可以像剥夺非法财产一样从某人的手中夺取（革命），显然，这种政治权力的模式完全是经济模式的翻版。另一个则是非经济的理论，它断言权力主要不类似于财富，不像经济关系的再生产那样发生作用，而是从根本上说是一种力量关系。这是黑格尔、弗洛伊德和威尔海姆·赖希（Welhem Reich）的观点。我们已经说过福柯在这种权力的压制理论上发现了缺陷。最后，第三种观点是不在经济和压制方面考虑权力，而是与战争联系在一起。福柯把克劳塞维茨的“战争是政治的延续”的著名论断颠倒过来，即认为“政治是战争的延续”，说权力就是通过其他方式而得以继续的战争。更准确地说，在特定的社会中，权力是无声的战争，它是沉默的秘密的内战，它再次记下了各种社会建制中的冲突，这些建制包括经济上的不平等、语言，以及我们每一个人的肉体本身。① 不过，福柯最终宣称这两种非经济的权力观，即压制理论（赖希的假设）与战争理论（福柯归之于尼采）是兼容的，甚至是相关联的。福柯怂恿我们把压制视为在虚假和平（即社会的正常状态）的持久战争中，一种永久的力量关系的实现。因此，压制最终就成为真实的，但只是权力的一个附属性效果。如此说来，权力显然就是既生产也压制，而生产先于压制，这主要是因为它所压制的（即个体）在很大程度上是它已经生产出来的。

福柯竭力阐述他在权力问题上与以往不同的看法，即权力并不是像传统的权力理论所认为的那样，掌握在少数多行不义的统治者手中，而是弥散的；权力不是供某些人占有的一个东西，而

---

① ［巴西］J. G. 梅基奥尔：《福科》，韩阳红译，昆仑出版社 1999 年版，第 136 页。

是在运作中的各种力量的关系。福柯的权力理论构成了与过去的权力概念的彻底断裂。[①] 权力一开始就不是统治阶级手中的占有物。权力是团体之间和个人之间社会关系运作的结果。它不是统一的，因为它没有核心。权力的形式与社会关系的类型是一致的。每个团体和每个个人既行使权力，又服从权力。权力不能与国家即一个能被掌握的中央机构同日而语。既然如此，政治的目标就不再是从某些人手中争夺权力，而是随时随地地反抗和批判。按照福柯的权力理论，政治的目标和实践必定与传统的左右分野有极大的不同。在福柯看来，政治风云的变幻不是某种必然性和某种内在理性的产物，它不是以总体化、集中化的方式表现出来的，而是各种力量在各种权力关系中对特殊问题分别作出反应，是各种力量的冲突、平衡与合力。权力不只是压抑性的，它还是创造性的。

二、福柯的权力观

在 1984 年的一次访谈中，福柯说："在研究癫狂或监狱时，我发现处在一切事物核心的问题似乎是：什么是权力？更明确地说：权力是如何行使的？当某个人对别人行使权力的时候究竟发生了什么？……我仍然相信，我们对权力在我们这样的社会中行使和发挥作用的方式所知甚少。……在工业化的西方社会里，'谁行使权力？如何行使权力？对谁行使权力？'肯定是人们最关心的问题。而纠缠 19 世纪的贫困难题，对我们西方社会来说不再是最重要的了。另一方面，谁在替我们做决定？谁在阻止我做这并指点我做那？谁在规划我的行为？谁强迫我住在某个特定的地方而我在别的地方工作？我的生活完全凭此而连接起来的那

① 李银河：《性的问题：福柯与性》，文化艺术出版社 2003 年版，第 264 页。

些决定是怎样做出来的？我认为所有这些都是今天的根本问题。”①

尼采倡导权力意志（Der Wille zur Macht），但是“Macht”这个词较为模糊，既可指物理化学的力量（puissance），又可指政治、法律和道德的权力（pouvoir）。而福柯所说的权力，专门用“pouvoir”这个词来表示，指的是权力所采纳的形式、结构和规则，而不是一般含义上的力量（puissance），也不是物理学或形而上学含义上的力量。② 那么，究竟什么是“权力”呢？福柯从正面为权力下了如下的定义：“权力不是一种制度，不是一个结构，也不是某些人天生就有的某种力量，而是大家在既定社会给予一个复杂的策略性处境的名称。”③ 可以看到，福柯的这一概念中有这样几个关键词：“既定社会”、“复杂的策略性处境”、“名称”。“既定社会”标明了福柯对于权力的一个基本态度，即没有什么“永恒的”、“不变的”权力，我们只能在既定的社会中讨论相应的权力；“复杂的策略性处境”当然是福柯新权力观的关键所在，权力是对于一种“环境”的称呼，因此是相对于个体而言的外在的全部，每个人都成为每个人的环境的构成因素，所以每个人又都参与构成权力；“名称”则显示出福柯对于权力性质的定论，福柯拒绝将权力视为制度、结构或力量，也就是拒绝将它们作为某种实体，它归根结底应当只是一个名

---

① Michel Foucault, “On Power”, in Politics, Philosophy, Culture: Interviews and Other Writings, 1977 - 1984, pp. 101 - 103.

② 莫伟民：《主体的命运——福柯哲学思想研究》，上海三联书店1996年版，第200页。

③ ［法］米歇尔·福柯：《性经验史》，佘碧平译，上海人民出版社2000年版，第67～68页。

称，[①] 正是在这个意义上福柯说："我们必须是唯名论者。"[②] 在《知识意志》中，福柯认为，必须首先把权力确实地理解成多重的力量关系，这些关系是它们借以在其中起作用并构成它们自己的组织的那个领域所固有的。其次，权力是通过连续不停的斗争和对抗而转化、强化或逆转的过程。再次，权力是这些力量关系相互之间的依托，并因此构成了一个链条或体系，或者相反，权力是使它们彼此孤立的分裂和矛盾。最后，权力是力量关系借以实施的策略；其一般设计或机构具体体现在国家机器、法律条文和各种社会统治权中。权力无处不在，并非因为它有特权能把万物巩固在它战无不胜的统一性之下，而是因为它不断地产生出来，产生于每一点，或确切地说，产生于点与点之间的每个关系。[③] 权力无处不在，并非因为它包罗万象，而是由于它来自四面八方。就其是永恒的、反复的、惰性的和自我生产而言，权力简直就是在所有运动中产生的综合效果，是由它们所支撑的并反过来设法抑制它们的运动的相互联系的事物。

从力量关系的角度来理解权力是福柯权力理论的关键。在《性史》一书中，福柯将自己的权力理论概括为以下五项定理：[④] 第一，权力不可能为人们所获取、把握或分享，人们不能把握它或让它溜走；权力的运用来自无数方面，在各种不平等与运动着的关系的相互影响中进行。它以一组参差不齐、变动不居的关

① 吴猛、和新风：《文化权力的终结——与福柯对话》，四川人民出版社 2003 年版，第 352 页。

② ［法］米歇尔·福柯：《性经验史》，佘碧平译，上海人民出版社 2000 年版，第 67 页。

③ 莫伟民：《主体的命运——福柯哲学思想研究》，上海三联书店 1996 年版，第 265 页。

④ ［日］樱井哲夫：《福柯——知识与权力》，姜忠莲译，河北教育出版社 2001 年版，第 210 页。

系，从无数的地点中被行使。权力意味着关系，一组或多或少组织起来的、等级的、协调的关系。甚至更精确地说，权力意味着由个体实施并影响个体的关系整体，这些关系指导个体的行为并构建其可能的结局。这一界定类似于《知识考古学》的某些定义。福柯在《知识考古学》中强调，客体的构成、陈述和话语实践既不是事物的结构，也不是个体心理的属性，而是功能或关系。为了使自己的权力分析摆脱传统图式（法律的或自由的图式、马克思主义分析、压抑假说），福柯反复指出：权力关系是开放的文本，权力关系的执行来自无数地方，而不是局限于特殊领域。[①] 因此，恰当地讲，权力分析的焦点，并不是权力，而是权力关系。第二，各种权力关系并非处于其他各类关系（经济过程、知识关系、性关系）之外，而是存在于这种关系之中。权力关系是其他各种关系中发生的异化、不平等和不平衡的直接结果，反过来，它们是这些差别的内部条件。第三，权力来自下面，从权力关系根源上说，也就是统治者与被统治者之间不存在全面彻底的两元对立。它们不是受控于统治阶级与被统治阶级之间在日益缩小的社会集团里自上而下产生出来的总体二元对抗，而是在工厂、家庭、机关、形形色色的社会团体中形成和运作。局部的对抗通过系列依次返回，从而产生了新的阵线、新的联合、新的冲突。第四，权力关系既是有意识的，又是非主观的。任何权力的运用都有一系列目标和目的。但是，这并不意味着它是由哪个人的主观意识来选择或决定的。这些权力关系不可归因于个人主体，甚至也不能归因于统治阶级，而是以无名的方式从它们首次出现的局部地点产生出来。第五，哪里有权力，哪里就有反抗。然而，或者应该说因此，这个反抗在权力问题上从来没

---

① 莫伟民：《主体的命运——福柯哲学思想研究》，上海三联书店1996年版，第265页。

有处于局外位置。人们始终处于权力之内，逃避它是不可能的。正如没有权力中心一样，也没有反抗中心和居于反抗中心的统一阶级。存在着许多形形色色的反抗，而每一种特殊情况都以不规则的方式分布于不同的时空之中。有时，一系列反抗的汇合导致了一场重大的变革，即革命。但是，反抗就像权力一样，而且与它结下不解之缘，通常也发生在无数的、易变的、暂时的地点上。

在首部著作《癫狂与非理性》（1961，英译本为《癫狂与文明》）中，福柯就开始关注权力问题，但直到《知识考古学》（1969），权力问题都未明确主题化，它还是一个论述知识与主体问题的模糊背景。从《话语的秩序》开始直到《知识意志》（1976），权力问题被突出出来成了核心主题。在《规训与惩罚》中福柯谈到，权力是依靠约束身体的纪律程序，贯穿于整个社会。到写作《性史》（Histoire dela sexualité）的第一卷《知识意志》（La Volonté de savoir）时，福柯对纪律的兴趣已稍减，唯有对权力仍然是耿耿于怀。在《知识意志》中，福柯将现代权力概括为"生命权力"（biopower）或"管治生命的权力"（power over life），以区别于古代以"决定生死的权力"（the right to decide life and death）为特征的"君主权力"（sovereign power），并将"生命权力"分为两极和两种技术："规训权力"（disciplinary power）和"调节权力"（regulative power）。在《规训与惩罚》中，福柯主要就现代监狱的诞生和惩罚方式的改变来分析规训权力，而在《知识意志》中，他则主要就性与性经验的历史来分析生命权力以及它的两极（规训权力与调节权力）。他谈到性的真理是如何在事实上屈从于一种文化的知识—权力结构。他对于疯人、病人、犯人的格外垂青，也被认为是对丧失权力的、被系统排斥在社会之外的弃儿的特别关心。福柯认为，权力不是获得的、夺取的，也不是分享的，而是通过各种关系的一种转换无定的游戏，这些关系涉及人类存在的所有领域，如经济、性、知识、政治、情感，等等。由于权力是基础而不是上层建筑的产物，它播散到各种社会关系中，而永远不可能显现为一个特定的母题。权力不是统治者和被统治者的问题，它有意向却没有主体。即使权力促生抵制，后者也只能存在于权力关系弥散无边的游戏之中。①

值得注意的是，福柯对权力的观念有一个转变的过程。在1977年的一次访谈中，福柯对自己以前的工作进行了反省，他说，到《话语的秩序》（1970）为止，“我一直接受了传统的权力概念，即把权力看做本质上是一个司法机制，它制定法律，实行禁止和拒绝，产生一系列否定性的效果：排除、拒斥、否定、阻碍、掩藏等等；现在我认为这种概念是不充分的（《癫狂与文明》中揭示和使用的就是这一权力概念）……因为癫狂问题是一个特例——在古典时期，权力对癫狂的最重要的实施形式就是排斥，因为我们看到了对疯子进行放逐的运动。在我对这些事实进行分析的时候，我能够没有太大问题地使用否定性的权力概念，但是后来我觉得这不够充分了。那是我在1971年到1972年同监狱具体打交道的时候，接触了刑罚系统之后，我确信权力的问题不应该过多地从司法的角度来考虑，而应该关心它的技术、战术和策略。于是我在《规训与惩罚》中用技术和战略的分析代替了法律和否定性的概念，并进一步将这种方法运用到《性史》中。所以我很想抛弃《话语的秩序》中把权力与话语的关系认同为一种否定性机制的做法。”② 权力不仅有压抑功能，还

① 陆扬：《后现代性的文本阐释：福柯与德里达》，上海三联书店2000年版，第41页。

② ［法］米歇尔·福柯：《权力的眼睛——福柯访谈录》，严锋译，上海人民出版社1997年版，第173页。

有创造功能和生产功能。“我们应当断然拒绝以这些否定性的辞藻描绘权力的效果：它排斥、它压制、它审查、它榨取、它掩蔽、它勾销。事实上，权力是一种创造；它创造现实，它创造对象的领域和真理的仪式。个人和为他所获的知识都属于这种产物。”①

现代社会的权力不仅是无处不在的，而且是匿名而广泛的。它把我们铸造成机器上的小零件，亦高亦低；既治人，亦治于人。1977 年福柯为边沁《全景监狱》的法文版写了一篇序言，题为《权力的眼睛》。他详尽地写道，19 世纪的社会特征是：权力是一架俘获所有人的机器，那些行使权力的人与被实施权力的人没什么两样。读者也许还记得，福柯的知识型的麻烦就在于它像铁板一块。难道作为行为的总体结构的福柯式权力，也是铁板一块吗？作为勇敢的马克思主义化的福柯主义者，柯林·戈登坚定不移地认为，不是。他意识到，读者常常会对福柯产生偏执狂似的超理性主义体系的印象，在这一体系中，权力的策略—技术—程序逐渐成为进行社会压服的铁板一块的政治制度。但这完全是一种可怕的误解，因为福柯已经作了区分：我们社会的特征是规训，不同于驯顺的、听话的和规范化的主体所寓居的规训社会的幻想。戈登极力要防止福柯关于权力无处不在的断言被误解为似乎它已达到现代统治工具无处不在的程度。② 福柯认为，虽然权力在人们身上的作用并不平等（即一些群体被权力的作用支配、剥削和虐待），然而权力作用于每一个人，不管他们是支

① ［英］阿兰·谢里登：《求真意志——米歇尔·福柯的心路历程》，尚志英、许林译，上海人民出版社 1997 年版，第 214 页。

② ［巴西］J. G. 梅基奥尔：《福科》，韩阳红译，昆仑出版社 1999 年版，第 140 页。

配者还是被支配者。[①] 正如我们在前一段指出的那样，每个人在某种程度上都是生命权力的产物，因为每个人都受到诸如家庭、学校、大学、行政机构、医药卫生机构、监狱、青年组织、宗教、军队等机构的影响和记录，这种作用可能是直接的（如作为这种机构的成员而受到影响），也可能是间接的（通过话语在文化中的传播而受到影响）。即使是一个国家或者一种文化中最有影响力的个人和团体，也难免受到各种机构、思想和话语的影响。“权力关系深深地植根于社会关系之中，而不是作为一种补充性的、人们或许能梦想从根本上加以消除的结构而重构于社会‘之上’。在社会中生活就是以行为可能（事实上正在）施加于别的行为之上的方式生活。没有权力关系的社会只能是一种抽象。”[②]

通过对权力的重新定义及对其性质的重新规定，福柯就从整体上推翻了人们对于权力问题的看法，甚至连问题的提法都发生了变化：我们不能再追问，权力或其所操纵的话语是为哪一种集权统治服务或为某个阶级服务，更不能问，是哪一种或哪些法则在权力运作中起作用、使权力的对象得以规范——而只能问，在某一历史时期的某些特定地方所呈现的最直接和最具体的权力关系是什么？在其中为权力关系所操纵的话语又是如何为它服务的？总之，必须抛弃那种宏大的叙事计划，不要再希望将所有的权力关系归结为某种唯一的形式，或将所有形式的权力变化归结

---

① ［美］布莱恩·雷诺：《福柯十讲》，韩泰伦编译，大众文艺出版社2004年版，第139页。

② Michel Foucault, “The Subject and Power”, in Michel Foucault: Beyond Structuralism and Hermeneutics, by Hubert L. Dreyfus and Paul Rabinow, Chicago: The University of Chicago, 1982, pp. 222 –223.

为一种或某几种原因。[①] 在福柯看来，现代权力的来源是多元的、微小的、变化的、局部的和历史的，比如它来自于刑罚改革、监狱、学校、工厂、军营、家庭等机构的建立，来自于经济活动、知识活动、性活动等领域的实践性策略和技术，“是根据局部的条件和特殊的需要创造和组织起来的。它们是零零碎碎地出现的……并没有一种系统的策略把它们融合成一种庞大而严密的整体。”[②] 并且，那些相对独立的权力运作领域内部的权力关系也不是统一和均匀分布的，不同机制的权力以其特有的方式在相互的纠缠中运作。[③] 简言之，现代权力是一种松散的、非中心的多级对抗网络，其权力的运作方式细微而多变。

福柯谈论的权力关系与政治结构、统治、社会的统治阶级、面对奴隶的主人这些东西无关，福柯指的是，无论在人与人之间的言语交往关系中，还是在恋爱的、制度的或经济的关系中，一个人总是想方设法操控另一个人的行为，因而权力都始终在场。这是一些我们可以在不同的层面上发现、以不同的形式呈现出来的关系；这些权力关系是流动的、可逆的和不稳定的。主体自由是权力关系得以存在的必要条件。如果一个人完全受制于另一个人并成了另一个人的物品、成了另一个人能在其上施加无限的和无边无际的暴力的对象，那就不存在权力关系。因此，为了实施一种权力关系，双方至少必须始终存在着某种形式的自由。如果整个社会领域都存在着权力关系，那是因为到处都存在着自由。

---

① 吴猛、和新风：《文化权力的终结——与福柯对话》，四川人民出版社2003年版，第353页。

② ［法］米歇尔·福柯：《权力的眼睛——福柯访谈录》，严锋译，上海人民出版社1997年版，第162页。

③ 余虹：《艺术与归家——尼采·海德格尔·福柯》，中国人民大学出版社2005年版，第266页。

如果承认自由是权力关系存在的必要前提，那就意味着在权力关系中必然存在着抵抗的可能性。[①] 因此，必须特别强调指出，福柯的权力观，既非政治权力理论，也非权力决定论，这是正确理解福柯权力观的两条重要原则。如果说萨特认为权力是恶，那么，福柯就与此截然相反，福柯把权力看做策略游戏。以性或恋爱关系为例，福柯认为在另一个人身上实施权力，这并非恶，而是爱、激情、性快感的组成部分。有学者片面理解福柯的权力观，误认为福柯宣称权力无处不在就等于否定了人的自由，从而得出福柯后现代主义对人类现状和未来前景持悲观主义立场的结论，因而竟把福柯判为危险人物。

福柯注意的是细节的、微观的权力运作，他把其称之为“微观物理学”。其权力分析既引起一些社会学家和女权主义者的强烈兴趣，也引起一些学者的不满。例如，比较有代表性的说法是，“权力概念被普遍到了这种程度，以至于它丧失了任何分析的力量”。[②] 然而，对权力的微观分析，正是福柯的独创。福柯不是从宏观的理论入手，而是诉诸我们的体验。他揭开了监狱、精神病院的一角，让我们看到当代文明中的“奥斯维辛”。要问是谁在行使权力，也许我们只能同意福柯的说法，即权力是一种“力”，它是来自各方面力量的扭结。终其一生，福柯都在揭示并对抗权力，他对于权力的敏感和勇于反抗，与浪漫主义如出一辙。罗素的如下断言同样适用于福柯：“为浪漫主义所鼓舞的，特别是为拜伦式变种的浪漫主义所鼓舞的那类人，都是猛烈而反社会的，不是无政府的叛逆者，便是好征服的暴君。”尼采

---

① 莫伟民：《莫伟民讲福柯》，北京大学出版社 2005 年版，第 216 页。

② ［英］路易丝·麦克尼：《福柯》，贾湜译，黑龙江人民出版社 1999 年版，第 114 页。

和福柯的确是“猛烈而反社会的”。他们的出发点是个体自由，而非社会稳定。福柯的恩师杜梅泽尔说得好，“福柯有无限的智慧，他甚至有些过于精细，他把自己的观察站建立在活人的区域之上，身体和精神、本能和思想的传统区分在这里似乎是荒谬的：精神病、性欲和罪行。他的视线像灯塔一样从这里转向历史、转向现在，时刻关注着那些最不引人注意的发现，他能够接受一切，就是不接受正统观念。……然而这一切，像通常那样，都建立在绝对善良和友善的基础之上。”① 如福柯所言，不能设想一个社会没有权力关系，任何社会制度都不可能是完美的，福柯这类人就成了社会的“牛虻”——永远的批判者。他们的存在动摇着现行的权力关系，使得社会更文明、民主、人道；他们的存在是社会的不稳定因素，同时是人类的福音。一个文明的社会需要多种声音并存，否则就容易导致暴政。②

德勒兹论及福柯的著作时，认为他的“基本原则是每种形式都是力量之间的关系复合物”。其他评论者则更为赤裸裸地说，对福柯而言，权力就是一切。到现在为止，我们在福柯自己的话语理论中看到一种互动领域的分层或双面性。如果可以这么说的话，力量是基本层面。尽管如此，力量还是话语关系和权力关系得以形成的材料。对福柯来说，他所描述的东西没有一样不包含一种权力分析。③ 我们可以发现，权力问题是福柯后期著述所要研究的重要问题。但是，福柯探讨的目标并不是为了提出一

① ［法］迪迪埃·埃里蓬：《权力与反抗——米歇尔·福柯传》，谢强、马月译，北京大学出版社 1997 年版，第 371 页。

② 李晓林：《审美主义：从尼采到福柯》，社会科学文献出版社 2005 年版，第 31 页。

③ ［美］艾莉森·利·布朗：《福柯》，聂保平译，中华书局 2002 年版，第 50 页。

种权力的理论，而是从事一种权力的分析。这并非因为他在《规训与惩罚》和《知识意志》中只是直接讨论了权力问题，而是因为他认为任何通过“何谓权力?”这个问题而对权力问题的探讨都是使人误入歧途的。在权力问题上，福柯的评论虽然否定了人们有关权力关系的陈见，拟就了权力关系分析的一般草案，但它们都缺乏一个理论应该具备的连贯性和形式化，因此，福柯提供的并不是一种权力理论，而是分析权力关系的一个工具箱。[①] 如在《规训与惩罚》中，权力分析是依据惩戒技巧、权力和机器技术来进行的，但在《知识意志》以及《权力/知识》的讲演和会谈中，战争成了权力关系分析的纲要，策略和力量之类的术语得到了特别重视。紧接着，后来的著述为权力关系的分析提供了基督教的牧人照料这一观念，并把这种权力称做牧师的权力。总之，福柯的权力分析是探索性的，而非连贯一致和完美无缺的。尽管如此，福柯的权力观点还应值得人们重视和研究。

三、权力产生抵抗

在《规训与惩罚》中，福柯指出，在监禁社会中，惩戒个体都陷于权力关系的网络内。但是，他并不认为惩戒控制是完全的或单一的：最终统辖所有这些机制的并不是一个机器或机构的单一功能，而是战斗的必然性和策略的规则。福柯在此断定了对这一权力网络进行抵抗的不可避免性。与此相比，《知识意志》仍然认为抵抗不可避免，但更进一步断言这种抵抗也是由权力产生的。同权力一样，抵抗也不集中在某个地方，而是散布在权力网络的表面。哪里有权力，哪里就有抵抗，抵抗与权力之间存在一种内在关系。权力是局部的，抵抗就是局部的，权力穿越哪

---

① 莫伟民：《主体的命运——福柯哲学思想研究》，上海三联书店1996年版，第247页。

里，抵抗也随之到达哪里，权力和抵抗正是权力关系中不可分离的两面。可以认为，人们总是处于权力之内，不能逃避，没有权力以外的东西。权力关系的存在依赖于多重抵抗点：它们在权力关系中起着对手、目标、支撑或把柄的作用。这种抵抗点出现在权力网络的任何地方。因此，并不存在一种大抵制的场所，反抗的精神，所有反叛的根源，或者革命者的纯粹法律。相反，存在着多重抵抗，每一个抵抗都是一种专门情况：有些抵抗是可能的、必需的、未必确实的；其他抵抗则是自发的、野蛮的、单独的、一致的、猛烈的或暴力的；还有一些抵抗是极易于妥协、有私心或牺牲的。按定义，抵抗只存在于权力关系的策略领域。但是，这并不意味着抵抗只是一个反作用或反弹，只形成权力这一基本统治的一个基底，这个基底最终总是被动的、注定永远失败的。

抵抗在权力关系中是独特的，是权力关系的不可化简的对立面。在权力关系中，权力和抵抗是如影随形的一对。如果说，权力不具有中心性的话，抵抗同样不具有中心性，不存在某种关键的抵抗点，只有局部的不规则分布的抵抗点，一些流动的、短暂的抵抗点。这些抵抗引发社会的差异和变迁，破除整体，进行重组，穿越个体，分裂他们，重塑他们，在个体身上，在他们的身体、他们的精神上标出不可缩简的区域。正如权力关系的网络最终形成了一张稠密的网络，能穿行于各种国家机器和机构之中而不受其限制一样，大量的抵抗点也能通行于社会各阶层和由个人组成的整体。① 抵抗的代码化，众抵抗点具有策略意义的整编，更使革命成为可能。可见，抵抗作为一种同样弥散于档案话语的间断的力量，本身呈现为差异的一种特定形式。权力所至必有抵

① 莫伟民：《主体的命运——福柯哲学思想研究》，上海三联书店1996年版，第271页。

抗存在，因为无所不在、无孔不入而无以解脱的权力，是压抑的，也是生产性的。有鉴于此，福柯认为对反抗现代权力的分析也要改变方式，“应该用战略和战术的术语来对圆形监狱的抵抗进行分析，一方发起进攻都会遭到对方的反攻。对权力机制的分析并不倾向于表明：权力是既匿名又无往不胜的。它更是要确立一种已经占据的位置和各方势力的行为模式，对各方来说，都存在着抵抗和反攻的可能性。”① 在福柯分析的现代权力王国里，现代人对权力的反抗不再是杀死国王和改变政权的问题，而是在各条战线作战并与无名的力量斗争的问题。② 如果权力总是处于关系中，如果权力并没有一种中心性的焦点，如果权力是非主体化和非人格化的，如果权力总是有抵抗相伴随，最主要的是，如果权力并非我们所想象的那样是统治权和法律，相反它贯穿于一切社会微观实践中，那么，福柯有足够的理由用军事关系来描述权力关系，也就是说，根据普遍的战争形式来描述权力。这意味着，战争可能成为权力关系的分析器，权力关系就总是一种战争关系、军事关系。倘若如此的话，倘若权力关系按福柯的说法无处不在的话，那么，所有充满权力关系的社会形式，所有的组织、分化和社会等级现象，所有事物的根本状态，所有那些民事范畴，在根本上都是战争和军事关系，都属于战斗的范畴。换言之，和平的内容都汹涌着战斗的厮杀声，在正义的平衡下面不对称的力量在不停地较量，法律的下面流淌着未干涸的血迹，一句

① ［法］米歇尔·福柯：《权力的眼睛——福柯访谈录》，严锋译，上海人民出版社 1997 年版，第 166 页。

② 余虹：《艺术与归家——尼采·海德格尔·福柯》，中国人民大学出版社 2005 年版，第 271 页。

话，“政治，这是战争通过其他手段的继续。”[①] 战争应理解为恒常的社会关系，是一切权力关系和制度不可抹杀的本质，虽然真正的战火熄灭了，但是国家、法律、政体，各种各样的社会结构是如何诞生的？它们的建立和完成并非战争的休止，相反，它们，这些政治形式，是战争的延续，是另一种战争。战争在这些政治形式中，在法律中、制度中、真理中、知识中咆哮，“战争，是和平的密码。我们处于一部分人对另一部分人的战争之中；战斗的前线穿越整个社会，永无宁息之日，正是这条战线把我们每一个人都放到这个或那个战场上，没有中立的主体。人必将是某个别人的对手。”[②] 战争关系就是权力关系，或者说，战争是权力的基础和根本形式。如果权力是事物的普遍实践方式的话，那我们也只能说，战争是事物的根本状态。没有完全同等的权力，这就意味着，没有完全平衡和静止的关系，权力实践在每个差异关系中运转，战斗也就在这种差异关系中不停地呼叫。战争没有片刻的休息，以此为基础的权力在每一个瞬间都在争执、愤怒、仇视、狰狞和报复，这就是和平的深层定义，也是权力无始无终的游戏方式。战争和权力是永恒的，和平不过是虚构的瞬间。这种权力不是霍布斯的权力，而是尼采的权力。[③] 前者将战争视为权力的基础，但这种战争，霍布斯宣称的一切人对一切人的战争实际上是有关战争的游戏，对战争的估算，以及这种估算所导致的对战争的回避。只有尼采的权力，才贯穿着狂热的战

① [法] 米歇尔·福柯：《必须保卫社会》，钱翰译，上海人民出版社 1999 年版，第 249 页。

② [法] 米歇尔·福柯：《必须保卫社会》，钱翰译，上海人民出版社 1999 年版，第 45 页。

③ 汪民安：《身体、空间与后现代性》，江苏人民出版社 2006 年版，第 268 页。

争，才贯注着厮杀、争斗、征服、毁灭和血雨腥风。只有谱系学的权力——福柯在《尼采·谱系学·历史》中勾勒了它的诸种功能——才是福柯的权力，它的实质是战争，它埋伏在这一切中，也生产了这一切：国家、政体、理性、和平和真理。“这是社会中永恒的战争……真理作为为了一部分人的胜利而运转的武器。”①

① ［法］米歇尔·福柯：《必须保卫社会》，钱翰译，上海人民出版社1999年版，第252页。

第二章　权力的物质维度

——监狱

对福柯来说，在主体的物质性构造中有权力的运作，在同时形成并规约着主观化的主体的原则中，也有权力的运作。福柯指的不仅仅是囚犯的身体的物质性，而且还是监狱这个实体的物质性。他认为，监狱的物质性，是在其作为权力的负载者与推动力，以及权力的工具的范围里被确立起来的。因此，在监狱被权力所充满的范围内，监狱是物质化了的，或者用更正确的语法表达为，在监狱物质化之前，没有监狱存在。它的物质化与它被权力关系所充满的过程有着相同的延伸范围，物质性是权力的注入所产生的效果，也是衡量它的标尺。监狱只可能在权力关系场中存在，说得更详细些，只有在监狱被这种关系充满直至饱和，而且这种饱和度本身就是监狱存在的构成因素这样的条件下，监狱才能存在。① 物质性表明了权力的某种效果，或者应该说，物质性就是起到了形成或构造他物的作用的权力。只要权力运作成功地构造出客体域、纯概念场，这二者又被认为是天经地义的本体论，权力的物质效果就会被当成物质数据或原始的既定存在。②

① 汪民安、陈永国：《身体转向》，载汪民安、陈永国编：《后身体：文化、权力和生命政治学》，吉林人民出版社2003年版，第197页。

② 汪民安、陈永国：《身体转向》，载汪民安、陈永国编：《后身体：文化、权力和生命政治学》，吉林人民出版社2003年版，第198页。

这些物质的肯定性（positivity）作为话语与权力不容置疑的指示物、超脱的所指物，出现在话语与权力之外。然而，这种外表出现的时刻，恰恰是话语/权力政治被最为彻底地掩藏起来，而且最为险恶地进行运作的时刻。当此物质效果被认为是一个认识论意义上的分离点，某些政治争论的 sinequanon（拉丁语，必要条件）时，把被构造出来的效果当成原始的既定存在来接受，正是一种经验主义者的基础主义行动，它成功地埋藏并遮盖了构造出物质效果的权力关系的词源学发展。① 福柯在追寻物质化作为话语与权力的注入过程方面，集中关注的是权力生产与构形的维度。

① 这不是要把“物质性”变成导致“物质性”的“话语”的效果，而是要用重写效果的概念这一方法，来替换掉因果关系。权力是在其效果中被确立的，是利用其效果被确立的，条件是这些效果、是权力自身乔装打扮的产物。如果把权力当成一个实在物来看的话，没有哪种权力拥有像它的属性或模式那样的伪装。这种伪装在理解者们的认识域的形成过程中运作，也在这些理解者们的组织过程中运作；当此认识域与这些主体们被想当然地当成现在话语的既定物时，权力的伪装效果就圆满完成了它的任务。话语标识出这样一个场所，在那里，权力作为在一个既定的认识域内部的、具有历史偶然性的构成事物的力量，被放置进来。物质效果的生产是权力的构型与组成工作的产物，这种生产无法被解释为从原因到效果的线性运动。只有当物质性作为话语偶然形成的产物这一状态被抹杀、隐藏与掩盖的时候，物质性才会出现。物质性是权力的被伪装起来的效果。福柯关于权力是物质化的过程，是物质效果的生产的见解，在《规训与惩罚》里关于身体的物质性的论述中解释得很详尽。如果物质性是一种权力的效果，是权力关系之间转换的场所，那么只要这种转换是身体的屈从/主观化，被征服（assujettissement）的原则就是灵魂。灵魂被当成是一种标准化的/规范化的理想，它的功用就是对物质的身体进行构型与规约，灵魂是令物质身体屈服的最直接的工具。灵魂给身体穿上统一的制服：规训制度通过将一些残忍的仪式持续不断地重复，来对身体进行训练。在一段时间之后，这种训练便生产出被囚禁的身体的步调一致的举止行为。在《性史》（第一卷）里，性依据权力的不同轴心进行运作，生产出统一的身体。但是，一般认为性与灵魂是使身体屈服，使身体主观化的，它们生产出的是一个奴役他人的过程，这个被奴役的过程也就是身体在文化上被构造出来所遵循的原则。正是在这个意义上，物质性可以被描述成一种被规约的重复言说能力（iterability）所积淀下来的效果。参见汪民安、陈永国：《身体转向》，载汪民安、陈永国编：《后身体：文化、权力和生命政治学》，吉林人民出版社2003年版，第227页。

一、圆形监狱和监狱情报小组

（一）圆形监狱——全景敞视主义的监狱

1. 边沁的圆形监狱设想

英国功利主义思想家杰里米·边沁[①]（Jeremy Bentham，1748－1832）和他的点子专家弟弟萨缪埃尔共同构想了一种被称做“全景敞视”的圆形监视设施（panopticon）。Panopticon 的 pan 是由希腊语的 pâas（所有的）的中性形式 pân 演变而来的，opticon 是由希腊语的 optikós（眼睛的）的中性形式 optikón 演变而来的单词，合在一起就是看穿一切的眼睛的意思。[②] 边沁主要想计算如何才能使最大多数的人得到最大的幸福，因此他对监狱的注意是颇有深意的（这也证实了福柯的观点，即刑罚体系的改革和监狱的发展对于20世纪的思想界而言是很重要的）。

依据边沁的构想，圆形监狱是这样一个建筑：四周是一个环形建筑，中心是一座瞭望塔。瞭望塔有一圈大窗户，对着环形建筑。环形建筑被分成许多小囚室，每个囚室都贯穿建筑物的横切面。各囚室都有两个窗户，一个对着里面，与塔的窗户相对；另一个对着外面，能使光亮从囚室的一端照到另一端。然后，所需要做的就是在中心瞭望塔安排一名监督者，在每个囚室里关进一个疯子或一个病人、一个罪犯、一个工人、一个学生。通过逆光

---

① 当今知道边沁的人，大都只知道他是功利主义之父。通过用旨在实现最大快乐和最小痛苦的复杂演算来重建伦理学，边沁希望确保最大多数人的最大幸福。边沁虽然受到像詹姆斯·密尔（James Mill）一类思想家朋友的崇拜，但在许多年里一直不被人们视为正统的学者或政治哲学家。相反，大多数英国人长期以来只把他看做一个古怪的、迷恋于敞视式监狱观念的慈善家。

② ［日］樱井哲夫：《福柯——知识与权力》，姜忠莲译，河北教育出版社2001年版，第199页。

效果，人们可以从瞭望塔的与光源恰好相反的角度，观察四周囚室里被囚禁者的小人影。这些囚室就像是许多小笼子、小舞台。在里面，每个演员都是茕茕孑立，各具特色并历历在目；敞视建筑机制安排空间单位时，使之可以被随时观看和一眼辨认。[1] 总之，它推翻了牢狱的原则，或者更准确地说，它的原有的三个功能：封闭、剥夺光线和隐藏，只有第一个被保留下来了，充分的光线和监督者的注视比黑暗更能有效地捕捉囚禁者，因为黑暗说到底是保证被囚禁者的。可见性就是一个捕捉器。在这种全景敞视的监视设施中，犯人被一个个孤立起来，为监视者所监视，但是却无法看到中心塔楼里的监视者。因为，在监视者房间内的窗户上装了一扇铁栅栏门，在塔楼的室内建造了直角隔离墙，并且用锯齿形通道取代大门，使光线无法透过，这样就无法辨别监视者是否在房中了。犯人无法判断监视者是否在房中，便产生了自己被不断监视的意识。[2] 全景敞视的监视设施是分割“看—被看”这种组合的装置。在圆形建筑物的内部，在其中的人被完全看到，但他却绝对无法看到监视者；与此相对，在中心塔楼内的监视者能够看见一切，却绝对不会被囚犯看见自己。

边沁没有说明他的设计方案是否受到勒沃设计的凡尔赛动物园的启发。这个最早的动物园与一般的动物园不同。它的各个展览点不是散布在一个公园里。其中心是一个八角亭，第一层只有一个房间，是国王的沙龙。八角亭的一面是入口，其他各面开着

① ［法］米歇尔·福柯：《规训与惩罚》，刘北成、杨远婴译，北京三联书店 1999 年版，第 224 页。

② ［日］樱井哲夫：《福柯——知识与权力》，姜忠莲译，河北教育出版社 2001 年版，第 199 页。

大窗户，正对着七个关着各种动物的铁笼。① 到边沁的时代，这种动物园已经消失了。但是，我们在全景敞视建筑方案中看到了类似的兴趣，即对个别观察、分门别类，以及空间分解组合的兴趣。全景敞视建筑就是一个皇家动物园。人取代了动物，特定的分组取代了逐一分配，诡秘的权力机制取代了国王。

在边沁之前，已经有过类似圆形监狱的设计。第一个可视的隔离模式系统在 1751 年就出台了，那是法国巴黎军事学校的宿舍。每个学生都被分配了一间带有玻璃窗户的单间，这样他整晚都能受到监视，无法与同伴有丝毫的接触；甚至还发明了一种复杂而奇妙的装置，可以保证理发师在给军校学生理发的同时，不与他们发生身体上的接触：小伙子的头从一个门窗里伸出来，身体却留在另一边，通过玻璃窗，所有发生的事情都可以看到。边沁说，是他的兄弟在参观军校的时候产生圆形监狱的想法的。当时这种构想在很多领域流行开了。克劳德－尼古拉斯·列多在阿克塞纳斯建造了食盐加工厂，也是根据这种可视性的原则，而且还添加了一些设施。这里存在着一个中央监视点，作为权力实施的核心，同时也是知识记录的中心。中心点应该既是照亮一切的光源，又是一切需要被了解的事情的汇聚点，应该是一只洞察一切的眼睛，又是一个所有的目光都转向这里的中心。所有的建筑物被排列成一个环形，门窗对着里面：中心点是一个高大的建筑物。这里行使着行政管理职能、治安监视职能、经济控制职能、宗教安抚职能。这里发号施令，记录各种活动，察觉和裁决一切过错。尽管在边沁之前就有圆形监狱的想法，但边沁是第一个对它进行表述和命名的人。“圆形监狱”这个词是非常关键的，它指明了一种系统的原则。所以，边沁想象的不是一种为解决特定

---

① ［美］布莱恩·雷诺：《福柯十讲》，韩泰伦编译，大众文艺出版社 2004 年版，第 114 页。

问题——例如监狱、学校或医院——的建筑方案。他声称这是一个真正的发现，是一个“哥伦布之蛋”。确实，边沁向医生、刑罚学家、工业家和教育学家建议的东西，正是他们一直在寻找的。[1] 他发明了为解决监禁问题所设计出来的权力的技术。有一点很重要：边沁说，他的观看系统是一种创新，为权力的简易而有效的实施所必需。事实上，从 18 世纪末以来，它一直被广泛运用。但是，现代社会中，发挥作用的权力的程序就更为丰富和多种多样了。

在圆形监狱中，不仅监督者看得见犯人，而且只有监督者才看得见犯人；犯人与旁边小房间里的其他犯人的任何联系都被割断了。“他是信息的对象，但从来不是信息传输中的主体。”边沁认为他的圆形监狱的主要益处是达到了最有效的组织。这是由于使犯人处于客体状态和永久的可见状态，才得以实现的。犯人看不到监督者是否在塔里，因此他必须规规矩矩，仿佛监督是不间断的、没尽头的、全面的。这种建筑是如此完善，以至即使没有监督者在塔中，权力机关仍然是起作用的。[2] 无须使用暴力来强制犯人改邪归正，强制疯人安静下来，强制工人埋头干活，强制学生专心做学问，强制病人遵守制度。边沁也感到惊讶的是，全景敞视机构会如此轻便：不再有铁栅，不再有铁镣，不再有大锁；只需要实行鲜明的隔离和妥善地安排门窗开口。[3] 边沁确信，这种简单的建筑学观念可以解决启蒙社会思想中最令人苦恼

① ［法］米歇尔·福柯：《权力的眼睛——福柯访谈录》，严锋译，上海人民出版社 1997 年版，第 151 页。

② ［美］L. 德赖弗斯、保罗·拉比诺：《福柯：超越结构主义与解释学》，张建超、张静译，光明日报出版社 1992 年版，第 246 页。

③ ［法］米歇尔·福柯：《规训与惩罚》，刘北成、杨远婴译，北京三联书店 1999 年版，第 227 页。

的问题之一。通过在监狱、医院和工厂、学校等极其多样的不同环境里贯彻监督的原则，人们就有可能将私利同社会责任协调起来，尽可能不感到痛苦地加强自觉意识。边沁指出："圆形监狱的重大优越性是不言自明的，企图证明这种优越性只能是画蛇添足，反而会把它弄模糊了。持续不断地处于监督者的睽睽目光之下，实际上就是摆脱做坏事的力量乃至于要做坏事的想法。"[①] 边沁承认，他的新发明，是要牺牲"自由公民的自由精神和活力"，换取"士兵式的机械训诫"，制造"一批人形的机器"。这一设计可能会显得丧心病狂，但他坚信，它是保证最大多数人利益的不可替代的手段。边沁说："叫他们士兵也好，称他们机器也罢，只要他们是幸福的，我就不会在乎。"[②] 在数十年间，边沁为落实敞视式监狱的设想花费了大量的时间和家财。1871 年，他甚至主动向法国国民议会提供帮助，希望这个革命体制可以不带偏见地考虑他的激进计划，可是根本没用。法国人还能授予他荣誉公民称号，以表彰他的善举；然而在英国，他的计划的最实在的影响也许只是在语言上：许多人嘲笑他的这一万应灵丹，panopticon 一词在 19 世纪的英语中不仅被用来指称一个可以一览无余地看见里面的东西的地方，而且具有新奇物品陈列室的意思。[③]

圆形监狱通过其高效率的空间组织，部分地实现其对肉体的控制。这里要作一个重要的区分。圆形监狱与其说是表现权力的

---

① ［美］詹姆斯·米勒：《福柯的生死爱欲》，高毅译，上海人民出版社 2003 年版，第 301 页。

② ［美］詹姆斯·米勒：《福柯的生死爱欲》，时报文化出版公司 1995 年版，第 375 ~ 376 页。

③ ［美］詹姆斯·米勒：《福柯的生死爱欲》，高毅译，上海人民出版社 2003 年版，第 301 页。

建筑模型，还不如说是权力在空间操作的手段。正是使用结构的技术，而不是建筑本身，才使权力得到有效的扩展。边沁的圆形监狱也许看起来仅仅是一个较次要的个体模式，或者是社会改革与完善的一个理想主义的计划。但是，这个看法并不是完全准确的。边沁不是探索他所用的技术的第一位。尽管他的技术是最完善的、最著名的形式，他的圆形建筑不是根本不存在的意在对社会的一切方面进行总的批判和改革的乌托邦世界，而是权力的专门机制的一个计划。边沁把这种工具描述为一个封闭起来的和完善的设计，不是因为设计一个理想形式会使他得到满足，而正是因为它可以应用于大量的形形色色的制度与问题。圆形监狱的高明之处在于它对抽象的模式化与非常具体的应用的结合。尤其重要的是，圆形监狱是可变通的。[①]

2．福柯发现了圆形监狱的关键——注视和自我监禁

福柯回顾了他对圆形监狱的发现：那是在我研究诊断医学的起源的时候。我正在研究18世纪下半叶的医院结构，当时医学机构的伟大改革运动正在展开。我想搞清楚医学的目光是怎样制度化的，它怎样在社会空间打上烙印，新型的医院为什么既是这种目光的后果又是对这种目光的支持。在考察1772年迪约旅馆第二次火灾后一系列不同的建筑规则时，我注意到，在一种中心化的观察系统中，身体、个人和事物的可见性是他们最经常关注的原则。就医院的情形而言，这个一般性的问题引起了进一步的困难。有必要避免不适当的接触、污染、身体的接近和拥挤，为了保持空气的流畅，既要把空间分隔开来，又要保持开放，确保一种总体的和个人的监禁，同时把监视下的个人隔离起来。我曾经以为这些问题是18世纪的医学所独有的。接着，在研究刑罚

① ［美］L. 德赖弗斯、保罗·拉比诺：《福柯：超越结构主义与解释学》，张建超、张静译，光明日报出版社1992年版，第246页。

系统的时候，我发现所有对监狱进行改造的重大计划（从稍后一段时间，也就是19世纪的上半叶开始）都围绕着与此相同的一个主题，而且都要提到边沁。几乎没有一份监狱改造的建议书不提到边沁的“设备”——“圆形监狱”。①

如果边沁的计划引起了人们的兴趣，这是因为它提供了一种可以施用于许多领域的公式，即“通过透明度达成权力”的公式，通过“照明”来实现压制。在圆形监狱中，有一种形式与城堡很接近——由围墙环绕的塔楼——用它来实现清晰的视觉效果。② 福柯认为，权力必须付出代价才能得到实施。显然，存在着一种最小的代价，边沁也谈到了这一点。圆形监狱需要多少监视者？整个机器需要多少费用才能运转起来？但是，这里还存在着特定的政治的代价。如果你太强暴了，就有可能激起民变；如果你的干预太宽恕，种种抵制和违抗就会见缝插针地冒出来，而这又会使你在政治上付出代价。这就是君主政治权力运作的状况。与此构成鲜明对照的是，监禁的体系却只需要付出很小的代价。没有必要发展军备、增加暴力和进行有形的控制。只要有注视的目光就行了。一种监视的目光，每一个人在这种目光的压力之下，都会逐渐自觉地变成自己的监视者，这样就可以实现自我监禁。这种注视并不单纯是别人投注给我们的，这也成了我们看待自己行为的一种方式。我们的社会属性使我们成为自己的注视对象，所以我们经常审视自己的身体、行为和感觉。这个办法真是妙极了：权力可以如水银泻地般地得到具体而细微的实施，而

---

① ［法］米歇尔·福柯：《权力的眼睛——福柯访谈录》，严锋译，上海人民出版社1997年版，第150页。

② ［法］米歇尔·福柯：《权力的眼睛——福柯访谈录》，严锋译，上海人民出版社1997年版，第156页。

又只需花费最小的代价。[1] 这个方案与君主体制的统治正好相反。在现代权力技术中，注视占有重大的地位。例如，来自监狱模型的注视的威力确立了一种在社会体内传播价值观的“外观经济”（economy of looks）。不仅评价人的时候看重的是外表，就是一些诸如求知这类有价值的活动也要通过一系列可视性的比喻，如洞察力和想象力来加以评价。就这样，这种观看（或注视）的观念就与权力、知识和价值结合起来了。[2] 福柯认为，周密地监视“平民百姓、无产阶级和农民”，实施普遍的、持续不断的监视，在一些新的政权形式下，第一次成为可行的了。“可以说这种发明于19世纪末20世纪初的东西，就是敞视式监狱主义。”[3] 福柯认为近代社会正像这个监视设施一样，是一个少数人监视大多数人的监视的社会。我们在去学校、去公司时没有感觉是在服从什么。当我们感到逃课、旷工是罪恶时，那权力的监视之眼就被移植至我们心中，并且在规制着我们的意识与行动。

这个圆形监狱的设想之所以令福柯激动，那是因为“在现代社会一切令他憎恶的东西中，他恐怕难以找到比这更突出的典型了”。而这也是尼采曾说过的他最害怕出现的世界。[4] 那世界犹如一部“巨大的发条装置，它由越来越细小、越来越精巧的调试过的齿轮所组成”，其中存在着“太多的，而且越来越多的各种支配和控制的因素”，个人在其中体现着“最小的力量、最

① ［法］米歇尔·福柯：《权力的眼睛——福柯访谈录》，严锋译，上海人民出版社1997年版，第158页。

② ［澳］J. 丹纳赫、T. 斯奇拉托、J. 韦伯：《理解福柯》，刘瑾译，百花文艺出版社2002年版，第66页。

③ ［美］詹姆斯·米勒：《福柯的生死爱欲》，时报文化出版公司1995年版，第374页。

④ 李银河：《性的问题：福柯与性》，文化艺术出版社2003年版，第356页。

小的价值”。[1] 事实上，许多监狱并没有实践圆形监狱的构想。但是，福柯把这其中隐含的逻辑看做规训力量发生作用的事例。在从前的刑罚体系中，犯人不是被关进地牢就是被流放——这是使他们隐身的办法，但是圆形监狱根据的是一个完全不同的原则：它认为管理犯人最好的办法就是使他们每天每时每刻都作为潜在对象处于权威性注视（authoritative gaze）之下。这种权威性注视并不是某个人的注视。作为这个体系的一部分，它可以被当做一条普遍的监视原则在整个社会范围内起作用。这个注视的逻辑，就像规训的逻辑一样，并不局限于监狱，而是可以渗透到社会各个机构的空间中去。只要联想到各种权威机构怎样监视我们并监控我们的行为时，我们就会明白这一点了。例如，学校教师在教室里走来走去的时候，他们使用了权威性注视。这种权威性注视带有一个性别的维度。在现代西方社会，女人和女孩经常成为所谓“男性注视”（male gaze）中的欲望对象。换句话说，女性在这样的社会中会受到什么样的评价，以及她们如何自我评价，在根本上取决于她们的外貌长相。监视手段已经成为现代社会生活的基本部分了。[2] 福柯将圆形监狱的设想看做“关于呈现理想状态的权力机制的图解”。这种监视“使权力与人相分离”，使人变得温顺、合乎标准，像现代军队中的士兵一样，随时准备接受上级的命令。其结果是一种权力的自我运作，一种权力的化境。敞视主义圆形监狱这一抽象观念，说明了许多正在改变现代

---

① ［美］詹姆斯·米勒：《福柯的生死爱欲》，高毅译，上海人民出版社2003年版，第302页。

② ［澳］J. 丹纳赫、T. 斯奇拉托、J. 韦伯：《理解福柯》，刘瑾译，百花文艺出版社2002年版，第63页。

生活的真实的制度。[①] 循着一种自然的延伸，边沁列举的那些原则现在正式认可了一种无限的训诫，这种训诫不仅向囚犯，而且向每一位现代人提出无休无止的质询，进行“漫无边际的调查，作出明察秋毫、分析透彻的评述，写出将放入一个永不封口的档案袋里去的鉴定，刑罚上的有意宽大同考察时的极端好奇交织在一起”，以此造就俯首帖耳的人们。[②] 简言之，在现代社会，由于观念的变化和科技的发展，尼采的噩梦已经转化为现实。

如果权力是在精密复杂的机器一样的系统中实施的话，起作用的是人在系统中的位置，不是他的本质，也无法依赖单独的个人。如果有人能站在这台机器之外单独对它进行操纵，权力就会与这个人同一，那么我们又回到了君主形式的权力。在圆形监狱中，每一个人根据他的位置被所有的人或某些人所观察。这里存在着总体的和不断流通的猜疑，因为没有一个绝对的点。[③] 这种装置使权力自动化、非个人化。结果是行使这项权力的人，不管是谁都没有关系。不管是谁，即使他们中的绝大部分是被偶然任用的，也都可以让这套装置工作。当这座设施的负责人不在时，即使是他家族中的人、近亲、朋友、来访者都能让这套装置发挥作用。对于圆形监狱，福柯想到的是许多机制的集合体，在通过权力扭结在一起的程序中发挥作用。圆形监狱是权力命令创造的技术发明，就如同蒸汽机是根据生产的要求创造出来的一样。这种发明具有特殊性，它先是在局部得到运用，在学校、兵营和医

---

① 李银河：《性的问题：福柯与性》，文化艺术出版社2003年版，第357页。

② ［美］詹姆斯·米勒：《福柯的生死爱欲》，时报文化出版公司1995年版，第378页。

③ ［法］米歇尔·福柯：《权力的眼睛——福柯访谈录》，严锋译，上海人民出版社1997年版，第161页。

院。这是监禁实践进行试验的场所。人们学到了怎样建立档案，怎样建立打分和分类的体系，怎样对个人的记录进行审核。某些程序当然已经在经济和税收的领域得到应用了。但是，对一群学生和病人进行长久的监禁那又是另外一回事了。然后，到了某一个时期，这些方法得到了普遍的运用。警察机器作为这一扩展过程的主要媒介，拿破仑的统治也在这个过程中发挥了作用。福柯把总检察长说成是皇帝的眼睛，从巴黎的总检察长到外省卑微的助理公诉员，他们都用同样的目光注视着任何对秩序的破坏，预防着罪恶的危险，对任何越轨的行为实施惩罚。① 这种普遍的注视一旦松懈下来，国家的垮台也就迫在眉睫了。与其说是国家机器征用了圆形监狱体系，倒不如说国家机器建立在小范围的、局部的、发散状的圆形监狱体系之上。德勒兹认为，当福柯定义全景敞视理论时，他有时将它限定为监狱这一具体事物中的光线设置，有时将它限定为一种机器。全景敞视理论的抽象公式因而不再是看而不被看，而是在任意一个人类多样性中强加任意一种教化，或将任意任务或教化强加于任意个体多样性之纯粹功能；既不需要赋予功能目标或方法的形式（教育、照料、惩戒、使生产），亦不需考虑功能所奠基于上的定型物质（囚犯、病人、学童、疯子、工人、军人）。全景敞视在18世纪末就贯穿所有这些形式，也适用于所有这些物质。正是在这个意义上，它成为权力之范畴：一种纯粹的规训功能。②

3．圆形监狱（敞视主义结构）的功能

圆形监狱就是全景敞视主义的图解示例。福柯选择圆形监狱

① ［法］米歇尔·福柯：《权力的眼睛——福柯访谈录》，严锋译，上海人民出版社1997年版，第207页。

② ［法］吉尔·德勒兹：《德勒兹论福柯》，台北麦田出版公司2000年版，第92～93页，第141页。

计划作为惩戒技术的规范性榜样。它并不像有些人认为的那样，是权力的本质，而是权力如何操作的一个明晰的例子。有另一些以相似方式活动的技术，本来也可以作为福柯的若干说明。福柯告诉我们，圆形监狱是“一种可以一般化的功用模式；一种根据人的日常生活限定权力关系的方式……它是简化为权力的理想形式的一种权力机制的图解……它实际上是政治技术的一个外形，可以且必须独立于任何具体应用……其应用具有多种价值。”① 在圆形监狱中，监视的权力是连续性的，训诫性的，没有个性特征的。任何人都可以操纵它，只要他处在正确的位置上，任何人都可能屈服于其机制。这种设计是具有多种用途的。塔里的监督者可以轻而易举地监视一个犯人、一个疯子、一个工人或者一个学生。对于病人，可以观察每个人的病症，又不使病床挤在一起，不会让污浊空气散播，不会有检查台上的传染后果；对于学生，可以观察其表现（不会有任何作假和抄袭），评定其能力和特点，进行严格的分类，而且可以根据正常发展情况，将懒惰和固执者与低能弱智者区分开来；对于工人，可以记录每个人的能力，比较其完成每项任务所用的时间，以及计算日工的工资。② 如果圆形监狱的作用很理想，那么几乎所有内在的暴力行为都将被清除。因为，如果犯人总是不能肯定他在什么时候被监视，他就成了他自己的监护人。而且，作为最后步骤，通过对这种机制的使用，人们也可以控制控制者。在圆形监狱中占据主要地位的那些人自身完全陷入其行为的一种定域和安排之中。他们监视，但是在这样做的过程中，他们也被限制、被控

① ［美］L. 德赖弗斯、保罗·拉比诺：《福柯：超越结构主义与解释学》，张建超、张静译，光明日报出版社 1992 年版，第 245 页。

② ［美］布莱恩·雷诺：《福柯十讲》，韩泰伦编译，大众文艺出版社 2004 年版，第 115 页。

制，并附属于行政控制。[①]

圆形监狱具有某种透明性，其功能是要加强控制。正是它的形式，它的物质性，下至最小的细节的每一个方面（此处边沁总的说是很明确的，他用了很多篇幅描述建筑物的大量的细节），得出关于它做什么的解释。其机制自身是中性的，多少还是普适的。它是一项完善的技术。只有当它掩盖和损害其他制度时，它才显现出它自己的力量。[②] 用福柯的术语来说，圆形监狱将知识、权力、肉体控制、空间控制结合成完整的惩戒技术。它是肉体的空间定位机制，彼此联系的个体的分配机制，等级组织机制，权力中心和渠道的高效率控制的机制。圆形监狱这门技术用于对团体的管理与个体化，其适应性强而且是中性的。不管何时，只要任务是将个体或全体居民置于一个网中，以便于使他们参加生产并被监视，那么圆形监狱技术就能用得上。[③] 以圆形敞视监狱所象征的权力模式“能减少行使权力的人数，同时增加受权力支配的人数。它能使权力在任何时候进行干涉，甚至在过失、错误或罪行发生之前不断施加压力。在上述条件下，它的力量就表现在它从不干预，它是自动施展的，毫不喧哗，它形成一种能生产连锁效果的机制。除建筑学和几何学外，它不使用任何物质手段却能直接对个人发生作用。它造成‘精神对精神的权力’。因此，全景敞视模式使任何权力机构都强化了。它能使后者更为经济（在物质、人员和时间上）。它通过自己的预防性

---

① ［美］L. 德赖弗斯、保罗·拉比诺：《福柯：超越结构主义与解释学》，张建超、张静译，光明日报出版社 1992 年版，第 247 页。

② ［美］L. 德赖弗斯、保罗·拉比诺：《福柯：超越结构主义与解释学》，张建超、张静译，光明日报出版社 1992 年版，第 250 页。

③ ［美］L. 德赖弗斯、保罗·拉比诺：《福柯：超越结构主义与解释学》，张建超、张静译，光明日报出版社 1992 年版，第 247 页。

能、连续运作和自动机制使后者更有效率”。①

圆形敞视监狱最奇妙的设计是它构造了一种特殊的光学空间和视觉关系，它造成了这样一种效果：中央塔楼顶端上的监视者可以清楚地看见所有被监视者的所有行为，而被监视者在自己的房间中只能看到监狱中心的塔楼，却看不见塔楼顶端是否有监视者。也就是说，无论塔楼上是否真有人在那儿监视，被监视者都以为自己处在被监视之中，因为他无法判断塔楼顶端是否真有监视者。福柯分析说，这样一种视觉关系和空间布局造成了一种持续不断的被监视状态，在这种状态中塔楼上是否真有监视者已不重要，谁来实施监视无所谓，重要的只是一种大家都明白的空间关系和视觉关系，是权力的位置必须被看到而这个位置上是否有人绝对不能被看到的“看”。这是一架没有国王而只有王位的权力运作机器，一架不依赖某个监视者而只凭借某种虚构的视觉关系来运作的权力机器，一架最终被监视者自己的观看所造就的自己对自己进行持续不断监视的机器，这真是一架神奇而可怕的机器。②

除了监视功能，全景敞视建筑还是一个实验室。它可以被当做一个进行试验、改造行为、规训人的机构；可以用来试验药品，监视其效果；可以根据犯人的罪行和特点，试验不同的惩罚方法，寻找最有效的方法；可以同时教不同的工人学会不同的技术，以确定最佳技术；可以进行教学试验。全景敞视建筑是一个对人进行实验，并十分确定地分析对人可能进行的改造的优越场所。全景敞视建筑甚至是一个能够监督自身机制的结构。在中心

① ［法］米歇尔·福柯：《规训与惩罚》，刘北成、杨远婴译，北京三联书店 1999 年版，第 231 页。

② 余虹：《艺术与归家——尼采·海德格尔·福柯》，中国人民大学出版社 2005 年版，第 258 页。

瞭望塔，总管可以暗中监视所有的下属雇员：护士、医生、工头、教师、狱卒。他能不断地评定他们，改变他们的行为，要求他们使用他认为最好的方法。甚至，总管本人也能被观察。一名巡视员出其不意地来到全景敞视建筑的中心，一眼就能判断整个机构是如何运作的，任何情况都瞒不过他。而且，总管被关在这个建筑机制的中心，他自己的命运也就与该机制拴在一起了。一个使传染病得以散播的无能医生将是传染病的第一个牺牲者，一个无能的监狱长或工厂经理也将是暴动的第一个牺牲者。全景敞视建筑的主人说："由于我设计了各种联系纽带，我自己的命运也被我拴在那些纽带上。"① 全景敞视建筑像某种权力实验室一样运作；由于它的观察机制，它获得了深入人们行为的效能。

边沁梦想把纪律变成一种机制网络，无所不在，时刻警醒，毫无时空的中断而遍布整个社会。全景敞视主义结构提供了这种普遍化的模式。② 它编制了一个被规训机制彻底渗透的社会在一种易于转换的基础机制层次上的基本运作程序。于是，我们看到两种规训意象。在一端是规训—封锁，建立在社会边缘的封闭体制趋向于内向的消极功能：制止灾难，中断交流，冻结时间。在另一端是全景敞视主义的规训—机制：一种通过使权力运作变得更轻便、迅速、有效来改善权力运作的功能机制，一种为了实现某种社会而进行巧妙强制的设计。从一种异常规训的方案转变为另一种普遍化监视的方案，是以一种历史变迁为基础的：在17世纪和18世纪，规训机制逐渐扩展，遍布了整个社会机体，所谓的规训社会就形成了。

---

① ［美］布莱恩·雷诺：《福柯十讲》，韩泰伦编译，大众文艺出版社2004年版，第115页。

② ［美］布莱恩·雷诺：《福柯十讲》，韩泰伦编译，大众文艺出版社2004年版，第118页。

4. 圆形监狱与“瘟疫模式”

在17世纪，隔离区作为一种瘟疫控制的方法，是通过严格的空间分割进行的。官方把整个城镇以及周围的乡村划分成若干行政地区；住户不得越房屋一步，否则就要被处死；只有官员和因地位低贱而被指派拖尸体的人才允许在街道上走动。对每一间房屋及其居住者，保持着经常的戒备和监督，对那些没有露面的人要说明原因，收到的信息逐级上报。一旦有人死去，这些官员甚至有权占用私有财产：净化程序要求撤空传染的住所，然后熏蒸住所。一切医护工作都受到小心的监督，一切病状都得让主要权威者知道，一切空间都被权威们控制，一切活动都是规定好的。[①]“每天，巡视员必须从每家门前经过，他们停下来叫人的名字。每个人都被指定了一个他必须现身的窗户，当人叫他的名字的时候，他必须在这个窗户出现，当然，如果他不出现，那么就是因为他在床上；而如果他在床上，就是因为他病了；如果他病了，那么他就是危险的。因此就必须介入。正是在这时，在病人和非病人之间产生了区分。”[②]

麻风病人聚居地提供的是通过权力的空间实施进行人口控制的典型。麻风病人被排斥在社会之外，被隔离，受到污辱。他和他的患难弟兄们被扔进不加区别的群体中。权威者把麻风病人放逐安置到要他们活完了就死去的被隔离的群体之中，这种行为是“大规模地把一群人与另一群人一分为二”。这里重要的是权威

---

① ［美］L. 德赖弗斯、保罗·拉比诺：《福柯：超越结构主义与解释学》，张建超、张静译，光明日报出版社1992年版，第248页。

② ［法］米歇尔·福柯：《不正常的人》，钱翰译，上海人民出版社2003年版，第47页。

者有权将麻风病人从一个地方排斥出去，把他们限制在另一个地方。[①]“它首先是在个人（或一群人）和另一个人之间严格的区分、拉开的距离和不接触的规则。另一方面，是将这些人扔到外边混杂的世界中去，在城墙之外，在社区的界限之外。因此建构了两个相互隔膜的群体。那被扔出去的群体，在严格的意义上被扔到外面的黑暗之中。最后，第三点，对麻风病人的排斥意味着这些被排斥和驱逐的人丧失了资格（也许不完全是道德上的，但无论如何是法律上的和政治上的）。”[②]“如果说，麻风病人引起了驱逐风俗，在某种程度上提供了‘大禁闭’的原型和一般形式，那么可以说，瘟疫引出了种种规训方案。它不是要求将大批的人群一分为二，而是要求进行复杂的划分、个人化的分配、深入的组织监视与控制，实现权力的强化与网络化。麻风病人被卷入一种排斥的实践，放逐—封闭的实践。他被遗弃在一片无须加以分解的混沌之中，等待毁灭。瘟疫患者则被卷入一种精细的分割战术中。在这里，个人的区分是一种权力挤压的后果，这种权力自我扩展、自我衍生的连接。……放逐麻风病人和制止瘟疫所伴随的政治梦想并不是一样的。前者是一个纯洁的共同体，后者是一个被规训的社会。在行使统治人的权力、控制人际关系、清理有害的人员混杂方面，二者的方式不同。瘟疫流行的城镇，应完全被一个层级网络监视、观察和书写所覆盖；一种广延性权力以一种确定无误的方式统治每个人的肉体，使该城镇变得静止不动。这就是一个治理完善的城市的乌托邦。瘟疫（至少被视为一种可能性）是人们在理想地确定规训权力运作的过程中的

① ［美］L. 德赖弗斯、保罗·拉比诺：《福柯：超越结构主义与解释学》，张建超、张静译，光明日报出版社1992年版，第249页。

② ［法］米歇尔·福柯：《不正常的人》，钱翰译，上海人民出版社2003年版，第44页。

一个考验。"①

与隔离区和麻风病人聚居地这两种瘟疫控制模式不同，全景敞视建筑应该被视为一种普遍化的功能运作模式，一种从人们日常生活的角度确定权力关系的方式。全景敞视建筑展示了一种残酷而精巧的铁笼。事实上，甚至到了现代，它还会产生许许多多设计中的或已实现的变种。这就表明了它在近 200 年的时间里是多么强烈地刺激起人们的想象力。但是，全景敞视建筑不应被视为一种梦幻建筑。它是一种被还原到理想形态的权力机制的示意图。② 它是在排除了任何障碍、阻力或摩擦的条件下运作的，因此应被视为一种纯粹的建筑学和光学系统。它实际上是一种能够和应该独立于任何具体用途的政治技术的象征。"瘟疫侵扰的城市与全景敞视机构二者之间有重大差异。它们相隔一个半世纪之遥，标志着规训方案的变化。……瘟疫侵袭的城镇提供了一种例外的规训模式：既无懈可击但又极其粗暴。对于造成死亡的疾病，权力用不断的死亡威胁来对付。生命在这里只剩下最简单的表现，这里是细致地运用刀剑的权力来对付死亡的力量。反之，圆形敞视监狱有一种增益作用。虽然它对权力进行了妥帖的安排，虽然这样做是为了使权力更为经济有效，但是它这样做并不是为了权力本身，也不是为了直接拯救受威胁的社会。它的目的是加强社会力量——增加生产、发展经济、传播教育，提高公共道德水准，使社会力量得到增强。"③ 福柯认为"瘟疫模式"还

① ［法］米歇尔·福柯：《规训与惩罚》，刘北成、杨远婴译，北京三联书店 1999 年版，第 222、223 页。

② ［美］布莱恩·雷诺：《福柯十讲》，韩泰伦编译，大众文艺出版社 2004 年版，第 116 页。

③ ［法］米歇尔·福柯：《规训与惩罚》，刘北成、杨远婴译，北京三联书店 1999 年版，第 233 页。

不是一种常规的规训权力模式，它对付的只是异常情形，真正常规的规训权力是“圆形敞视监狱模式”，这种模式才使规训权力深入到了社会日常生活的毛细血管。

（二）监狱情报小组（GIP）——对犯人生存状态的关注

1. 监狱情报小组的成立

从“五月风暴”① 以来，尤其是福柯在法兰西学院发表就职讲演几星期后，在法国的左派政治犯中爆发了绝食斗争。法国的左派分子对监狱发生了浓厚兴趣，要求政府赋予他们的被囚禁的同事以政治犯的正式地位和其他专门权利。因为他们的同事，与其他犯人一样，几乎与外部世界没有接触，没有广播电视，没有报纸，除了家庭成员和律师以外，无人探监，更少有人报道监狱中所发生的一切。当左派无产阶级决定在狱中采取政治行动时，他们邀请福柯领导了这个计划。② 1971 年初，福柯与历史学家维达尔 - 纳盖（Pierre Vidal - Naquet，因首先谴责法国军队在阿尔及利亚使用酷刑而闻名）、天主教杂志《精神》的编辑多梅纳克（Jean - Marie Domenach，二战期间曾参加过抵抗运动，60 年代也激烈反对阿尔及利亚战争）三人创立了“监狱情报小组”（GIP）。2 月 8 日，在蒙帕纳斯车站下面的圣 - 贝尔纳教堂，福柯宣读了一个由他起草的声明：“无人能确保自己不被投入监狱。今天更是如此。警察对我们日常生活的控制越来越令人窒息，无论在大街小巷，无论是对外国人还是对年轻人。表达观点重新成为一种罪过，反毒品措施越来越专横，导致随便抓人。我们现在生活在拘留审查状态中。人们告诉我们说司法部门已无法控制局面，我们已注意到了。但假如是警察使之无法应付呢？人

① 法国 1968 年由左派发起的学生、工人运动。

② 莫伟民：《主体的命运——福柯哲学思想研究》，上海三联书店 1996 年版，第 205 页。

们告诉我们说监狱已经爆满。但假若是过多的百姓被关进监狱的缘故呢?”“关于监狱的情况几乎很少披露。它是我们社会制度的一个隐蔽领域，我们生活的一个黑暗角落。我们要求了解它。这就是为什么我们与一些法官、律师、新闻记者、医生和精神分析医生一起创立了监狱情报小组。”①

福柯在接受《美洲政策》杂志（1971年3月18日）的采访时说道：因为有犯罪的人所以才有监狱。在这一将其正当化的理论背后，还隐藏着社会性压抑的手段这一理论。福柯说：重罪犯仅占犯人的5%，在剩下的人当中，犯中等罪或轻罪的犯人，大部分都是贫困阶级出身。而且，犯人中的40%是没有进行审判的被怀疑的人，犯人中的16%是移民。人们不了解这些事实，而仅因有重罪犯的存在，监狱的存在就被正当化了。犯人们现在开始谈及他们的劳动、居住环境等，例如在南特（法国西部，卢瓦尔河口，靠近大西洋）的监狱里，早晨，床罩都结了冰；在德拉吉尼昂（法国南部，戛纳的西边）的监狱里，有好几间单人间里，常温都是零度以下；在克莱鲁瓦（东部），58间鸡舍（带格墙的完整的单人间）里根本没暖气。如果说两句怨言，所长就会说：“想暖和吗？你在房里跑跑步不就行了。”犯人的实际权利都被剥夺了。法院将人送进监狱，但是囚犯在监狱里无法维护自己的权利。② 在监狱里，他们是任人宰割的羔羊。

监狱情报小组的信箱地址实际上就是福柯在沃日拉街285号寓所的地址。成立声明的大部分也是由福柯起草的。我们从中可以十分清楚地看到他所感兴趣的领域。像对待精神病一样，划分

① 刘北成编著：《福柯思想肖像》，上海人民出版社2001年版，第245页。

② ［日］樱井哲夫：《福柯——知识与权力》，姜忠莲译，河北教育出版社2001年版，第180页。

正常人和被监禁的人的界限比人们预料的还要模糊，所以，这也正是福柯留心观察的地方，以便揭示权力机构是怎样展开工作的。然而，福柯在这件事上的出发点不属于理论范畴，它首先要行动，出现在日复一日的斗争中。①

监狱情报小组的宗旨是收集和公布监狱的情况。福柯认为，需要做的不是替犯人说话，而是为他们提供说话的机会，讲出监狱的真实情况。德勒兹对福柯说："在我看来，是你第一个教给我们一个基本道理：以别人的名义说话是可耻的。"② 正如监狱情报小组在它发表的第一本小册子上所说的：监狱情报小组不想以犯人的名义谈论形形色色的监狱；恰恰相反，它要给犯人提供谈论他们自己和狱中事情的可能性。监狱情报小组的目的不是改良主义，我们不幻想一种理想监狱；我们希望犯人们能够说出刑律压迫系统中的那些不可容忍的东西。我们必须最快、最广泛地把犯人们自己表达的这些事实传播出去。这是把人们团结起来参加这场监狱内外的战斗，即政治斗争和法律斗争的唯一方法。③

2. 监狱情报小组的活动

通过监狱情报小组成立宣言，人们发现，福柯的出发点不再是理论了，而是行动，是不断的斗争。福柯发起这场运动的出发点，是要揭示权力机构是如何开展工作的。福柯说，我们需要弄清何谓监狱：什么人进去，怎样和为什么进去，监狱里发生的事情，犯人的生活和看守人员的生活如何，牢房、食物、卫生状况

---

① ［法］迪迪埃·埃里蓬：《权力与反抗——米歇尔·福柯传》，谢强、马月译，北京大学出版社 1997 年版，第 247 页。

② 刘北成编著：《福柯思想肖像》，上海人民出版社 2001 年版，第 246 页。

③ ［法］迪迪埃·埃里蓬：《权力与反抗——米歇尔·福柯传》，谢强、马月译，北京大学出版社 1997 年版，第 250 页。

如何，内部规章制度、医疗检查、劳动车间如何运转；如何从监狱出来，以及作为我们社会中的一名出狱人员意味着什么。这些情况在官方报道中是找不到的。我们向那些因种种原因有过监狱经历的人或是同监狱有关系的人进行了解。我们请他们与我们联络，告诉我们他们所知道的情况。我们拟好了一份调查表，人们可以向我们索取。当调查表收回的数量可观时，我们会公布它们的结果。① 监狱情报小组成立后不久，便开始进行已宣布过的调查。调查表分发给那些在监狱门口排长队等待探视的犯人家属。调查表收回后，福柯等人对它们进行筛选、摘录，然后以连载形式发表。福柯怀着难以抑制的好奇心，详尽研究了收回的所有调查问卷，花费了大量时间去档案馆翻阅过去的警察局案卷和法庭记录，对他感兴趣的文件进行深入的思考。他在浏览某个无名囚犯（按他的话来说，这是那些已化为乌有的卑微生命之一）的案卷的时候，常常会感到一种奇怪的震颤。人们不难想象他在国家图书馆里钻研时的那副模样：像个占卜师似的站在沙漠里的一处隐藏在地下的泉水的上方，微微地发抖。② 福柯研究这种直接接触，从中收集到有关犯人生活条件以及他们过去经历的证明和叙述。他热衷于这些在社会边缘发现的个人经历的片断，这些悲怆的生活道路和这种残酷的生活现实。调查表上还附有揭露监狱状况的简单说明："他们把犯人当狗一样对待。犯人们仅有的一点点权利也得不到尊重。我们要把这种罪行公布于众。"对此，只有一种办法：进行调查和搜集证据。"为了帮助我们搜集到这

① ［法］迪迪埃·埃里蓬：《权力与反抗——米歇尔·福柯传》，谢强、马月译，北京大学出版社 1997 年版，第 247 页。

② ［美］詹姆斯·米勒：《福柯的生死爱欲》，高毅译，上海人民出版社 2003 年版，第 305 页。

些材料，请你们同犯人或被释犯人一起填写这张调查表。”①(1)这些调查不是用于改善、减轻某种压迫系统，使之容易接受一些。它们旨在这种系统以另一种名义——以法律、技术、知识、客观性的名义——表现的地方抨击它。因此，每项调查都应是一个政治行动。(2)这些调查针对的是一些特定的目标，一些有名称、地点的机构，一些管理者、负责人和领导人——这会制造牺牲品，引起反抗，甚至引起那些负责人的反抗。因此，每项调查都应是一场斗争的先奏。(3)这些调查围绕上述特定目标把领导阶级用社会等级和不同的经济利益的游戏划分的各个阶层重新组织起来。应该团结犯人、律师和法官，还有医生、病人和医务人员，拆除对权力必不可少的障碍。每项调查都应在每个重要战略点上构成一条阵线和一条战线。(4)这些调查不应由一些技术人员从外部完成，在这里，调查者就是被调查者自己。应该让他们讲话，由他们清除隔离板，表述什么是不可容忍的和不能再容忍的。让他们进行阻止压迫实施的斗争。② 监狱情报小组从开始时小范围的犯人家属调查发展到后来对20座监狱的犯人进行大规模调查，并将调查的结果汇总在陆续印发的四本小册子中。

监狱情报小组并非仅仅是一个信息收集组织，而是一个与监狱中的左派里应外合的政治行动组织。在狱中，左派囚犯意识到只为左派活动分子争取特殊地位不合常理，他们发表了一份“在巴黎监狱里写成的”公报，公报指出：我们要求切实承认我们的政治犯资格。我们并不要求享有与其他普通犯人不同的特

---

① [法]迪迪埃·埃里蓬：《权力与反抗——米歇尔·福柯传》，谢强、马月译，北京大学出版社1997年版，第249页。

② [法]迪迪埃·埃里蓬：《权力与反抗——米歇尔·福柯传》，谢强、马月译，北京大学出版社1997年版，第250、251页。

权；我们认为，他们是某种社会体制的牺牲品，这种社会体制在把他们塑造出来之后，拒绝改造他们，只想抛弃他们。此外，我们希望我们的这场揭露监狱现行制度的斗争有益于所有犯人。[①]随着声援犯人运动的发展，监狱暴动事件也频繁发生。监狱情报小组多次在监狱前组织集会，散发传单，声援狱中斗争。每次集会都被警察驱散。福柯描述这种情况：街道开始变成警察的禁地。警察的专横命令变成法律：不许停留，不许说话，不许散发东西，不许扎堆。监狱的范围开始扩大，远远越出监狱大门之外，扩大到你的住宅门口。[②] 1971 年 5 月 1 日，福柯和另外几个人在一个监狱前被拘审，理由是传单上没有标出印刷机构，属非法出版物。他们遭到侮辱，福柯还被警察从背后击打。福柯向法院控告警察滥用权力，但警方反诉福柯散发非法出版物。结果福柯败诉，被科以罚款。

监狱情报小组还同犯人家属们一道，通过斗争，使一些以往不许进监狱的报纸得以在狱中被自由传阅；它召集一些由富于同情心的专业人员如医生、律师和社会工作者组成的委员会，以便宣传某些特殊监狱内的情况；它打破了新闻媒体对法国监狱内部情况的缄默。

3. 监狱情报小组的意义

监狱情报小组对近现代西方刑罚制度进行过许多讨论，分析了近代监禁和监狱的诞生，反思了当代暴动问题，意在重新思考权力主体性结构和权力的本质。监狱情报小组是 1968 年运动的产物，成了福柯进行新的思想过渡试验的尝试性工具，大大推动

① ［法］迪迪埃·埃里蓬：《权力与反抗——米歇尔·福柯传》，谢强、马月译，北京大学出版社 1997 年版，第 249 页。

② 刘北成编著：《福柯思想肖像》，上海人民出版社 2001 年版，第 248 页。

了福柯对监狱的探索。[1] 这场运动对福柯的学术思想发展有着很深的影响。福柯在这场运动中的经历，使他逐渐偏离了自己曾在法兰西学院的申请报告中所提到过的研究计划，即继承性知识问题，而是转向了监狱、权力、机构、规则，其直接的成果就是于1975年出版的《规训与惩罚》。福柯去世后，德勒兹回顾监狱情报小组的活动时说：监狱情报小组是一种思想实验。米歇尔始终认为，思想过程应该是一种实验。这正是他所留下的尼采主义遗产。就此而言，关键不是用监狱做实验，而是把监狱看成是一个犯人经历某种经验的地方。这种经验是知识分子——至少是福柯所认为的知识分子应该思考的。他还指出，监狱情报小组尝试了一种知识分子的参与方式，即不是以某种理想或价值观的名义采取行动，而是关注一直不为人注意的现实。[2] 监狱情报小组使得知识分子介入有了新的定位，即指出不可容忍的东西以及在不可容忍的处境中使之成为确实不可容忍的东西。监狱情报小组是制造陈述的方式，现在有一个关于监狱的新型陈述，它自然是由犯人，有时也由非犯人说出，可它从前也许是不能明确表达的。[3] 它是一项质疑的事业，对几十年积累下来的有关监狱、刑事审判、法律和惩戒的实践、规则、机构和习惯表示怀疑。

监狱情报小组努力维护犯人的权利，弄清楚权力机制的具体运作。通过向在押犯人、被释放人和犯人家属的调查，搜集证据，监狱情报小组的目的就是说明监狱、法庭、医院、精神病

---

① ［英］塔姆辛·斯巴格：《福柯与酷儿理论》，赵玉兰译，北京大学出版社2005年版，第7页。

② 刘北成编著：《福柯思想肖像》，上海人民出版社2001年版，第249页。

③ ［法］迪迪埃·埃里蓬：《权力与反抗——米歇尔·福柯传》，谢强、马月译，北京大学出版社1997年版，第257页。

院、职业医院、大学、新闻和信息机构甚至国家这些不可容忍的机构都在实施源于政治权力压迫的压迫，而知识分子、技术人员、法学家、医生、记者等新的社会阶层已不能容忍这种压迫，要像无产阶级反对资产阶级那样反对这种政治权力的压迫。福柯与萨特都把法国各地的监狱暴动看做对压迫制度的反抗。[①] 应当指出，尽管监狱情报小组并不认为监狱是必需的，但它的示威运动并不抗议监狱的存在，而是为了使公众知晓监狱的情况和犯人的待遇。监狱情报小组并不梦想理想监狱（因为福柯认为，刑事改革家们在教养所的建立和少年犯罪的形成中起着不可低估的作用，他们最终都是惩戒者的孪生兄弟），而是为了改善监狱的条件，改革惩罚制度。监狱情报小组旨在描述在押犯人和刑满释放人员的整个体验，以抗议其中不可忍受的一切，怀疑产生这一切的整个刑事机构。因为，在监狱内部存在着不受管束的审判，即监狱内的监狱，犯人不能保护自己。[②]

监狱情报小组揭示了监狱的副作用。有一个囚犯从 17 岁起因偷窃、抢劫和买卖毒品等罪名而多次入狱，最后因在狱中有同性恋活动而被单独监禁，悬梁自尽。这个犯人在几封信中讲述自己如何被暗探引诱购买毒品。这些信件表达了一种新型的政治思考，这种思考意在消除公与私、性与社会、集体要求与一种个人生活方式之间的传统区分。福柯写道：问题不仅涉及排斥人和给人定罪的社会机制，而且涉及其中的故意挑衅。这个体制正是借助于这种机制来运转和维护秩序，而且按照警察和行政权力的政

① 莫伟民：《莫伟民讲福柯》，北京大学出版社 2005 年版，第 16 页。

② 莫伟民：《主体的命运——福柯哲学思想研究》，上海三联书店 1996 年版，第 206 页。

治要求，制造出它所排斥和定罪的人。[1] 福柯还顺便强调了后来成为他有关刑罚体系思考的中心主题，他指出监狱如何制造犯罪，以及监狱如何掌握那些曾体验过铁窗生活的人们的命运：由于有警察、档案、检查组成的精确体系，年轻人出狱后不久又被带回监狱，这个体系使他们永远摆脱不了第一次被判刑的影响。[2] 囚犯因一个被自己断然否认的罪行被判刑。当他本人不承认自己有罪时，他是不可能同监狱合作的。然而，我们却看到了这样一种机制：由于他抗拒，所以被关进严管牢房；他被关进严管牢房，就意味着他是危险人物；他既然在监狱里是危险的，那么一旦获释，他就会变得更加危险。所以，他才能够真的犯下人们指控他的罪行。监狱不能改造犯人，而只能建立和强化某种犯罪环境。一个因偷窃几千块钱而入狱的人出狱后会比一个老实人更有可能变成强盗。米歇尔·佩罗在他的关于《福柯与监狱》的研究中写道：制造犯人和管理违法行为是我们从《规训与惩罚》中看到的主题之一。人们由此估量到这部书受用于怎样直接和具体的经验。一部揭示社会阴暗面的巨著，它从黑夜的教训中汲取营养。

虽然有像维达尔－纳盖和多梅纳克这样有名望的人支持，监狱情报小组实际上完全不是一个常规性的组织，它并不是要创建一个政党或组织，它是开放的，是福柯等人临时策划出来的一个流动性的鼓动中心。它从来就没有打算只从事信息搜集或慈善活动。它的左派背景还暗示着，它从一开始就预设成了一个战争机器，一种新的文化武器。监狱情报小组被预设为一种试验场，它

---

① 刘北成编著：《福柯思想肖像》，上海人民出版社 2001 年版，第 248 页。

② ［法］迪迪埃·埃里蓬：《权力与反抗——米歇尔·福柯传》，谢强、马月译，北京大学出版社 1997 年版，第 252 页。

将对一种新型知识分子进行考验——这种知识分子不愿出风头，然而富于颠覆性，谦逊然而狡狯。正如福柯曾概括指出的那样，在这个传统中，知识分子以那些被禁止说实话的人的名义，向那些尚需要了解事实的人说实话；知识分子意味着良心、自觉性和雄辩。福柯还用反讽的口吻指出，正是本着这种奥林匹克精神，战后的存在主义者们告诉了人们自由包含了什么，一个人在政治生活中必须做什么、怎样待人接物，等等。[①] 福柯不但自己决心抛弃，而且还决心在社会中全面加以摧毁的，正是这样一些以道德权威自居的傲慢姿态。监狱情报小组在这方面的策略是很明确的：它要建立一个论坛，所有藐视道德权威的人都可以在这里畅所欲言，用他们自己的声音来揭露一个自称人道的社会曾用怎样一些残忍的方式惩罚过他们。监狱情报小组干预监狱运动的最终目的，并不是把探视犯人的时间延长至30分钟，或在牢房里安上抽水马桶，而是对无辜和有罪之间的社会和道德的区分提出质疑。如果该目的实现，监狱情报小组将摧毁一种简单的、基本的意义形态，即关于善与恶的意识形态。

二、作为规训场所的监狱

1972年，福柯在美国参观了距布法罗60公里的阿迪卡监狱。一年前，这里曾发生过一场激烈的骚乱和血腥的镇压，50余人死亡。福柯深深为这座巨大的堡垒所震惊。它的外形像一座中世纪的城堡。正如他在接受约翰·西蒙的采访时所说，这扇很像迪斯尼乐园的大门使他惊讶不已，在它的后面隐藏着一个巨大的装置，一个有着整洁、干净走廊的机构装置，一个能观察那些穿越它的人们的轨道，既直接又有效。在这次谈话中，福柯明确

---

① ［美］詹姆斯·米勒：《福柯的生死爱欲》，高毅译，上海人民出版社2003年版，第254页。

提到他对监狱体系的兴趣:[①] 传统社会学多是提出这一类问题，即社会怎样能使诸个体共存？而我则对相反的问题感兴趣，或者不妨说，对这个问题的反面答案感兴趣：社会通过怎样的排斥体系，清除什么人，建立怎样的划分，借助怎样的否定和摈弃手段才得以运作。但是，我此后要提出的问题现在变成：监狱是一个过于复杂的机构，以致不能归结为只具有纯粹否定的排斥功能；它的价值，它的重要性，人们管理它花费的气力，人们试图对它进行的证明都似乎在表明监狱具有积极功能。于是，福柯要探明资本主义社会的刑事制度起什么作用？它寻求什么目标？这些惩罚和排斥程序产生了什么结果？这些程序在经济过程中处于什么地位？在权力实施和维持中具有什么重要性？在《规训与惩罚》中，福柯详细列举了监狱的影响。监狱的谱系学描绘出从18世纪中期到19世纪中期法国刑罚体系的变化。这些变化的核心部分在于废除酷刑和公开处决，以及监禁手段的发展——让犯人经历一整套规训常规和程序，再以监视行为对他们加以管制。

监禁成为介于死刑和轻微处罚之间的基本形式。拿破仑帝国建立起一个庞大统一的监狱体系。而且，监狱网络很快就遍布欧洲。通常的解释是，古典时期出现了荷兰、英国以及美国的几个监狱样板，使得人们能够克服原有的疑虑。福柯承认这些范例的重要性。但是，问题在于，尽管监狱这种惩罚形式符合启蒙思想家的一些原则，但在更多的方面违背了其原则。那么，为什么监狱所体现的强制的、肉体性的、隔离的、隐蔽的惩罚权力模式很快就取代了人道主义改革者的再现的、戏剧性的、能指的、公开

---

① ［法］迪迪埃·埃里蓬：《权力与反抗——米歇尔·福柯传》，谢强、马月译，北京大学出版社1997年版，第350页。

的、集体的惩罚权力模式?[①] 福柯的回答是，这不是由于观念的进步和道德的改善，而是由于作为一种权力技术的规训的兴起与发展。

(一) 现代监狱的诞生与巴黎少年犯监管所的作息时间表

1. 现代监狱的诞生

最古老的拘禁设施，一般认为是1596年建成的阿姆斯特丹狱舍（Rasphuis）。在那里，已经设定了三个原则：刑期因被拘禁者的服刑状况而变（刑期缩短）；作为义务的劳动；严格的时间分配、监视等对服刑者进行再教育的系统。[②] 18世纪后半期，对应这三个基本原则的监狱产生了。在18世纪末期前，监狱只是犯罪嫌疑人被预审之前关押的地方，而非抑制性的惩罚机构。从18世纪末期，监狱开始成为改造罪犯的法律惩罚系统。在监狱中受到军事和学校类型的驯化，犯人指望被改造成守法的个体。监狱诞生的标志是刑事体制采用监禁来取代肉罚，重要事件有二。一是1775年在比利时吉安特（Ghent）的国家监狱进行了根本重组，规定拘禁者白天一起劳动，晚上单独拘禁。二是1786年美国修改了宾夕法尼亚刑法典，对有抢劫、鸡奸和夜盗等行为者加以拘禁，而非体罚。但拘禁在日期上先于现代监狱，监狱并非第一个拘禁机构，而是改进了的拘禁机构。

现代监狱是以古典时期的监狱为基础发展起来的。作为一种监狱制度，它并非西方传统的惩治法典和刑法的自然发展产物，而是根据资本主义社会创建时期的新需要，依据刑法以外的其他理由建立起来的。在古典时期，资本主义社会刚刚形成，大量的

① [法] 米歇尔·福柯：《规训与惩罚》，刘北成、杨远婴译，台湾桂冠图书公司1992年版，第129页。

② [日] 樱井哲夫：《福柯——知识与权力》，姜忠莲译，河北教育出版社2001年版，第189页。

农民因破产而流入城市，造成整个国家居民结构的重大变化。流入城镇的破产农民，除了一部分幸运地在新型的资本主义企业中找到工作而逐步成为工人以外，有相当数量的人沦落成为失业者和无家可归的流民。城市中出现了大量新的社会问题，其中最主要的是大量犯罪的发生。这些犯罪，多数属于轻微或小型的罪过。当时的资本主义国家解决这些问题的主要方法，就是利用法制和当时新型科学知识的研究成果，设置一系列管制流民、失业者和轻微犯罪者的机构组织，如监狱、青少年管教所、精神病院、慈善机构及穷人收留所等。为此，福柯指出，讲得更清楚和更简单一点，在西方18世纪所发生的大规模监禁事件的产生机制，就是失业的问题。人们找不到工作。这些人，从一个国家移民到另一个国家，周转于社会的各个空间和地域。这些曾经由于宗教战争以及其后的30年战争所解放出来的人，贫穷的农民，所有这些构成了一个浮动的居民层。由于担忧的原因，才设立了全面的监禁制度，其中还涉及精神病人。① 面对人口的增加和失业者、流浪者的泛滥，权力机构必须执行一种高效率的管理原则，提高政治机构的管制威力，这就要求建立严格的纪律和规训制度。建立在科学和最新技术基础上的现代纪律系统和规训制度，是现代国家用以调整、协调和统一管制整个社会人口爆炸、失业和流浪者泛滥的最有效的手段。就是在这种情况下，不仅有充分的物质和技术条件，而且也有迫切的需要，建构起现代监狱制度。

在现代监狱中，经济规则被采用，监狱的费用由囚犯的劳动和政府拨款来维持。每一个个体都将受到严密监督，他的时间以尽可能有效的方式来安排，他的工作日分成了若干生产片段。道

① 高宣扬：《福柯的生存美学》，中国人民大学出版社2005年版，第224页。

德规则也发生作用，即向每一个囚犯提供指导和精神方向。对罪行的惩罚现在是在监狱围墙的背后秘密进行的。公众把惩罚权委托给恰当的当局。当局不但可以自由地完成将倔强向顺从的转变，而且可以自由地完成对囚犯生活一切方面的完整的全面的改良。知识，详细的观察，完整的档案材料，以及审慎的分类都是关键。对于犯罪情境的详细盘问，罪犯的行为，在禁闭之下的进步，以及对于罪犯和一般犯罪活动的日益增长的知识，都与经济道德改造规则，包括这种新的惩罚模式的各种组成部分结合在一起了。[①] 由于组织管理方式的不同，监狱有不同的模式。查尔斯·卢卡（Charles Lucas）（他经常被福柯引证）促成了一种隐修院模式，即建立在普遍而绝对安静的劳作基础上的中央监狱（maison centrales），托克维尔等人则对宾夕法尼亚州监狱的完全隔离制情有独钟。采取中央监狱制之后的监狱改革浪潮和 19 世纪 40 年代初期法国普遍的激烈情绪导致了隔离主义者的胜利，直到 1847 年的监狱会议废除了他们的选择。[②] 福柯认为，如果要确定现代监禁系统（système carcéral）形成完毕的时间，应该是 1840 年 1 月 22 日，法国中部的梅特莱农场设立的这一天。在梅特莱农场中，囚犯被分配在等级严明的小班中。这些班同时奉行五种模式：[③] 家庭模式，即每个班都是由两个老大哥与兄弟组成的家庭。军队模式，即每个家庭有一个班长，下分两个小组，每个组各有一名组长。每个囚犯都有号码，都要学习进行基本的

① ［美］L. 德赖弗斯、保罗·拉比诺：《福柯：超越结构主义与解释学》，张建超、张静译，光明日报出版社 1992 年版，第 200 页。

② 这样一些段落被放在《规训与惩罚》的不起眼的脚注中。参见［巴西］J. G. 梅基奥尔：《福科》，韩阳红译，昆仑出版社 1999 年版，第 117 页。

③ ［法］米歇尔·福柯：《规训与惩罚》，刘北成、杨远婴译，北京三联书店 1999 年版，第 337 ~ 338 页。

军事操练。每天有一次卫生检查和三次点名。每周有一次服装被褥检查。工厂模式，即有监工和工头，负责管理工作秩序与年轻囚犯学艺。学校模式，即每天上一小时或一个半小时的课，由训导员或副班长讲课。司法模式，即每天在谈话室进行司法惩治，任何轻微的不服从行为都要受到惩罚。避免严重违法乱纪的最好方法是极其严厉地惩治最轻微的错误。在梅特莱，说一句废话都要受到惩罚。主要惩罚手段是单独禁闭，因为孤独是影响孩子道德本性的最好手段。尤其是在孤独时，宗教的声音，即使以前从未进入他们的心灵，现在也会恢复全部感人的力量。整个准刑罚制度都是人们为了使之不成其为监狱而创造出来的。它在囚室内得到最充分的体现。囚室的墙上书写着黑色大字："上帝注视着你。"

监狱并没有把犯人当成非人，他们仍然还有人格；在监狱中，并不是一点自由民主都没有。犯人享受着法律的保护，是依据法律的规定遭受不同程度的惩罚；而且，他们还可以对受到的惩罚提出抗议，要求保障其基本权利。所以，监狱固然只是监禁少数犯罪分子，但它通过对于少数犯罪者的监禁，达到了对于整个社会进行训诫、震慑和讹诈的目的。正因为这样，资产阶级思想家和法学家罗希（P. L. Rossi）曾在19世纪初全面肯定了新型的监狱制度：监狱式的监禁是文明社会中的最好的惩罚途径。它的实行是符合道德的，如果伴之以劳动的义务的话。①

2. 巴黎少年犯监管所的作息时间表

法国监狱改革家列昂·富歇（Leon Faucher）在1838年出版的一本书中，讲述了巴黎少年犯监管所的作息时间表。这是一种为年轻囚犯安排的"理性生活方式"：

① 高宣扬：《福柯的生存美学》，中国人民大学出版社2005年版，第228页。

第17条：犯人作息日冬天从早上6点开始，夏天从早上5点开始。每天劳动9个小时，学习2个小时。作息日冬天晚上9点结束，夏天晚上8点结束。

第18条：起床。第一次击鼓时，看守打开囚室门，犯人必须起床穿衣，保持肃静。第二次击鼓时，他们必须穿好衣服，整理好床铺。第三次击鼓时，他们必须整队出发，到小教室做晨祷。每次击鼓间隔5分钟。

第19条：祈祷由牧师主持，诵读道德或宗教经文。整个过程不超过半个小时。

第20条：劳动。夏天5点45分，冬天6点45分，犯人到院子里洗脸洗手，领取第一份面包。随后，他们被编成劳动小组，开始工作。劳动时间夏天必须从6点开始，冬天必须从7点开始。

……

第28条：夏天7点半，冬天8点半，犯人必须回到各自的囚室，事先须在院子里洗手和检查衣物。第一次击鼓时，他们必须脱去衣服；第二次击鼓时，必须上床就寝。看守锁好牢门，在走廊巡视，确保秩序和肃静。①

这张作息时间表详尽无遗地利用了年轻犯人的时间，把每个活动都规定在一个时间内，规定年轻犯人生活中的每一时刻，但除了拘禁以外，不再要求肉体惩罚。对犯人的监禁履行一个法律功能，但它不是一种政治仪式，不是力量的显示，而是对犯人时间的安排和吃、住、祈祷、练身、休息等日常行为细节的规定，是为了过一种美德的生活。② 与公开行刑相比，少年犯监管所是

① ［法］米歇尔·福柯：《规训与惩罚》，刘北成、杨远婴译，北京三联书店1999年版，第6页。

② 莫伟民：《主体的命运——福柯哲学思想研究》，上海三联书店1996年版，第211页。

一个避开公众目光的封闭区域，围绕着刑罚的公众仪式开始消失，并及时让位于短暂的、拘禁的合法和行政仪式，刑罚不再是一种公开展示，而是隐藏在监狱的深院大墙内。它不是凭借炫耀武力，而是通过剥夺犯人的自由和权利来起到威慑的作用。

监狱里的狱吏不是纯粹的法官、教师、工头、非正式官员或家长，而是一种独特的干预方式的混合。他们在某种意义上是行为技师，品行工程师，个性矫正师。他们的任务是造就既驯顺又能干的犯人。他们每天负责监督犯人的工作，或者在车间里或者在田地里。他们指挥囚犯班组按照号角或哨声进行有秩序的活动：体育训练、军事操练、起床就寝、散步。他们教授体育动作。他们检查卫生，督促洗澡。训练是与观察同时进行的。根据囚犯的日常表现，他们不断地积累起一整套认识。这种认识被用来当做不断评估的工具。犯人一进入监狱，就要接受一番调查，包括他的出身、家庭状况、学历、职业、被送上法庭的罪名以及构成他短暂但往往十分悲惨的经历的其他违法行为。这种资料被记录下来。学习技术的训练导致了各种行为模式。掌握技能与建立权力关系密不可分地联系在一起。强壮能干的犯人被制造出来。在这种受到专门监督的劳动中，产生出顺从的犯人。这种规训犯人的技术有双重效果：洞察心灵和维持服从关系。

权力的作用渐渐地通过精妙的渠道而散布，接近人体本身、他们的肉体、姿态和所有日常行动。虽然，监禁也包含在权力机制中，但是，这种机制与其说建立在公开展示上，不如说建立在连续不断的监视上；它适合于具体细节，并关注其规定；它被有规则地实施，适合于个体的训练；它把囚犯转变为知识对象；它并不是预先给定的个人财产，而是弥漫于监禁机构中。类似于启蒙改革家们所设想的体系，监狱旨在实行罪犯的道德转换，还具有某些基于道德规劝和一整套职责、禁令之上的先例。1790 年，美国宾夕法尼亚州立法机关改变了华尔耐特街监狱的内部体制：

单身牢房、道德训导、劳动改造（这不仅用做悔过自新的手段，而且作为监狱本身的经济支撑），而关于每一个犯人的完整卷宗和详尽观察也同样重要。① 在那里实行一种刑罚不公开制度，尽管宣判及其理由应让所有人知道，但是刑罚却是在暗地里进行的。监狱通过对具体行动作出规定而进行惩罚，不再公开展示，并排除民众的参与。

（二）权力的规训

1. 规训的涵义

在巴黎少年犯监管所对犯人的惩罚方式中，福柯看到了一种新的权力模式，他称之为规训权力。在《监禁与惩罚——监狱的诞生》被译成英文的时候，福柯建议将书名改成《规训与惩罚——监狱的诞生》（Discipline and Punish: The Birth of the Prison）。显然，福柯意识到规训（discipline）才是他这本书探讨的核心问题，也是最能表明他对现代权力之独特看法的词语之一。英语“discipline”有两个层次的意思：（1）作为名词指“纪律”、“学科”；（2）作为动词指“用纪律训练”、“使……有纪律”。也就是说，“纪律”在规训权力中扮演了核心角色。规训的第一种意义和一个技能知识体系相关，我们有各种学科，如历史学和社会学，我们也可以联想到要成为一名歌唱家、芭蕾舞演员或者足球球员而需要接受的各种训练。规训的第二种意义给人以惩罚的联想，如管教一个不听话的孩子。规训在第一种意义上是个名词——我们为了进入某领域并在该领域受到重视而需要具备的一系列资格；在第二种意义上是个动词——我们施加于自身或他人的行为。在第一种意义上，规训是一种与自我实现和成就联系在一起的积极力量。在第二种意义上，规训是一种令人联想

① ［巴西］J. G. 梅基奥尔：《福科》，韩阳红译，昆仑出版社 1999 年版，第 110 页。

到惩罚和强制行为的消极力量。[①]

2. 规训的产生

从战术家吉贝尔（Guibert）所梦想的以国家纪律为基础的机器式的帝国，到拿破仑对组织的细枝末节的钟爱，一个整体性的规训式社会规划就被认为是18世纪西方社会资产阶级秩序的预兆。[②] 福柯写道，近代人生而处在混乱的管制中：无论在学校、军营，还是在医院和工厂中，充斥着严格的规则和亚规则，烦琐的检查，对生活和身体最细小部分的监视。[③] 福柯在《规训与惩罚》中认为，在来自古典时代的规训观念与近代意义上监狱的诞生之间存在着密切的联系，它贯穿于19世纪的早期和中期。

随着资本主义的发展，大量的土地、资源和财产变为个人私有，对它们的非法占用和盗窃变成了对个人所有权的侵犯。不仅如此，这种非法行为还愈演愈烈，因为人们对财富的欲望大大地超过了弑君反叛的冲动。于是，一个难以解决的矛盾出现了，一方面是大量出现的危及个人财产的非法行为，另一方面是对这些行为缺乏有效控制的君主权力。传统的君主权力根本就没有建立也不可能建立一套有效地对付形形色色的非法行为的司法和刑罚机制。对象变了，范围变了。需要确定新的策略以对付变得更微妙而且在社会中散布得更广泛的目标；寻找新的方法使惩罚技术更规范，更精巧，更具有普遍性；统一惩罚手段的使用，通过提

---

① ［澳］J. 丹纳赫、T. 斯奇拉托、J. 韦伯：《理解福柯》，刘瑾译，百花文艺出版社2002年版，第58页。

② ［巴西］J. G. 梅基奥尔：《福科》，韩阳红译，昆仑出版社1999年版，第109页。

③ Discipline and Punish: the Birth of the Prison. New York: Pantheon; tr. by Alan Sheridan of Surveiller et punir: naissance de la prison. Paris: Gallimard, 1975. p. 169.

高惩罚的效率和扩充其网络来减少其经济和政治的代价。总之，需要建构关于惩罚权力的新结构和新技术。这些无疑是18世纪刑罚改革最基本的存在理由。[①] 福柯认为，18世纪刑罚改革的真正动力是为了解决上述矛盾，而纪律在这场改革中充当了核心角色。[②] 在令资产阶级头疼的形形色色的非法行为中，有大量的行为没有现成的法律与之对应，也不可能通过制定法律来控制，于是，形形色色的纪律成了控制形形色色的非法行为的手段。纪律虽不是18世纪的发明，但将纪律作为新型的权力核心而形成规训权力却是18世纪的重大发明。

在传统的权力理论中，纪律被看做是法律之内的东西，即一种将法律的一般形式扩展到个人生活的细小层面上去的方式，或者说是一种将法律具体化和细化的方式。而在福柯看来，纪律在本质上是反法律（counter - law）的。从表面上看，纪律和法律都是一种人与人之间的契约关系，但纪律的实施方式，它所调动的机制，一群人对另一群人的不可逆的支配，永远属于一方的过剩权力，在共同的规章面前不同的合作者的不平等地位，这一切都使纪律的联系区别于契约联系，并使契约联系从具有一种纪律机制的内容之时起就可能受到系统的扭曲。[③] 司法体系根据一般规范来确定一般的司法对象，而纪律则对对象进行区分、归类、分等，并对他们作出不同的具体规定。更重要的是，法律的目标总是消极禁止，而纪律的目标则更多的是积极规训。由此出发，

---

① ［法］米歇尔·福柯：《规训与惩罚》，刘北成、杨远婴译，北京三联书店1999年版，第99页。

② 余虹：《艺术与归家——尼采·海德格尔·福柯》，中国人民大学出版社2005年版，第252页。

③ ［法］米歇尔·福柯：《规训与惩罚》，刘北成、杨远婴译，北京三联书店1999年版，第249页。

福柯反对笼而统之的权力压抑论，认为权力不仅是压抑性的，它更是生产性的，尤其是现代规训权力，它凭借各种精细入微的纪律和规范生产了大量驯服而有用的身体。①

西方社会越发展，越朝向规训化的方向；不但规训化的程度越严密和越全面，而且规训化的形式也越理性化、科学化、精致化、细腻化和制度化。② 规训化在西方社会的这种扩大化和深入化，使生活于西方社会中的任何一个人都时时刻刻和无所不在地受到监视、规训和宰制。西方所实现的一切最大自由，实际上都是以规训化的实现和完成作为基本前提，都是以实现最大限度的规训化作为代价的。从这个意义上说，西方的任何自由都不过是规训化的补偿。这种在自我规训和被社会规训同时进行条件下所完成的自身主体化过程，也就是福柯所说的我们自身的历史存在论的研究对象。

3. 规训的手段

如果说传统社会的政治梦想是建立纯净的共同体的理想，那么现代资产阶级的政治梦想则是建立一个规训社会。其权力铸造方式包含了这样几个关键机制：把规训的微妙分割投射到混乱的拘禁空间中，把它与适合于权力的分析性分布方法结合起来，对被排斥者个别地加以考虑，但使用对排斥进行标识的个体化步骤——规训权力有条不紊地推行这一切。它从 19 世纪初就开始了，在精神病院，在监狱，在少年犯教养所，乃至在某种程度上，医院也是如此。一般来说，实行这种个体化管制的有关当局是根据一个双重模式发生作用的，一方面是区分与标记的二分

① 余虹：《艺术与归家——尼采·海德格尔·福柯》，中国人民大学出版社 2005 年版，第 253 页。

② 高宣扬：《福柯的生存美学》，中国人民大学出版社 2005 年版，第 418 页。

法，疯癫/健全，危险/安全，正常/变态；另一方面是强制性安排和差异性分布的方式，他是谁，他必须在何处，如何刻画他的特征，他是如何被认识的，如何在他身上以个体化的方式实施不断的监视，等等。① 规训技术不同于王权的威严仪式，也不同于国家的宏大机构。它的手段是细小的、微不足道的。但它能够逐渐侵蚀那些重大的形式和机构，改变其机制，实现自己的效能。

规训可以通过时间和空间的功能性分割来发挥作用。规训对单间、座位和座次进行了组织，并因此构造了既是建筑学的，又具有实用功能的等级空间。这种空间提供了固定的位置，并允许流动；它们划分出各个部分，并建立运作联系；它们标明了位置和价值；它们既确保了个体的顺从，又保证了时间和姿势的更为经济的运用。它们是现实和理想的混合空间：因为它们支配着建筑物、房间、家具的配置，所以是现实的空间；因为它们突出体现了特征、评价和等级的安排，所以又是理想的空间。② 例如，在学校这样的机构中，一张时间表能通过规定各门课程的时间来约束学生和老师的工作方式。想要了解空间如何约束人们，只要想象一下工厂的情形就知道了。工厂为人们的工作分割出不同的空间，譬如流水线上的各个位置，每个人都有自己的任务，这些任务需要某些特定技能来完成，同时也给予人们特定的地位（如基层经理、首席机械师、螺栓切割工）。当然，根据机构需要和相关人员的工作能力，工作人员在流水线上的位置可以移动，或被调动。每移动一次，他们在这个机构空间中的地位也随

① Discipline and Punish: the Birth of the Prison. New York: Pantheon; tr. by Alan Sheridan of Surveiller et punir: naissance de la prison. Paris: Gallimard, 1975. p. 169.

② Foucault. Discipline and Punish. Trans. Alan Sheridan. New York: Random House. 1977. p. 148.

之发生变化。因而，规训化权力使人们在机构中得到一个空间，在体系中占据一个地位。这种地位排序使机构可以在它的整个空间内控制人员的调动，同时也能控制这些人员调离前后的进步情况。以这种方式，规训通过提供给人们场所而使人们个性化。这个场所并没有给人们提供固定的职位，而是在空间和时间上分派人员，使他们在一个关系网中运转。①

规训的实施必须借助监视。监视的技术能够诱发出权力的效应。在古典时代，我们看到观察人群的监视站的形成。军营、医院、学校的建筑设计都有便于监督、控制的考虑。这些建筑物不再仅仅是为了被人观赏，或从里向外观察，而是为了便于对内观察，使建筑物里的人的一举一动都彰明较著。这些监视站有一个近乎理想的模式，即军营——几乎可以随心所欲地建造和改造的临时性人造城市。这是一个权力活动中心。在完美的军营里，一切权力都将通过严格的监视来实施。任何一个目光都将成为权力整体运作的一部分：无数新设计方案对传统的营区图案进行了重大修改；通道的几何规范、帐篷的数目和分布、帐篷入口的方向、士兵的安排等都有严格的规定。相互监视的网络也有规定：在阅兵场上画出五条线，第一条与第二条相隔 16 英尺，其余各条线彼此相距 8 英尺，最后一条线与军械库相距 8 英尺。军械库与军士长的帐篷相隔 10 英尺，正对着营区第一根柱子。每条连队大道宽 51 英尺。……所有的帐篷彼此相隔 2 英尺。副官的帐篷在其连队的小通道对面，营区后柱与最后一个士兵的帐篷相隔 8 英尺。营区门对着连长的帐篷。……连长的帐篷建在连队大道

① ［澳］J. 丹纳赫、T. 斯奇拉托、J. 韦伯：《理解福柯》，刘瑾译，百花文艺出版社 2002 年版，第 59、60 页。

的对面，其入口对着连队。[1] 军营是一个借助把一切变得明显可见来行使权力的范本。在很长一段时间里，这种军营模式体现在城市发展中，体现在工人阶级居住区、医院、收容所、监狱和学校的建设中。这是一种嵌入原则。军营是十分可耻的监视技巧的一种运用，正如暗室是伟大的光学的一种运用一样。规训以监视为基础，这需要授权于监督。分层观察变成了一种规则，无论是在工厂（借助对劳动的复杂分割而获得），还是在学校（某些学生被选为干部），皆是如此，更不用说在军队中了。福柯花了相当的篇幅描述了监视权的分层[2]。而且，规训社会并不只是在正式的操控和管制方面发挥作用，它同时还作为微型惩戒（micro－penalty）的审视，对行为进行彻底的扫描。通过惩罚，使用了一系列微妙的步骤，从轻微的肉体惩戒到小小的剥夺和细小的羞辱。它所处理的问题包括两个方面，一是做出了与服从于惩戒的正确行为哪怕是最微小的背离；二是赋予明显与规训机构无关的部分以惩戒功能，如果必要的话，任何都可能被用来惩罚最微小的事情，而每个主体都发现自己处于可惩罚的和去惩罚的普遍性

---

① ［美］布莱恩·雷诺：《福柯十讲》，韩泰伦编译，大众文艺出版社2004年版，第108页。

② 分层监视其实就是一种金字塔形监视。金字塔形能够比环形更有效地满足两个要求：一是能够完整地形成一个不间断的网络，从而能够增加层次，并把各层次散布在需要监视的整合平面上。二是结构合理，不会将一种惰性力量压在需要规训的活动上，不会成为这种活动的制动器或障碍。总之，它应能被纳入规训机制，并能增加其可能的效力。它必须被分解成较小的因素，但其目的在于增大其生产功能：使监视具体化并切实可行。参见［美］布莱恩·雷诺：《福柯十讲》，韩泰伦编译，大众文艺出版社2004年版，第109页。

之中。[1] 事实上，规训利用了一种不需要武器、肉体暴力和身体约束的监视系统。那里只有一道凝视的目光，那是一道监察的目光，在它的重压下，每个人最终都将使之彻底内在化到自己的心中，以至于自己成了自己的监视者，每个人于是就这样越过并针对自己行使着这种监视。这真是一个绝妙的方案：权力连续不断地被行使着，而且只须为此付出极小的代价。[2]

规训的目的是把理性的、有效的、技术的社会所需要的驯顺主体普遍化：一个温顺的、努力工作的、充满愧疚的、有用的主体，一个听命于一切生产与战争策略的良民。获得这种驯顺特征的主要方式是通过持续不断的规范对照所带来的道德压力：好的公民与坏的公民，年幼与成熟。总之，规训是通过判定行为规范以及修正任何对之的偏离而进行的。[3] 资产阶级社会就这样用规范培植了种种成见，从师范学校到工业生产所保持的标准和现代医院中对健康的一般规范的关注皆是如此。福柯认为整个社会中充满了对正常与否的判断。这种凭感觉将人们区分为正常和不正常的过程是福柯称为划分性实践（dividing practice）的一个例子。划分性实践在各种社会结构中发挥作用，例如医院就将人们划分为健康的和生病的；精神病诊所把人们划分为精神正常的和不正常的；监狱区分犯罪的和守法的人。划分性实践决定人们是否有资格作为社会秩序的一员。人们不断地测量我们的正常性，或者精神状态、体能、感觉态度以及性取向。现代西方社会作为

---

① Discipline and Punish: the Birth of the Prison. New York: Pantheon; tr. by Alan Sheridan of Surveiller et punir: naissance de la prison. Paris: Gallimard, 1975. p. 178.

② ［美］詹姆斯·米勒：《福柯的生死爱欲》，高毅译，上海人民出版社 2003 年版，第 304 页。

③ ［巴西］J. G. 梅基奥尔：《福科》，韩阳红译，昆仑出版社 1999 年版，第 114 页。

一个整体，连同构成它们的规训机构，通过不断地制造出引人反感的身份（scandalous identity）或主体角色（subject role）来组织他们的实践。这些引人反感的对象包括违法者，他们是可以用来衡量正常者的“他者”。① 现代规训以及进行规训的各种规范的特征，就在于它们不同于中世纪的野蛮规训方式，而是采用了最新的科学技术成果，采取理性的权力技术和策略对主体进行全面的监视和宰制。现代规范和纪律的泛滥，就是试图控制主体的表现。福柯在监狱史研究中所揭露的圆形全景监控监狱以及各种现代全控组织机构，如军营、学校、养老院、医院、收养所等，就是整个现代社会的缩影。在这种全控组织机构中，人们实行规范化的规训，任何一个人的一举一动和一言一行，他们的身体和精神活动都被纳入规范的标准化程序之中，并受到严厉的监控手段的宰制。在这种情况下，法制只是为规训开路和进行正当化的手段而已。正如福柯所说：法律的理论，就其实质而言，只认准个人和社会。这些个人是参与法制契约并受契约约束的人，而社会则是由自愿的契约和参与其中的个人所形成的社会体。② 也就是说，法制原本就是以约束个人和社会体为主旨的。因此，规范在现代社会的泛滥及其凌驾于法制之上的趋势，是由资本主义社会法制的原本性质所决定的。在一切规训系统的核心都有一个刑罚机制。规训确立了一种内部刑罚或超法律的刑罚。每个人都被禁锢在一个惩罚的网中。惩罚本身就是一种审判（裁决）。规训机构中似乎永远设立着小法庭。规训惩罚的标准是规范（norm）。有些规范是明文规定的，也有些是自然的，即经验准

① ［澳］J. 丹纳赫、T. 斯奇拉托、J. 韦伯：《理解福柯》，刘瑾译，百花文艺出版社 2002 年版，第 69、70 页。

② 高宣扬：《福柯的生存美学》，中国人民大学出版社 2005 年版，第 310 页。

则。在整个边际模糊的不规范领域里，不仅违纪，而且未达到规范，都要受到惩罚。尽管规训机构的规范处罚不能划归司法刑罚，但是，规训吸收了一系列古老的做法，创造出一种新的惩罚功能，而且它逐渐介入似乎是由它以微不足道的方式或南辕北辙的方式复制出来的庞大的外部机构。① 规范的法官无处不在。我们处于一个由教师—法官、医生—法官、教育家—法官、社会工人—法官组成的社会里，普遍的规范统治正是建立在它们之上的，每个人的肉体、姿态、行为、举止、倾向和成就都受制于这一统治。② 而且，规范化判定已经渗入到法律审判本身之中。规范化判定会导向教养（而非惩罚）所具有的效果：模糊惩罚、治愈和理疗之间的界限。这是现代惩戒社会的关键特征。刑事机构不知不觉地与从事教育、训练、治疗等的机构并在一起了。现代社会的所有个体化机制开始集中注意处于社会边缘的人们，并且当清醒、正常、守法和成年的个人被个体化时，总是参照那些他自身具有的有关癫狂、疾病、罪行和幼稚的秘密因素。规范化的主要功能不是要么许可，要么禁止，它并非把权威者的所有威严和权力都施加到违规者身上来。它的功能是矫正。③ 通过采取渐进的步骤，通过施加微不足道的强制，规范化最终对人以及他的行为进行了重构。行为和既定规范之间的偏差成为主题，矫正程序被用于让违规者就范。规范化判断的目标不是消除偏差，因为这样会取消规范化判断本身。相反，它以规范为标准对人进行

① ［法］米歇尔·福柯：《规训与惩罚》，刘北成、杨远婴译，台湾桂冠图书公司1992年版，第183页。

② ［法］米歇尔·福柯：《规训与惩罚》，刘北成、杨远婴译，北京三联书店1999年版，第249页。

③ ［美］约瑟夫·劳斯：《知识与权力——走向科学的政治哲学》，盛晓明、邱慧、孟强译，北京大学出版社2004年版，第232页。

区分、分类、划分等级，并对他们做不同的处理。它既不断地矫正和缩小偏差，又制造出新的偏差，从而使规范可以履行划分等级的功能。

在层级监视和规范化裁决的基础上，检查机制（examination）是规训运行的重要技术手段。[①] 首先，检查能把可见状态转变成权力运作。由于被检查者处于可见领域，很容易被监视、被支配，从而确保了权力对他们的统治。而权力无须自我炫耀，依然可以保持着不可见状态，只须通过编排被检查者，就能显示自己的权势。其次，检查伴有一套书写机制，从中产生了书写权力。被检查的个人都需要记录在案，形成了大量的文牍，发展了分类、整理、核对等技术。建立档案的目的是对每一个人实行有效的识别和描述。福柯认为，这是个人在权力关系中形式化的第一阶段，即关于人的科学的诞生的第一阶段。如果不能追踪、记录、汇编和保存先前的观察和检查结果的话，严密的监视就有可能完全失效。书写技术与新的监视形式是紧密联系的，因为保存监视结果的恰恰是档案。检查把个体置于监视之下，也把他们置于书写网络之中；它使人们陷入文件的海洋，因为这些文件俘获并限定了他们。检查程序同时伴有一个集中登记和文件汇集的制度。[②] 福柯认为，各种档案汇编和处理技术把个体（个案）和居民群体——具有某些统计趋势和分布的独特群体——建构成知识的对象。第三，文牍技术把每一个人变成一个个案。权力通过检查这一技巧把它的客体置于客体化机制中，检查是这一客体化的礼仪。检查产生了有关个体的特殊发展、性情和能力的知识，个

---

① 刘北成编著：《福柯思想肖像》，上海人民出版社 2001 年版，第 289 页。

② Discipline and Punish. Trans. Alan Sheridan. New York：Random House. 1977. p. 189.

体第一次以记录、档案、图标的形式而被客体化。在封建制度下，被观看、被详细描述、被一种不间断的书写逐日地记录下来，是一种特权。一个人的编年史、生活报道、死后的历史研究，是他的权力象征仪式的一部分。[①] 只有有权势者才能载入史册。在君权得以施展的地方和权力的较高等级中，个人化的程度最高。一个人拥有的权力或特权越多，就越能通过礼仪、文字报道或形象化的复制品标示出他个人属于某种血缘集团的姓氏和家谱，展示其非凡的能力并被文字记载所传扬的丰功伟绩。错综复杂的效忠与宗主关系，所有这些都是导致个人化上升的方式。但是，规训机制颠倒了这种情况，降低了被描述个体的标准。自18世纪起，在规训机构中，随着档案的发展，儿童、病人、疯子、囚徒首先成为个别描述和生平记载的对象，并被标示出个性。他们既是知识的对象，也是权力的对象。随着权力变得愈益隐蔽、愈益有效，受其影响的人趋向于更强烈的个人化。权力的行使所借助的是监视而不是盛大仪式，是观察而不是纪念性文字，是以规范为参照物的比较度量而不是以祖先为参照物的家谱，是差距而不是功绩。在一个规训制度中，儿童比成年人更个人化，病人比健康人更个人化，疯子和罪犯比正常人和守法者更个人化。在上述的每一种情况中，我们文明中的个人化机制更偏向于前一种人。当人们想使健康、正常和守法的成年人个人化时，总是要问他身上有多少童心，潜藏着何种秘密的疯癫，他曾想犯下什么重大罪行。所有使用psycho（精神或心理）这一词根的科学、分析和实践，都起源于这种个人化程序的历史性颠倒。当个性形成的历史——仪式机制转变为科学——规训机制、规范取代了血统、度量取代了身份，从而用可计量的人的个性取

① ［法］米歇尔·福柯：《规训与惩罚》，刘北成、杨远婴译，台湾桂冠图书公司1992年版，第190页。

代了值得纪念的人的个性时，也正是一种新的权力技巧和一种新的肉体政治解剖学被应用的时候。过去，个人化（即被记录和描述）是地位的上升，而在规训制度下，个人化是一种下降，是被权力更严密地监控。检查把层级监视的技术与规范化裁决的技术结合起来。它是一种追求规范化的目光，一种能够导致定性、分类和惩罚的监视。它确立了个人的能见度，由此人们可以区分和判断个人。这就是为什么在规训的各种机制中检查被高度仪式化的原因。检查把权力的仪式、试验的形式、力量的部署、真理的确立都融为一体。在规训程序的核心，检查显示了被视为客体对象的人的被征服和被征服者的对象化。个体不仅是社会的意识形态表示的虚构原子，而且个体还是由人们称之为规训的这种专门的权力技术制造的一个实在。在现代社会中，权力基本上生产了经严密组织的、孤独的和自我控制的臣民。于是，权力不再否定地是压抑的或被审查的，而是肯定地生产了个体、知识、客体领域和实在本身。

4. 规训的功能

通过规训区分，构建起体系内的严密渠道。这些渠道借助相同的机制，培养驯顺状态。这里有一种连续而强制性的规训训练，它有某种教育课程与某种职业网络，从中产生了安全的、可预知的、属于社会生活的职业经历：救济团体、寄宿学徒、劳改农场、训练兵营、监狱、医院、救济院。在这些机构中，单元与模型，日程表与姿势代码，训练与策略，汇聚于一处：创造驯顺的肉体，即规训社会的原材料。福柯提出了一个重要的历史性论点：鉴于规训首先被用来消弭危险，当古代政体让位于近代资产阶级社会的时候，它们开始起到了一种更为积极的作用。起初军事戒律仅仅被设想为一种防止掠夺和逃亡的手段，后来则变成了增进军事能力的方法。学校和工厂的情形亦然。建立监视劳动的机构的原意是避免原材料被盗窃或丢失，后来就用于增长技能、速度和产量。这样，同样的规训获得了相当多的新功能。[①] 与残酷的政治暴力不一样，规训的权力是温柔的、人道的，同时也是阴险的——正因为它的行使是看不见的，是通过审慎的监视而不是公开的强制来进行的。按照福柯的描绘，这种监视使权力与人相分离，使人变得温顺、合乎标准（normalized，福柯的一个流行很广的新词），像现代军队中的士兵一样，随时准备接受上级的命令。其结果是一种权力的自动运作——一种权力的化境。[②]

规训不单是从外部强加给人们的。相反，人们服从这种规训为的是更好地适应18、19世纪在欧洲出现的新型社会和经济条件。工厂化生产的新需求要求人们掌握必要的技能，以操纵机械、运用工具，以及长时间忍受繁重的工作。同样，一个渴望功名的吉他手为了掌握技能会自愿花时间进行练习。这些练习往往是长时间重复，劳神而又费力的。规训通过这样一个惩罚和满足的机制发生作用。人们会由于各种各样的轻率行为而受到惩罚或自我惩罚；但与此同时，通过规训可能会得到回报，使你在社会序列中上升——如成为一个资深的工人，或者一名更优秀的吉他手。[③]

（三）规训权力在监狱中的运用

福柯的目标不仅要把监狱诞生的讨论从刑事和法律改革家们狭隘的思考范围中抽取出来，重新纳入对个人施加权力的广阔背景中，而且还要表明监狱并不是基于社会契约论之上的改革设想

① ［巴西］J. G. 梅基奥尔：《福科》，韩阳红译，昆仑出版社1999年版，第113页。

② ［美］詹姆斯·米勒：《福柯的生死爱欲》，高毅译，上海人民出版社2003年版，第302页。

③ ［澳］J. 丹纳赫、T. 斯奇拉托、J. 韦伯：《理解福柯》，刘瑾译，百花文艺出版社2002年版，第60页。

的产物，而是产生于适合规训权力（pouvoir disciplinaire）的机制。我们每个人就时刻处于权力网络之中，感受着规训权力带来的力量。这个网络的核心是监狱，它不是法律或司法机构的产物，它不从属于法庭，毋宁说法庭是外在于和从属于监狱的，因为监狱所行使的表面上是惩罚权力，而实质上是规训权力。在福柯看来，规训是一种训练形式，一组监视技术，一种产生知识的途径，而监狱是最典型的规训机构。规训权力的目的是增进个人的效用，把个人转变成顺从的臣民。福柯曾对监狱作过评论，认为监狱从一开始就未成功地产生温顺的臣民，它既不是为了排除冒犯，也不能排除犯罪，而是为了区分冒犯、分配冒犯、使用冒犯，从而成功地产生了过失犯和少年犯罪。从这个意义上说，许多人认为监狱的历史就是一部失败史也许并不正确。关键在于从何种角度来审视监狱。正是由于从独特的视角审视监狱，福柯才认为，监狱的功能依赖于有关个人分离及形成等级的政治—道德技巧，使犯人们着手工作的道德和经济技巧，以及规范和治愈的技巧。[①] 监狱有其基本的改造手段：犯人的孤立化（监禁在单身牢房），这是一个强行将其与社会单位及产生犯罪的环境隔离，使其反省、忏悔的必要措施，促其良心发现；劳动，这是形成秩序与规则正确性的原则，发挥着让人们懂得人的价值的作用；调节刑罚轻重，如果犯人在服刑中向好的方向发展，就可以缩短刑期。福柯提议把监狱看成是具有四个因素的构型。首先，是监禁的惩罚部分，即剥夺自由。其次，是监狱的戒律向度。再次，是在监狱和罪犯周围建立起来的知识框架。最后，监狱的排除罪行而非再生罪愆的功能。

监狱在社会出现时就是一个重要的机构。在监狱里，规训化

① 莫伟民：《主体的命运——福柯哲学思想研究》，上海三联书店1996年版，第223页。

权力的强制性力量可以被直接而又公开地行使。因为，囚犯是价值体系的冒犯者，社会的强制性力量理所当然可以施加在他们身上。犯人的劳教过程包括：受到强迫，受到监视，接受训练，重复性地从事常规劳作，接受各种测试和心理学研究，反复就他们的行为、态度和价值观问题受到盘问。[①] 正如福柯所说的，唯有在监狱里，人们才能看到以赤裸裸的形式表现出来的权力，而且权力在那里被说成是道德的力量。监狱的迷人之处，就在于权力在这里从不隐藏或掩饰自己。它以一种被推行得淋漓尽致的暴政的形式呈现在人们面前。它玩世不恭，同时又很清廉，并且完全正当——因为它的实施完全合乎道义。结果，它那凶残的暴政表现为善良对邪恶、秩序对混乱的沉静统治。[②] 监狱其实就是大社会中的一个微缩社会。它有自己的专家，自己的行为准则、礼节和程序。它有一个内部法律系统，该系统可以惩罚囚犯，延长他们的服刑期，也可以用特殊关照来奖励表现良好的人，准予他们得到减刑、假释。监狱使技术性规训权力合法化，它也使合法的惩罚权力自然化。监狱在二者同质化时，消除了其中一个的暴力性与另一个的专横性，减轻了二者都可能引起的反抗后果，从而使二者都不必有多余的目的，并且使同样精心计算的、机械的与谨慎的各种方法得以在二者之间流通。在这种情况下，监狱就使伟大的权力经济得以贯彻——在 18 世纪有关人的积聚与有效管理的问题首次出现时，人们曾努力探索这种经济的公式，通过在社会各层面的运作，通过不断地将矫正艺术与惩罚权力相混合，监狱的普遍性使惩罚变得自然与可接受的标准降低了。

---

① ［澳］J. 丹纳赫、T. 斯奇拉托、J. 韦伯：《理解福柯》，刘瑾译，百花文艺出版社 2002 年版，第 61 页。

② ［美］詹姆斯·米勒：《福柯的生死爱欲》，高毅译，上海人民出版社 2003 年版，第 255 页。

规训权力管制个人行为的目标就是要发展起来一整套对人的驾驭术，把他拘禁在某一个地点，限制他的活动，监视他，对他的行为和工作永不停顿地监督，简言之，是一整套管理的技术，监狱仅仅是一个范例，或者说是这套技术在刑罚领域的运用。[①] 监狱做了很大努力试图最有效地管理它的囚犯。监狱制定出许多计划，来控制犯人们的活动空间，让他们分住在单人牢房里，或者根据他们的服刑期和罪行轻重给他们分派不同的工作。为了管理这些犯人，发展出了一整套制度。犯人们必须从事单调乏味的工作，在操练场上以劳动小组为单位进行操练，接受定期的检查和体检，还被要求做糊纸盒一类琐碎的工作。在监狱中，刑罚的对象是受刑者的身体，是时间，是每天的动作、精神。在监狱里，行为随时间段而被管理，通过冥想、劳动来进行再教育。目的是塑造出服从的主体，使其服从于既可全面看待又可部分看待的某种权力。[②] 囚犯必须被改写以重新做人，为国家的经济社会建设作出贡献。这样，就要安排调整他们的监狱生活的每一部分，以使他们明白国家的权力是无处不在、无法逃避的。社会为了普遍利益而把专门的惩罚权委托给监狱当局，使之具有公认的自主权。这样，监狱变成了实施完全而不受干扰的监禁制度的场所。旧式监狱的密集建筑把犯人们隐藏在石墙与黑暗的深处，现在则被明亮的庞大建筑物所取代，犯人在那里被隔离居住，而永远受到监视。他们走出了隐秘的地牢，却又走进了透明的牢房。通过这种方式，他们可能变成顺从的身体，在某种程度上成为由权力手段制造出来的机械人。福柯认为像疯人院、监狱、医院这

① ［法］米歇尔·福柯：《权力的眼睛——福柯访谈录》，严锋译，上海人民出版社 1997 年版，第 30 页。

② ［日］樱井哲夫：《福柯——知识与权力》，姜忠莲译，河北教育出版社 2001 年版，第 190 页。

样的机构是社会用来进行排斥和放逐的，通过研究社会与这些机构的关系，我们就能够审查权力的运作发展过程。历史发展到某一个阶段，人们开始发现，监禁比杀一儆百更有效，也能从中获取更大的利益。于是，在18世纪出现了新的权力运作模式。[①]种种骇人听闻的酷刑消失了，对罪犯开始采用新的驯化手段。在封建社会中，权力的最高体现形式是国王个人，权力的运作更像一种仪式，对罪犯的肉刑不是要改造罪犯，而是要恢复被打破了的神圣法律的完整性。罪犯的数目与全体人口相比较只占很小的比例，所以对罪犯的惩罚要凶狠，这样才能引人注目。到了现代社会，惩罚成为无所不在的、非人格化的监禁和校正机制，并对个体心理的管理愈来愈关注。监狱力图将犯人驯化为服从的主体。

监狱被认为必不可少，可是监狱也有其不良作用。运用于监狱的权力手段虽然旨在制造出顺从的身体和行为，事实却往往与之相反。监狱实际上是罪犯工厂。罪犯们相信他们就是被制度认定的那种人：反常者、懒惰者、邪恶的人、无用的人、人渣。罪犯们被关押在一起，他们可以交流思想、经历、技术、联络方式和策略。换句话说，他们在监狱里学习成为有能力、有效率的罪犯。由于监狱把他们当做罪犯对待，这种情况更是变本加厉。[②]我们谈到的人们的自我监控也可能在更大范围内应用于正常和健康范畴以外的人身上。从这个方面看来，虽然权力成功地在人们身上做了记录，实际效果却并不尽如人意。监狱与其设立时的初衷很不一致，根本没有造就有德之人，而是形成了一个奇怪的循

---

① ［法］米歇尔·福柯：《权力的眼睛——福柯访谈录》，严锋译，上海人民出版社1997年版，第271页。

② ［澳］J. 丹纳赫、T. 斯奇拉托、J. 韦伯：《理解福柯》，刘瑾译，百花文艺出版社2002年版，第91页。

环排斥机制：社会和监狱把犯人当做皮球踢来踢去。犯人逃避这种惩戒制度的唯一方法是集体行动和反抗。

三、监狱群岛与监狱连续统一体

（一）规训权力在社会机构中渗透

权力具有生产性和创造性，最集中地体现在现代形式的监狱中。作为一个机构，它的使命绝不仅仅限于起到剥夺自由的组织作用，而是从一开始就以对个人进行改造为目标。因此，可以说，监狱相当于规训社会的初级形式，这和马克思所说的商品起着资产阶级社会初级形式的作用颇为相似。监狱同时也就是兵营、学校、工厂和医院。它压制那些不符合社会需要的特性，而塑造合乎理想的特性。它的产品就是按照工业社会的一般规范机械加工而成的许多个人。作为一个完美无缺的纪律结构，它监测观察个人的每一个方面，从身体外貌到道德信仰，从工作习惯到日常行为。对所有这些表现不仅要控制和调节，而且要从头到尾进行改造，直到无一不符合法定标准为止。它以极其集中的方式包含了所有那些实施规范和纪律的机制。① 在福柯看来，以监狱为代表的各种规训设施非常重要，因为新的权力策略最初是在这里发展起来并得到调整的。然后，它们又涌向外部世界，进入到这些机构以外的社会关系和社会实践中去。② 学校、监狱、医院、军营和工厂既是规训权力扩散到整个现代社会的典范，也是核心。为了教育学生或治疗病人，学校或医院需要了解和控制整个家庭和社区状况，因此它们是上述发展的征兆。福柯指出，这

① 王治河：《福柯》，湖南教育出版社 1999 年版，第 198 页。

② Foucault. Discipline and Punish. Trans. Alan Sheridan. New York: Random House. 1977. pp. 209 – 228. Foucault. The Subject and Power. In Dreyfus and Rabinow 1983. pp. 218 – 219.

些机构的封闭、监视、管理、规范化和告白等技术，同样适用于对这些结构以外的日常生活的微观控制。规训机构不断增长，它们的机制有一种去制度化的趋势：从曾经运作于其中的封闭堡垒中浮现出来，自由流通；严密坚实的规训被分解成灵活的控制方法，它们可以传播，可以调整。①

尽管被高度地局限和孤立在功能上的若干具体环境之中，现在惩戒技术逐渐地超越了其机构的界限。敞视主义监狱技术以公认的、不是十分明了的形式，在种类繁杂的机构中得到应用；而这些机构则不仅对在其围墙之内的个体，而且也对外边的那些个体保持着严密的监督。惩戒技巧不断在渗透，这种技巧把个人组成为大单元，操纵个人的活动，把个人组织成军队、学校、医院和精神病院等机构的成员，旨在得到某些有用的结果。例如，医院不仅仅组织对病人的照顾，它变成了监视和组织普通民众的中心。我们已经看到，惩戒措施在有关产品、效用及控制的整合的那些社会部门中取得了最引人注目的成功，如工厂产品生产，知识传递，才能与技巧的传布，战争机器。权威们也渐渐地把工人们看做需要研究、训练和惩戒的个体，首先是在他们工作的地方，然后是在他们的家和学校以至诊所。惩戒技术将生产有用的和驯服的个体与被控制的、高效率的民众联系起来。② 权力关系并不囿于对法律的违犯，它既影响违法之人，也影响守法之人。由圆形敞视监狱模式向社会各层面和各方面的扩张，形成了一个无所不在的规训权力网络。这个网络通过一种圆形敞视的隔离、监视与实验将形形色色的纪律贯彻到军队、工厂、学校、公司、

① Foucault. Discipline and Punish. Trans. Alan Sheridan. New York: Random House. 1977. p. 211.

② ［美］L. 德赖弗斯、保罗·拉比诺：《福柯：超越结构主义与解释学》，张建超、张静译，光明日报出版社 1992 年版，第 252 页。

机关、家庭等机构和这些机构之间，从而形成了一个以纪律为核心、以社会机构为依托的泛社会化的规训权力运作空间。这个空间相对独立于以法律为核心、以国家机器为依托的统治权力，它在统治权力下面运作。不过，福柯并不认为现代规训权力的运作是完全独立的，就整个现代社会的权力运作空间来看，以法律为核心的国家权力和以纪律为核心的规训权力既是相对独立的，又是彼此渗透的。[①] 统治权力（国家权力）和监禁权力（规训权力）是现代社会总的权力机制的两个绝对必要的组成部分，事实上它们常常是交织在一起发挥作用的。在福柯看来，现代社会就是一个国家权力和规训权力深深地交织在一起的社会。不过，福柯强调：规训权力是这个社会更隐秘、更广泛的基础，正是通过密如蛛网、细如毛细血管的规训权力，现代社会才被有效地组织起来，国家权力才有了社会支撑。

现代社会明显是一个具有密集形式或散布形式的监禁结构，所以矫正艺术与惩罚权力不断融为一体。在19世纪初，监狱与其他惩戒机构的关系是：监狱采用了在监禁、军队和某些拘禁机构中得以部署的惩戒技巧；反过来，监狱又有助于其他社会机构普及惩戒技巧。这些机构的管理和规范都可以在监狱中找到根源。戒律、训练、操纵、评判、等级、分类、检查和记录这一整套惩戒技术，逐渐在监狱、医院、军队、学校和工厂里发展起来。福柯说：置个人于监视之下的实践是充满监督方法和考查程序的司法机关的自然扩展。细胞状的监狱及其有规律的年表、强制性的劳动、监视和注册的机构、延续和扩大审判功能的规范化专家应当成为惩罚的现代工具，这令人惊奇么？监狱类似于工厂、学校、军营、医院，而工厂、学校、军营、医院又相像于监

① 余虹：《艺术与归家——尼采·海德格尔·福柯》，中国人民大学出版社2005年版，第260页。

狱，这出人意料吗?[1] 这并不奇怪，监狱与工厂、学校、兵营和医院在保证每个个体都符合某个规范时没有什么不同，因为不同的惩戒机构都沉溺于对个体的监视、规训和规范之中。福柯在1978年的一次谈话中说道：在我论监狱的诞生那本书（即《规训与惩罚》）里，我试图准确地阐明这种关于个人管理技术的观念，作为某种权力，怎样被落实到人们头上，怎样力图驯服他们、塑造他们和指导他们的行为，使他们成为与某种自由制度的诞生息息相关的人。在监狱本身之外，一种关注于各种该受惩罚的犯规行为的监狱式推理风俗，也由此渗入于许许多多现代制度之中。在学校、工厂和兵营，当局精心规定了时间的使用（惩罚拖延、怠工、中断工作）、积极性（惩罚心不在焉、玩忽职守、意气消沉）、说话（惩罚闲聊、侮辱话、亵渎话）、体态（惩罚姿势不端正、衣着邋遢、做不出规定的反应动作），最后还有性生活（惩罚不守贞操、下流言行、反常行为）。每个人都发觉自己陷入了一个该受惩罚的泛惩罚漩涡里。[2] 监狱的诞生的意蕴已经溢出了监狱学、刑罚学的范围，因为体现在监狱中的戒律和监视技巧也反映在医院、工厂、学校和兵营等其他当代机构中。人被抛入一个渗透到社会每一个角落的权力网络当中。西方社会的维持并不靠军队、警察和中央集权的国家机构，而是靠在监禁机构中起作用的训练、惩戒和渗透性的权力等技巧。

（二）监狱与监狱群岛形成监狱连续统一体

福柯并不认为监狱仅仅存在于社会的边缘，用来收容那些被社会排斥的人。相反，他认为监狱的影子投射在这个社会的各个

---

① ［英］阿兰·谢里登：《求真意志——米歇尔·福柯的心路历程》，尚志英、许林译，上海人民出版社1997年版，第203页。

② ［美］詹姆斯·米勒：《福柯的生死爱欲》，高毅译，上海人民出版社2003年版，第303页。

方面。与监狱出现的同时，在现代社会中，各种纪律化的组织机构相继增加，不仅是学校、军队、工厂，而且连一般的民众组织、商业机构以及号称献身于救济活动的慈善机构，也采用高度组织化和严格科学管理化的纪律加以管制。这些纪律化的组织随着商品经济的发展如雨后春笋般的产生并不是偶然的；它们如同监狱一样是政治、经济和文化发展的需要和产物。这些组织机构同国家一起，全面地和更严密地控制了人民大众，使老百姓分别按照统治者的需要受到不同程度的规训。由此可见，监狱不是孤立的，在它周围有着一系列监狱群岛——工厂、学校、医院、军营。遍及社会的各种各样的规训机构组成了一个庞大的监狱网络。福柯将其称之为监狱体系，或监狱金字塔，或监狱群岛[①]。它们有的与监狱相似，有的则在表现形式上与监狱迥异，但不管怎样，它们在根本的一点上是相同的，这就是，它们都行使着一种致力于规范化的规训权力。而所有这一切都是为了制造出受规训的个人。这种处于中心位置的并被统一起来的人性是复杂的权力关系的效果和工具，是受制于多种监禁机制的肉体和力量，是本身就包含着这种战略的诸种因素的话语的对象，在这种人性中，人们应该能够听到隐约传来的战斗厮杀声。[②] 一个悄然扩展的进程就呈现在人们面前：[③] 在刑事司法体制中，监狱把惩罚程序变成了一种规训技术；然后，监狱群岛又把这种技术沿着监狱网络扩散到整个社会。这是一个监狱模式和监狱方法控制社会的

① 这一说法显然受到了1974年在法国出版的索尔仁尼琴的《古拉格群岛》的影响。

② ［法］米歇尔·福柯：《规训与惩罚》，刘北成、杨远婴译，北京三联书店1999年版，第354页。

③ 吴猛、和新风：《文化权力的终结——与福柯对话》，四川人民出版社2003年版，第280页。

过程，是一个宏大的监狱连续统一体的形成过程。在这个统一体中占统治地位的是规训技术，它不仅通过监狱渗入刑罚体制的核心，而且通过监狱网络控制了社会中所存在的最轻微的违法活动和最微不足道的违规和反常行为。

监狱在作为微观社会的同时，也为整个社会提供了一个模型。在它密集的规训性高压统治网中，监狱发展并使用一套程序，这套程序经过修改可以被其他领域采用。这种刑事程序对更大范围的社会的渗透和殖民倾向被福柯称之为监禁统一体（carceral continuum）。他指出，这种由监狱发明出的规训手段对工厂、学校和军营的影响尤其大。这些强制力量以各种方式普遍出现在社会中：体育运动、家庭生活、宗教、运输系统和传播系统，这些机构都向人们提供规训，通过安排时间、空间和各种关系来管理人们的行为，约束他们的身体。① 法律法规明确规定：不准有法律之外的监禁，不准有未经正式司法机构决定的拘留，那些专横但却普遍存在的禁闭不得再继续存在。然而，刑罚外的监禁实际上从未废弃。如果说古典主义方式的大禁闭机构部分地（仅仅是部分地）被废除了，那么它又很快地复活了，并沿着某些方向重新部署和发展。更重要的是，它通过监狱这个中介，一方面与法律惩罚手段相统一，另一方面与规训机制相统一。禁闭、司法惩罚与各种规训机构之间的界限在古典时代已经被弄得模糊不清，现在则趋向于消失，趋向于构成一个宏大的监狱连续统一体。这个系统把教养技术扩散到各种最单纯的纪律中，使纪律规范渗入到刑法体制的核心，并用纪律规范来控制最轻微的非法活动，最不起眼的不正规、偏离或反常以及过失犯罪的威胁。一种微妙的、分等级的监狱网络及其严密的机构与各自使用的方法，

① ［澳］J. 丹纳赫、T. 斯奇拉托、J. 韦伯：《理解福柯》，刘瑾译，百花文艺出版社2002年版，第62页。

担负起古典时代那种专横、普遍但很不统一的禁闭的责任。[1] 监狱并不仅是对于犯罪者的监禁所，它是对整个社会进行监视、规训和控制的典型场所和基本模式。经过细致的历史研究，福柯指出，自从现代监狱制度建立之后，西方各个主要国家的刑法和惩罚制度发生了很大的变化。这种变化的特点，就是整个惩罚制度从法律系统的惩罚程序转变成监视、监控和规训系统。由于这种转变，惩罚系统从立法和司法部门被整合到高度集中化的国家机器之中。而且，与此同时，还发展了一系列相应的惩罚机构和制度，包括准惩罚和非惩罚的手段，包括监狱以外的其他具有监控功能的社会机构。受国家机器完全控制的整个监视、监控和规训系统高效率地运转起来，实行对于全民的多类型的监控和规训。[2]

监狱连续统一体对整个社会产生了重大的影响。从监狱制度扩展到福柯所称的监狱群岛或巨大的监狱连续统一体，这种圆形监狱图式，以众多的支点——孤儿院、收容所、学校以及诸如慈善团体、旨在增进道德的社团、工人们的社区和公寓这些相应的组织——作为媒介，遍布于整个社会，把所有的社会领域都覆盖在一张巨大的监狱网之下，而这一监狱网的首要功能就是实现规范化。纪律的作用原来只限于排斥、补过、禁闭或者撤除，现在则已从社会的边缘移动到它的生命中枢来发挥重大作用了。它已经在生产领域，在传递知识和技术的机构以及军事和行政机关中扎下了根。监狱大门不妨敞开，因为社会本身已经成为一所大监狱。[3] 在这个大监狱中建立起了一种渐进的、连续的、不易察觉

① ［美］布莱恩·雷诺：《福柯十讲》，韩泰伦编译，大众文艺出版社 2004 年版，第 122 页。

② 高宣扬：《福柯的生存美学》，中国人民大学出版社 2005 年版，第 228 页。

③ 王治河：《福柯》，湖南教育出版社 1999 年版，第 199 页。

的等级。从不遵守秩序、稍微偏离开准则，到触犯法律、犯罪，这中间有一种共相，即违反规范。这种共相把各种规训机构彼此联系起来，惩罚就与不正常（不规矩）联系起来。最轻微的无纪律似乎也预示着，你将最终被送上囚犯（苦役）船。[①] 这个统一体促成和保障了规范社会的产生。规训权力沿着监狱网络将规范置于社会的每个角落，而这甚至影响到司法权力本身，例如法官的权力就已经发生了质的变化——从表面上看它是受法律支配的，但实质上却是受规范性权力所支配的。这个现象从另一个角度去理解，就可被视为审判已经渗透了我们的日常生活。这种审判完全是由于无所不在的规训机制而产生的，是以所有的监狱机构为基础的。监狱体系使惩罚权力变得自然而正当了，至少使人们对刑罚的容忍尺度放宽了。监狱在犯人身上所做的工作不过是在其他地方所做的工作的继续。这样，惩罚权力就变得与治疗权力和教育权力并无二致，从而比较容易地获得民众对其技术和合理性的认可。[②] 惩罚权力的新基础是契约理论，但民众之所以接受，是因为监狱体系造成规训权力与法律权力的沟通，从而建构了空想的惩罚权力的技术性的、现实性的、直接物质性的对应物。[③] 监狱尽管一开始就受到诋毁，但它植根于权力机制及其战略中，因此极其牢固。反对改变监禁制度的意见不仅出自司法机构，更多地出自其他的规训机构，出自整个规训网络。监狱的用途的确会缩小，但只不过是由于其他规训机构获得了更广泛的权力。

---

① ［法］米歇尔·福柯：《规训与惩罚》，刘北成、杨远婴译，台湾桂冠图书公司 1992 年版，第 307 页。

② 刘北成编著：《福柯思想肖像》，上海人民出版社 2001 年版，第 296 页。

③ ［法］米歇尔·福柯：《规训与惩罚》，刘北成、杨远婴译，台湾桂冠图书公司 1992 年版，第 311 页。

第三章　权力的制度维度

——刑罚

从政治上看，现代社会需要建立一个稳定的法制社会，所以，必须同时建构足以有效管制和规训流浪者、犯罪分子及各种危险分子的刑罚体制。而商品经济的管理原则，也要求对整个社会的人口实行符合最大功效的政治经济学管理制度，一种具有高效率的人口管理制度。这就是福柯所说的一种身体的政治经济学（une économie politique du corps）。[①] 从这个意义上说，现代社会的政府就是贯彻这种身体的政治经济学原则的政权机构。它是一种不折不扣的政治经济学的政权形式。现代刑罚制度只不过是政治经济学的政权对社会进行科学管理的一种形式罢了。按照身体的政治经济学的原则，刑罚并不是以消灭罪犯的身体为基本目的，而是通过对他们的关押和控制，将他们的身体合理地改造成为有利于社会生产发展目的的对象。《规训与惩罚》从一开始，就把分析的重点指向对于身体的折磨、管制、规训和刑罚的制度。福柯认为，现代刑罚是现代国家意图全面控制其社会成员的身体的产物。福柯指出，整个刑罚史表明，被惩罚的身体虽然不再被虐待，但却被系统地监护和改造；身体的活动时间被精细地安排好，丝毫不得有误，就像在工厂中劳作的工人的身体那样，

---

① 高宣扬：《福柯的生存美学》，中国人民大学出版社 2005 年版，第 225 页。

每分每秒都被设计好，由不得身体的主人去独立支配；身体活动的时间全部按照其被使用的目的而被精密测定和分配。整个刑罚史，就是政治权力与身体的相互关系史。①

一、身体理论

自尼采和福柯以后，身体日渐成为当代理论的一个焦点，成为刻写历史痕迹的一个媒介，文化、权力、政治在这里展开了有歧异的纷争。而身体也不仅仅是被动的刻写机器，它本身有时成为一股积极主动的爆发性力量。这种二重性使身体和包围它的社会语境存在着一种复杂的关系。身体是由历史铭刻的，是带有权力和统治关系的，它植根于政治领域，浸淫在权力关系中，服从于控制它、装饰它、训练它、折磨它、强迫它执行任务、表演仪式、发出符号的权力关系。福柯有一个意味深长的观点，权力深入肉体——权力深入人的意识、无意识，乃至人的肉体。进而，他有身体政治的提议。在西方思想家中，将身体上升到政治层面的，大概首推福柯。只要回头看看人类的文明史，我们就不能不同意福柯的这一前提。身体，不仅是生理存在，它还留下了权力作用的痕迹。福柯的《规训与惩罚》旨在通过一种身体的政治史来建立一种现代道德谱系学。他在书中指出，人体正进入一种权力机构，而这个机构掘入人体内部，毁掉并重构它。在福柯论述谱系学对于社会事件的缘起的特殊说明中，福柯认为任何社会事件的缘起及其不断的重构过程，归根结底，都同身体密切相关。人类社会中，没有任何一个历史过程，哪怕是一个瞬间，是可以脱离人的身体而存在和运作的。同样地，任何一个缘起及其重构，任何一个社会历史事件，都在身体上面留下了烙印和标

---

① 高宣扬：《福柯的生存美学》，中国人民大学出版社 2005 年版，第 225 页。

志，因而身体的历史形塑过程，实际上就是各种历史事件的有形档案库，也是各种历史事件的物质见证。他说：身体，以及一切与身体相关的食物、气候、土壤等因素，都是源头兴起之所在。在身体上，人们可以发现过去的所有事件的烙印，正如一切欲望、罪恶和各种错误都由身体而生一样。同样地，所有的欲望、罪恶、错误及事件，都正是在身体中得到解决并突然地自我表现的，但同样也在身体中得不到解决，并由此展开斗争，引起它们之间一个消灭另一个，然后又持续地展开它们之间不可克服的争斗。所以，福柯也说：谱系学作为对于起源的分析，就是对于身体和历史及其相互关系的解析。谱系学应该显示，身体就是历史的刻印体，而历史就是在不断地摧残身体的过程中发展的。① 身体是人之为人的奥秘之所在。身体不仅是每个人的个性及其社会存在的奥秘之所在，也是社会和文化发生和发展的奥秘之所在。

（一）身体处于微观权力之网中

在17和18世纪，我们看到一种重要现象的产生，一种新的权力机制的出现或者说发明，这种权力机制拥有高度特殊的技术程序、全新的工具，完全不同的机器，而且与统治权的关系是绝对不相容的。这种新的权力机制更加依赖身体，更加依赖身体的行为，而不是大地及其物产。这种权力机制允许从身体中提取时间和劳动，而不是财富和货物。这种形式的权力不断地通过监禁得以实施，而不是通过在时间上配置的征募和义务。它预先设置了一张具体的、紧密的、威胁性的网络，而不是自然的统治权。它最大限度地依赖于一种原则，这种原则引进了一种新的权力机制，它要求同时增加征服和被征服的势力。这种形式的权力在每一方面都是与基于统治权理论的权力机制相对的。后者与一种对

---

① 高宣扬：《福柯的生存美学》，中国人民大学出版社2005年版，第241页。

大地及其物产实施的权力密切相关，这种权力很少针对人的身体和它们的操作。统治权的理论涉及权力的转移和挪用，不是与时间和劳动有关，而是与货物和财富有关。它允许间断的义务在时间上进行分配，并表现为法律，但是它不允许把连续的监禁法典化。它允许权力建立在统治权的现实存在中，却不是在连续的、恒久的监禁系统中。统治权的理论允许在对权力的绝对消费的基础上建立绝对权力。它不允许根据最小消费和最大收益的原则来对权力进行计算。[①] 与传统权力观念不同，福柯将注意力集中于人类的身体，在微观层次上寻找权力施加的影响，并明确地将他的方法和其他研究权力的方法区分开来——后者注重的是重要个人和机构的主导作用。福柯想要砍下国王的脑袋，这样我们就不会把权力视为某些有势力者（如国王、总统、将军和会计师）的财产，而是将权力视为一组确立了人们的地位和行为方式，影响着人们日常生活的力量。

现代社会中权力的控制，已经不是属于集权专制的愚蠢而野蛮的统治行为，而是控制身体的各种小诡计（petites ruses），狡猾的管理，不可告人的经济行为和看不出大小的强制行为的集合体，一句话，就是理性的诡诈的表现。所有这一切，福柯称之为权力物理学（une physique du pouvoir）。这种新型的权力物理学，是国家权力对身体实行监控的学问，是专门思考和实行对于身体各个部分的全面监控的新政治技术。福柯将权力物理学又细分为权力光学（optique du pouvoir）、权力力学（ mécanique du pouvoir）和权力生理学（physiologie du pouvoir），它们分别针对身

① ［法］米歇尔·福柯：《权力的眼睛——福柯访谈录》，严锋译，上海人民出版社 1997 年版，第 238 页。

体的各个部分，实行不同的监控程序。[1] 惩罚作为刑罚权力的功效之一，作为施加于罪犯的权力机制，展现为一种权力的微观物理学。福柯的权力的微观物理学的要点是：[2] 第一，我们不应当将施加于肉体的权力视为一种所有权，而是应视之为一种战略。也就是说，这种权力不应当归之于统治阶级，而应当注意到被统治阶级不仅通过其位置可以更显明地传达，甚至会进一步将之扩大。第二，微观权力不像宏观权力那样有明显的来源（国家）和模式（命令或法律），而是只有机制和模态的特殊性；它不固定，随时而变，随地而变。第三，微观权力散布于社会各个角落，因此冲突点也几乎无处不在。恰如在丁达尔现象中人们所观察到的微小颗粒的碰撞与冲突随时会发生一样，某一点的稳定性随时都会被打破。

从某种意义上说，历史只能是身体的历史，历史将它的痕迹纷纷铭写在身体上。在 70 年代，福柯决心要从身体出发来构造自己的社会理论，来构造自己的谱系学。这样一个谱系学断然地根除了意识和意识形态在历史中的主宰位置，断然地拒绝了主体假设，断然地同形形色色的精神现象学决裂。[3] 如果说，尼采认为身体是一切事物的起点的话，那么，福柯同样看到了，社会，它的各种各样的实践内容和组织形式，它的各种各样的权力技术，它的各种各样的历史悲喜剧，都围绕着身体展开角逐，都将身体作为一个焦点，都对身体进行精心的规划、设计和表现。身

① 高宣扬：《福柯的生存美学》，中国人民大学出版社 2005 年版，第 227 页。

② 吴猛、和新风：《文化权力的终结——与福柯对话》，四川人民出版社 2003 年版，第 240 页。

③ 汪民安、陈永国：《身体转向》，载汪民安、陈永国编：《后身体：文化、权力和生命政治学》，吉林人民出版社 2003 年版，编者前言，第 17、18 页。

体成为各种权力的追逐目标，权力在试探它，挑逗它，控制它，生产它。正是在对身体所作的各种各样的规划过程中，权力的秘密、社会的秘密和历史的秘密昭然若揭。同尼采和德勒兹一样，福柯将身体作为纷乱的社会组织中的一个醒目的中心焦点突出出来。他和尼采一样相信，是身体而不是意识处在历史的紧迫关头，身体是事件被铭写的表面（语言对事件进行追记，思想对事件进行弥散），是自我被拆解的处所（自我具备一种物质整体性幻觉），是一个永远在风化瓦解的器具。① 因此，考察来源的谱系学，必须深深地沉浸在身体和历史复杂的连接地带。在这个连接地带中，身体刻写了历史的印记，而历史则在摧毁和塑造身体。这样，在福柯社会理论的核心，矗立着的是身体和权力的关系。自我和自我意识，围绕着意识的争斗，以及意识形态的巧妙改造，却成为无关紧要的话题。在福柯这里，权力和身体这密切而又纷争的一对，成为历史的主导内容。

正如权力一贯具有的形式那样，我们面临着复杂的现象，这些现象并不遵循黑格尔式的辩证法。对自我身体的控制和意识只有对身体施加权力才能获得：体操、锻炼、健美运动、裸体主义、身体崇拜。所有这些都是指向自身欲望的通道，通过持续、坚忍、细致的对儿童、士兵和健康身体的权力工作。然而，一旦权力产生了这种效果，就不可避免地要出现回应的要求，即自我的身体对权力的要求，健康对经济的要求，快乐对性、婚姻道德规范和尊严的要求。突然间，强化权力的东西反过来对它进行攻击。当权力运作于身体之后，发现自己处于同一身体的反攻之下。但要是认为权力因此而遭到削弱，那可就错了；权力在这里

① Michel Foucault：Language，Counter - Memory，Practice，Bouchard，1981，p. 148.

撤退，重新结集力量，又在别处开始活动……战斗又重新开始了。[1]

（二）权力对身体的解剖和驯顺

在福柯看来，所有的权力关系都作用于身体，但是典型的现代权力作用于身体的量级不同于往常。[2] 它们不是把身体当做似乎不可分割的整体来对待，而是零打碎敲地个别处理：对它施加微妙的强制，从机制上——运动、姿势、态度、速度——掌握它。这是一种支配活动身体的微分权力。[3] 身体不再被遮蔽和隐藏起来，而是暴露无遗，并受到细致的审查；对身体的规训和训练代替了拷问；为了提高效率和生产率而对身体活动进行的重构代替了纯粹的劳役，结果出现了一种细部的政治解剖学。[4] 权力作用于身体的规模以若干方式变得越来越细化。某种关于行为的解剖—计时表被确定下来。活动被分解为各种要素；身体、四肢和关节的位置受到限定；每个动作都被规定了方向、力度和时间；动作的顺序也被预先加以规定。时间渗透到身体之中，各种细微的权力控制也随之渗入其中。[5] 身体因此成为被精心制作的工具和新知识的对象。这种微分权力不粗暴，也不残忍，但却耐心地反复地作用于人体的各个部位，最终使人体按照它的意愿发

① ［法］米歇尔·福柯：《权力的眼睛——福柯访谈录》，严锋译，上海人民出版社 1997 年版，第 169 页。

② ［美］约瑟夫·劳斯：《知识与权力——走向科学的政治哲学》，盛晓明、邱慧、孟强译，北京大学出版社 2004 年版，第 228 页。

③ 汪民安：《福柯的界限》，中国社会科学出版社 2002 年版，第 193 页。

④ Discipline and Punish. Trans. Alan Sheridan. New York: Random House. 1977. p. 139.

⑤ Discipline and Punish. Trans. Alan Sheridan. New York: Random House. 1977. p. 152.

生改变，人体变得更为驯服，也更为有用，使人体在变得更有用时也变得更顺从，或者因更顺从而变得更有用，形成一种强制人体的政策，一种对人体的各种因素、姿势和行为的精心操纵。人体正进入一种探究它、打碎它和重新编排它的权力机制。[①] 正是权力才使自身潜入个体的真正结构中，把自身引入个体的姿态、态度、话语、经验和日常生活中。

权力在整个社会中的运作就是通过约束个体身体的戒律来进行的。戒律具体体现在那作用于肉体并形成有关肉体的因素、姿态和行为的有意操纵的强制政治学中。人类肉体进入了权力机器，后者仔细检查前者，拆离前者，接着又恢复前者。在17和18世纪，戒律成了一般的统治程式。戒律产生了理性的、有效的、技术的社会所要求的从属的、勤劳的、有用的驯顺肉体。肉体的驯顺这个观念并不新颖，它是基督教禁欲主义者所熟知的，只不过惩戒技巧以起作用的规模别出心裁：肉体并不被当成一个单元，而是作为一个由独立有用的部分组成的机制。与禁欲传统不同的是，它旨在增加有用性，而非弃绝。人类肉体屈从于对之进行瓦解并重新组合其部分的权力机器。这一政治解剖学也是一种权力机制。它依据经济功利的观点，增加了肉体的力量；依据政治上的屈从观，减小了肉体的力量。戒律是一种有关细节的政治解剖学，为了控制和使用人，古典时代产生了对细节的细致监视以及对这些细小事物的政治考虑。这种针对身体的微分权力，这种权力的微观物理学，拥有细腻而多样的技术，且易于传播。它针对着细节，纠缠细节，在细节上下工夫，使细节成为权力的支点，而权力在对细节施展作用时，也施展着一整套技术、方法、知识、描述、方案和数据。而且，毫无疑问，正是从这些细

---

① ［法］米歇尔·福柯：《规训与惩罚》，刘北成、杨远婴译，北京三联书店1999年版，第156页。

枝末节中产生了现代人道主义意义上的人。[1] 权力对身体活动作了精心的设定，对每个动作、每个行为、每个过程都有严格的规范，对人体的姿态也反复地操练。权力不放过身体的任何一个部位，从而使身体变为一个机器，一个工具。这是一种操练的肉体，而不是理论物理学的肉体；是一种被权威操纵的肉体，而不是洋溢着动物精神的肉体；是一种受到有益训练的肉体，而不是理性机器的肉体。[2] 权力还致力于将个体协调起来，将单个力量组织起来，使单个肉体同其他肉体相结合，从而获得更大的力量、更高的效率。这种最佳组合，即是靠纪律来完成的，它的组合成效高于其基本构成力量的总和。总之，可以说，权力从它所控制的肉体中创造出四种个体，更准确地说是一种具有四种特点的个体：单元性（由空间分配方法所造成），有机性（通过对活动的编码），创造性（通过对时间的积累），组合性（通过力量的组合）。而且，它还使用四种技术：制定图表，规定活动，实施操练，为了达到力量的组合而安排战术。[3]

在监狱之外的社会生活各个领域中，监狱系统的监控模式不但同样有效，而且采取精致而细腻的方式，对于个人身体实现了全面的控制。这种控制不仅要求身体的一举一动规训化，而且也对发生于私人领域中的身体的任何一个动作进行非法的监控，甚至采取窥伺、窃听和录像等各种手段。从这个意义上说，近现代社会对于身体动作的监控已经伴随着科学技术的发展而达到不择

① ［法］米歇尔·福柯：《规训与惩罚》，刘北成、杨远婴译，北京三联书店1999年版，第160页。

② ［法］米歇尔·福柯：《规训与惩罚》，刘北成、杨远婴译，北京三联书店1999年版，第175页。

③ ［法］米歇尔·福柯：《规训与惩罚》，刘北成、杨远婴译，北京三联书店1999年版，第188页。

手段和无所不用其极的程度，而且其实际效果也是前所未有的。所以，福柯指出：从18世纪开始，生命成了权力的一个对象。生命和身体都成了权力的对象。过去权力只关心那些臣民，因为统治者可以从法律上的臣民身上获取财富，当然也可以从他们那里获得他们的生命。但是，现在权力更关心身体和人口。现代权力变得唯物主义。它在主要方面已经不再是纯法律上的，它必须去处置实际的事物，像身体和生命，等等。从此，生命连同身体就进入权力的领域，这是人类社会历史上最重要的一项变革。生命权力的一个中心集中在不是作为人的再生产方式，而是作为被摆布的对象的肉体上。一门新科学，或者更精确地说，一门作为权力对象的肉体的技术，逐渐地在全异的、表面的领域中形成。福柯在《规训与惩罚》中称这为惩戒权力，并且详细地给以分析。[①] 惩戒权力的基本目标是生产可视作驯良的肉体的人类。这种驯良的肉体也必须是生产性肉体。惩戒技术在车间、兵营、监狱以及医院中形成并完善；在这些背景下，一般目的是个体和民众在有用度和驯良度上的相应增长。惩戒肉体的技术主要适用于劳动阶级和准劳动阶级，虽然不只适应于这两个阶级，因为这些技术也在学校、军队、医院、政府中起作用。

（三）肉体的重要性

福柯认为，肉体如同灵魂一样，都是由社会建构起来的，因而至少在原则上是可以改变的。人的有机体是一种本质上无定形的冲动和活力流。社会彻底改变了肉体，甚至塑造了它的生理功能。因此，福柯用烙满了历史印记的肉体和糟蹋着肉体的历史这样的词语来描述肉体与历史的关系。肉体并不是像人们一向所认为的那样，其一切本质都是与生俱来的、固定不变的。恰恰相

① ［美］L. 德赖弗斯、保罗·拉比诺：《福柯：超越结构主义与解释学》，张建超、张静译，光明日报出版社1992年版，第178页。

反，它不但原来就没有固定的形式和内容，而且即使完成了某种形式和内容，也不是完全不能改变的。[1] 米勒这样阐述了福柯的观点：肉体是起源之所，是意愿、感情和思想的根本。它是模糊不清的创伤、莫名其妙的痛苦和捉摸不定的本能之所在。肉体包含有一张关于过去事件的图示，它铭刻在肉体里，形式很奇特。这些事件的痕迹，仅用理性是读不通的，却能在爱好与厌恶、长处与弱点、快乐与痛苦的矛盾混乱中清晰地见到。[2] 在西方历史上，从启蒙理性开始，肉体在与精神的对立中受到贬斥，而福柯使我们重新关注肉体，并关注权力在其中留下的印记。

一种广泛流传的观点认为，在我们的社会中，权力否定了身体的现实状况，而去支持灵魂、意识和幻想。事实上，没有比权力的实施更加物质的、生理的和肉体的了。尼采曾经指出，我们的肉体不过是一个社会结构，而我们的自我也不过是某种偶然的和变化着的东西，是各种文化和肉体力量的某种变动不居的安排的产物。成为自己，看来绝非易事。一开始，人们必须重新找到匿形于其中的混乱，那是一个无定形的肉体活力贮存库，这种肉体活力，如尼采在《查拉图斯特拉如是说》（Also sprach Zarathustra）中所言，甚至还可以使我们这些现代文明的创造物得以生出一个舞蹈明星。开发我们自己动物本性的原初要素，在尼采看来，就是重新掌握超越性的神秘能力，就是运用他所谓的权力意志。不过这种能力尽管十分重要，尽管能起解放作用，它

① 李银河：《性的问题：福柯与性》，文化艺术出版社 2003 年版，第 362 页。

② ［美］詹姆斯·米勒：《福柯的生死爱欲》，时报文化出版公司 1995 年版，第 308 页。

还只涉及人类复合物中的狄俄尼索斯要素。[1] 除了心灵以外，当设问何谓人时，人们还把肉体理解成一个特定物。如果说人的某些属性可能会受到怀疑，那么人的肉体一般来说是人类属性最为稳定的部分。但是，福柯认为，即使肉体也是不稳定的。在福柯眼里，肉体不是一个生物学概念，而是一个历史概念，即肉体处于政治领域内，臣属于对其有所约束、授予、标志、训练、折磨、强制等的权力关系。肉体不是一个社会戒律所不能触及的纯洁物，而是在某种社会历史条件下被确定为社会训练、塑造和操纵的结果。[2] 随着生物权力的出现，肉体本身成为权力的靶子。福柯在《规训与惩罚》中论述说：那些围绕着监狱、军队和学校的规训，已经把创造驯服的肉体作为权力的目标。一个肉体是驯服的，是因为它能被统治、利用、改变和改善。[3] 权力需要创造出驯服的肉体，因为，这些驯服的肉体能被极为容易地、尽快地、毫无异议地控制住，并被塑造成权力运作的对象，被纳入到权力关系的网络中，被纳入到统治话语中，并被剥夺创造策略的能力和兴趣，这些可能的策略能消解真理的生产模式。这一进程的运作如下：规训使体能增强（从功利的经济角度看），同时又消解体能（从服从的政治角度看）。简言之，规训使力量与肉体分离。一方面，它把体能变成了一种才能、一种能力，并竭力增强它；另一方面，它扭转体能的运作——力量可能由此产生——并将之置入一种严格的隶属关系。

---

① ［美］詹姆斯·米勒：《福柯的生死爱欲》，高毅译，上海人民出版社2003年版，第92页。

② 莫伟民：《主体的命运——福柯哲学思想研究》，上海三联书店1996年版，第333页。

③ ［美］艾莉森·利·布朗：《福柯》，聂保平译，中华书局2002年版，第61页。

权力深入肉体，所以福柯提倡身体政治。身体体验，不仅是反抗权力的手段，是把自我作为艺术品的途径，也是获得真理的方式。而且，对于福柯而言，肉体和精神是合一的，因此提倡身体体验不意味着对本能的依赖。福柯的身体政治理论可以用作分析工具。身体，在历史上怎样成为了道德、政治的关注对象或者说怎样成为了权力的对象，在今天又怎样成为争取自由的工具，应该引起我们的重视。在特里·伊格尔顿于1990年出版的《美学意识形态》中，一个最使人过目不忘的主题就是肉体。作者直言不讳他有意为这个后现代社会中的时髦主题辩护，指出今天的文学文本倘若不能提供一个残缺不全的肉体，新历史主义批评便无从谈起。肉体和灵魂不同，它不要求真理只要求快感。不明确这一点，读懂罗兰·巴特和福柯的后期著作，便是奢望。伊格尔顿认为肉体与审美的血亲关系，实在被康德用理性压抑得苦。秉承福柯，伊格尔顿同样极为重视尼采哲学就是对人体作出解释的说法。他引用《权力意识》中尼采的话，肉体是比意识更丰富、更清晰、更实在的现象，评价说尼采的立场虽有叔本华生理主义的庸俗味道，却是言中了传统哲学的盲点。这一立场，显而易见是缘福柯一脉相承的。美学标志着向感性的肉体作创造性的转移，也标志着用细腻的法则来强制雕塑肉体。①

二、刑罚对肉体的规训和对灵魂的改造

福柯在《规训与惩罚》中分析了从古代刑罚对犯人施以肉刑而后示众的制度到现代刑罚制度的流变，探讨了西方刑罚、监狱的历史和监督制度的发展，揭示了西方社会从肉体惩罚到灵魂控制的演化。这是一部讨论刑罚学、监狱学的专著，几乎没有一

① 陆扬：《后现代性的文本阐释：福柯与德里达》，上海三联书店2000年版，第177页。

本书能像它这样赤裸裸地揭示权力问题。该书一开始便展示了肉刑那惨不忍睹的血淋淋的场面。在法国大革命前的封建制度下对弑君者公开执行死刑。法国大革命后废除了这类酷刑，建立了资本主义的惩罚制度。过去对肉体的酷刑此时被对肉体的复杂精巧的教养和训练形式取而代之。身体虽能免遭酷刑的折磨，但无从摆脱控制。各种权力关系直接控制它；它们笼罩它，标明它，训练它，折磨它，迫使它执行任务、举行仪式、散发符号。于是，产生了名目繁多的身体政治技术。而根据复合的互补关系，身体的政治笼罩与它的经济效用密切相关。身体既是政治统治的对象，又是一种生产力。①

刑罚权力不再剥夺生命，而是占有和管理生命。死刑的存在日益不得人心，也与统治者的政治策略不相吻合。权力对生命的占有和管理表现在两个方面，一个是对肉体的规训，另一个是对人口的控制。从 17 世纪起，支配生命的权力以两种基本形式发展：首先形成的是以个人肉体为中心，把肉体当做机器的规训权力。第二种形式是以种族肉体为中心的控制人口的生物政治，主要是越来越多地介入出生与死亡、健康水准、寿命等生物过程或生命过程。② 在此之前，生命的状态是散漫的，它基本上与知识无关，与权力无关，与政治无关。③ 但是，从近代开始，生命进入了历史，即人类生命特有的现象进入了知识和权力的秩序，进入了政治技艺的领域。政治权力这时已直接延及个人的特征，能

---

① ［英］阿兰·谢里登：《求真意志——米歇尔·福柯的心路历程》，尚志英、许林译，上海人民出版社 1997 年版，译者前言，第 15、16 页。

② 刘北成编著：《福柯思想肖像》，上海人民出版社 2001 年版，第 269 页。

③ 李银河：《性的问题：福柯与性》，文化艺术出版社 2003 年版，第 338 页。

够触及他的肉体，浸染他的仪态、态度、言论、见习方式和日常生活。[1] 被占有和管理的生命处于一种驯服的状态，它循规蹈矩，遵命行事，成为权力的被占有物和管理对象。

（一）达米安受刑——一个惊心动魄的场面

《规训与惩罚》的开头是一个令人惊心动魄的、惨不忍睹的死刑执行场面：

1757年3月2日，达米安（Damiens）因谋刺法国国王路易十五而被判处在巴黎教堂大门前公开认罪。他乘坐囚车，身穿囚服，手持两磅重的蜡烛，被送到格列夫广场。那里将搭起行刑台，用烧红的铁钳撕开他的胸膛和四肢上的肉，用硫磺烧焦他持着凶器的右手，再将熔化的铅汁、沸滚的松香、蜡和硫磺浇入撕裂的伤口，然后四马分肢，最后焚尸扬灰。[2] 行刑中，硫磺被点着了，但火力极弱，仅烧焦了那只手的表皮，而且只是轻微地烤焦。接着，刽子手高挽着衣袖，拿起一把钢钳（那是专为这一时刻特制的，约一英尺半长），先撕右腿的小腿肉，再撕大腿肉，然后再去夹右胳膊上两块多肉的地方，完了又去撕胸脯。尽管刽子手是个健壮如牛的家伙，他还是感到要把肉撕下来真是费力极了，在同一个地方要使劲扭动钢钳夹扯两三次，而且肉被夹走后只能留下一块约摸六镑五先令硬币大小的伤口。每夹扯一下，达米安都会可想而知地发出一声撕心裂肺的惨叫，而每次喊叫的都是同一句话："宽恕我吧，我的上帝！宽恕我吧，主啊！"

肉刑的实际施行比预先的规定可怕得多，因为刽子手技术不熟练从而使整个行刑充满了更多的折磨和痛苦。福柯一一引述了

---

① ［美］詹姆斯·米勒：《福柯的生死爱欲》，时报文化出版公司1995年版，第520页。

② ［法］米歇尔·福柯：《规训与惩罚》，刘北成、杨远婴译，北京三联书店1999年版，第3页。

有关的记载，从而将君主权力对待犯人的野蛮惩罚方式呈现得淋漓尽致。刽子手的活儿干得很糟糕。拉住四肢的四匹马没有能够肢解达米安；用六匹马试了试，也不成。试了两三次之后，刽子手拔出刀来，可是他不去剁膝关节，却挥刀砍向尸体的大腿，这样……马猛扯了一下，就把大腿拉下来了。右边的活干完了，接着干左边的。刽子手又对胳膊如法炮制，用刀砍肩膀、腋窝，终于把四肢都给弄了下来。那肉必须深深地切开，直到差不多露出骨头……

在对达米安执行的刑罚中，折磨是血腥的、令人震惊的、惨不忍睹的。对达米安的处死是一个公众仪式，盛况空前，刑罚是一种公开展示（spectacle）。公众作为观众和拥护者，都是参与者。对达米安的处死树立了一个典范，当政者通过各种残暴实践，威慑潜在的冒犯者。在福柯看来，公开展示因素与肉刑因素的结合是旧制度的本质特征，他用法语词汇“supplice”来表示这种结合，在英语中没有与之相对应的单词。英译本把它译成“torture”，并不恰当。福柯之所以选用处死达米安这个故事，是由于它具有旧刑罚制度的所有主要特征。不仅对弑君者的公开处死，而且当众实行的所有肉刑都采取这样一种仪式：不是为了改造罪犯，而是为了表达和恢复已被违犯的法律的神圣不可侵犯性，旨在阐明国王在其臣民的肉体上实施的无限的和无与伦比的权力，因为国王是司法的源泉，法律是国王的意志，违法就是攻击君王的人格。① 今天我们大部分人会认为处死达米安是残忍而野蛮的——那些18世纪的刑罚制度改革者就是这么想的。但是，这种惩罚有其自身的逻辑和依据。权力属于国王，当国王的一个臣民反抗他的时候，这种罪行的邪恶必须“记录”在罪犯的身

① 莫伟民：《主体的命运——福柯哲学思想研究》，上海三联书店1996年版，第212页。

体上。这样看来，惩罚就是向市民表明，或者更确切地说，是向他们展现王权的性质和反抗王权后果的一种方式。对达米安的公开处死发挥了一种法律和政治的功用。刑罚不仅仅是法律机器的一部分，而且是一种政治战术，一种权力实施的技巧。

（二）肉体——作为公权力的刑罚的牺牲品

福柯所描绘的第一个刑罚时代是公开展示折磨的时代。其背景是绞刑台，统治则是核心的权力象征。法即朕旨，违法便是攻击君主本人。因此，君主的权力就是或待以宽容，或报以兽刑。肉体判罚直接摧残肉体。肉刑以残忍的方式执行，其重要原因就是君主这种权力要彰显自己，作为仪式而进行处罚。犯罪是对公布法令的人（君主）的权力的侵犯、伤害行为，而在公众的面前举行的对一连串罪名的确认、对犯罪人的处罚，是为了恢复受到伤害的君主权力而进行的祭奠仪式。因犯法，犯罪者伤害了君主的人格，所以必须将其摧毁。相当多的非肉体判罚（例如所有罚做苦工的判罚）也伴随着较轻的刑罚，即某种程度的折磨，如上颈手枷、戴枷示众（carcan）、鞭打、打火印等，因此每一个严厉的惩罚最终都包含了公开展示与肉体刑罚（supplice）的成分在内，即折磨。肉体摧残是肉刑的规范形式。福柯问，为什么把罪犯们绑在拷问台上，取出内脏，肢解，扔进沸油里，砍成碎块？为什么在他们被处死之前被带到公共场合向人民忏悔其罪行?[①] 这种公开的拷打是一种政治仪式。法律被认为是君主意志的象征；违反法律的人必因国王的愤怒而受到惩罚。违犯法律被看做是冲突行为，看做是对国王之身的激烈攻击；同样，君主必须作出反应。更准确地说，君主必须处之以极度的暴力；作为法律基础的权力之绝对力量与重要性必须在公众面前显示其可畏。

① ［美］L. 德赖弗斯、保罗·拉比诺：《福柯：超越结构主义与解释学》，张建超、张静译，光明日报出版社 1992 年版，第 191 页。

在这种暴力仪式中，罪犯从肉体上被攻击，被击倒，被肢解，以象征性地展示君主的权力。因此，权力与法律的完善都得到重新肯定；冒犯得到了报复。

肉体拷打，不是动物类的某种不受控制的行为，恰恰相反，它是将痛苦有控制地实施到肉体之上，并已经形成了若干测度与精确控制痛苦之实施的复杂的程序。拷打依赖于纯粹定量的惩罚艺术，是使生命保持在痛苦之中的艺术。[①] 微调艺术的形成是与法典直接联系在一起的。罪行的特殊范围要求拷打的特殊程度；肉体惩罚应该与罪行相吻合。在现代以前，肉体早已包含在政治动态之中。例如，在古代统治期间，当有人违犯了法律的时候，罪犯或许会遭到当众折磨。这就是福柯根据令人极为痛苦的详情描述的酷刑。统治者的权力被用一种受控的、戏剧性的、尽可能妥善安排的方式，真实地公开刻写在罪犯的肉体上。福柯指出，其实中世纪末和旧制度时期的酷刑并非反常，也并非原始。酷刑是一种技术。它并非是一种无法无天的极端表现。[②] 酷刑遵循着三个基本原则。首先，酷刑是一整套受控制的、有差别地制造痛苦的艺术。它必须把肉体痛苦的性质、强度和时间同罪行、罪犯以及受害者的地位联系起来。这些痛苦至少能够被计算、比较和排列出等级。即便是死刑，也必须能够把人的生命分割成上千次的死亡，在生命停止之前，制造最剧烈的痛苦。因此，正如有人形容的：但丁的诗进入了法律。[③] 其次，酷刑是惩罚仪式中的一

---

① ［美］L. 德赖弗斯、保罗·拉比诺：《福柯：超越结构主义与解释学》，张建超、张静译，光明日报出版社 1992 年版，第 192 页。

② ［法］米歇尔·福柯：《规训与惩罚》，刘北成、杨远婴译，台湾桂冠图书公司 1992 年版，第 32 页。

③ ［法］米歇尔·福柯：《规训与惩罚》，刘北成、杨远婴译，台湾桂冠图书公司 1992 年版，第 33 页。

个因素。它必须能够给罪犯打上耻辱的烙印，或者在其肉体上留下疤痕，或者通过酷刑的场面，其目的是向世人展示罪恶的真相，以清除罪恶。再次，酷刑要成为一种大张旗鼓的场面。其目的是把惩罚变成一种凯旋仪式。它所使用的过分的暴力是造成它的荣耀的一个因素。罪人在受刑时呻吟哀嚎，这种情况并没有令人难堪的副作用，而恰恰是伸张正义的仪式。①

极度的权力在肉刑的仪式中找到了它的形式。但是，这一仪式也显示了其局限性：一个被抹去的，化为灰烬抛向风中的肉体，一个被君主的无限权力一点一点地毁灭的肉体，不仅构成惩戒的理想，而且构成惩戒的现实限度。② 这是一场战斗，尽管是两种人之间的仪式化的战斗。君主几乎肯定要取得胜利，但是挑战者被蹂躏的肉体同时也报复君主，使其力量失去效能并暴露出它的局限。虽然国王的权力是巨大的，但每次法律遭到破坏，每次权力就受到挑战，因此国王的权力不得不重新复活和重新实施。如果这种显示失败，就必须用更宏大的权力显示活动，以重建君主的强权。在作为拷打的权力模式中，不但抵抗，而且权力都依赖于观看暴行之公开展示的观众。没有公众，这种仪式的全部意义都将宣告无效。然而，大批民众在权力法令下到场具有双重意义，灌输的敬畏是预期结果，但是，由于这些公开证明，也促成了抗议与反叛。如果处以极刑被认为是非正义的——或是因为对罪犯的控告或是因为刽子手的技术——罪犯可能获得自由，而且官员们可能被下层民众追击。正当忏悔的时候，罪犯可能——而且外观上看常常——抓住时机表明自己的清白和痛斥当

① ［法］米歇尔·福柯：《规训与惩罚》，刘北成、杨远婴译，台湾桂冠图书公司 1992 年版，第 34 页。

② ［美］L. 德赖弗斯、保罗·拉比诺：《福柯：超越结构主义与解释学》，张建超、张静译，光明日报出版社 1992 年版，第 191 页。

局。总之，由于暴行的公开展示，变成了全面的庆祝，在其中，规则被倒转，当局被嘲弄，罪犯变成了英雄。[①] 权力之所在很容易变成社会动乱之所在，甚至变成反叛之所在。在公开行刑的时候，会出现许多非法的活动中心。[②] 工作停顿，酒馆爆满，当局受到辱骂，刽子手、警卫和士兵受到侮辱和石块的攻击；也会出现抢劫犯人的活动，有的是要救他，有的则是为了杀死他。斗殴时有发生，小偷活动猖獗。最重要的是政治危机。这种结束罪恶的仪式本身成为令人发指的罪恶的重演，而且颠倒了各种角色。法官变得像谋杀者，刑吏变得像罪犯，受刑者变成怜悯或赞颂的对象。民众面对恐怖的王权会产生兔死狐悲之情，感到自己比任何时候都更接近受刑者，感受到不受限制的合法暴力的威胁。尤其是犯人临死前的演讲和呼喊，可能获得观众的喝彩与同情。总之，公开处决为国王暴力与民众暴力之间的较量提供了一个舞台。[③]

（三）应该废除消灭肉体的死刑

死刑的对象是犯罪主体的肉体和生命，死刑是受到侵害的王权的报复，而被牺牲者则拥有权利去诅咒那些迫害他们的权力：公开的行刑允许暂时的狂欢，这时什么也不再被禁止或惩罚。在即将到来的死神的护佑下，罪犯可以畅所欲言，而观众也可以尽情欢呼。在福柯看来，君主权力对调控臣民的生活不感兴趣，它通过控制终极手段，即裁决生命本身，来维护自己的权力。毫无

---

① Discipline and Punish: the Birth of the Prison. New York: Pantheon; tr. by Alan Sheridan of Surveiller et punir: naissance de la prison. Paris: Gallimard, 1975. pp. 60 – 61.

② 刘北成编著：《福柯思想肖像》，上海人民出版社 2001 年版，第 279 页。

③ ［法］米歇尔·福柯：《规训与惩罚》，刘北成、杨远婴译，台湾桂冠图书公司 1992 年版，第 71 页。

疑问，在历史上，生物存在首次反映在政治之中；不再像死亡的随意性及其致命性一样，生存本身不再是只会偶尔出现的难以触摸的基质。它在某种程度上进入了知识控制和权力干涉的领域。权力不再只涉及法律主体，死亡是它对法律主体的最高控制，也涉及生物存在。权力对它们的控制，体现在生命本身的层面上。不是以死亡相威胁，而是对生命本身的控制使得权力直达肉体。①

我们可以理解死刑公开处决的功能。它是权力—知识关系的一种有明确意义的仪式。犯人要用肉体来承担自己的罪行和对罪行施加的司法正义，从而使这种罪行和司法正义昭示于众。因此，惩罚要复制犯罪。处决往往在犯罪地点进行；渎神者被割舌，杀人者被砍手；有时还使用同样的凶器和动作来杀死罪犯。总之，从司法拷问到处决，肉体一再地产生和复制犯罪真相。肉体受到多次折磨，从而成为一个承担着行为现实和调查结果、诉讼文件和罪犯陈述、犯罪与惩罚的综合体。② 福柯认为，更重要的是，公开处决实际上不仅是一种司法仪式，而且是一种政治仪式。在古典时期，犯法被视为对君主的冒犯：既是对王权的冒犯，也是对君主个人的冒犯。公开处决有如加冕仪式、平叛后的国王入城式，也是一种表现王权失而复得的凯旋仪式。因此，它是一种恐怖政策，即用罪犯的肉体来使所有的人意识到君主的无限存在。公开处决并不重建正义，而是重振权力。③ 由此，可以

---

① ［美］艾莉森·利·布朗：《福柯》，聂保平译，中华书局2002年版，第55页。

② ［法］米歇尔·福柯：《规训与惩罚》，刘北成、杨远婴译，台湾桂冠图书公司1992年版，第45页。

③ ［法］米歇尔·福柯：《规训与惩罚》，刘北成、杨远婴译，台湾桂冠图书公司1992年版，第47页。

理解公开处决的某些特点。[①] 首先是大张旗鼓。判决书事先对仪式的细节都作出详细的规定。行刑台周围部署着一架完整的军事机器：骑兵、弓箭手、禁卫军、步兵等。行刑要显示出君主的令人望而生畏的力量彻底压倒了罪犯。其次，行刑具有戏剧性的较量因素。刽子手有点像国王的斗士，要十分熟练地残杀犯人，否则犯人可以得到赦免。君主授权刽子手杀戮，但不分担其残忍。当刽子手的委任状被盖上印玺后，不是放在桌子上，而是掷于地上。而且，国王还保留着最后时刻的赦免权。

让我们设想一种审判，它只按照一种规则发挥效用：如果你偷窃，你将被砍手；如果你奸淫，你的性器官将被割裂；如果你谋杀，你的脑袋将落地。这是一种行为和惩罚之间专横的强制的关系系统，这种系统处罚犯罪人的罪行。但是，如果审判是为了救治一个个体，是为了改造他而攫住他的灵魂之核，那么，一切都改变了：是人在审判另外的人，死刑因此是荒唐的。[②] 在古代，权力对生命的控制形式主要表现在对生命的剥夺，对于违法越轨的人，权力直接对他的身体施加暴力（普遍存在的残酷的肉刑），权力的最高体现就是剥夺个体的生命。而到了近代，权力控制生命的重心改变了：从剥夺生命改变为占有生命和管理生命，权力不再企图决定生死，而是管理与控制生命。福柯是这样说的：肉体的惩戒和人口的管理构成两极，控制生命的权力组织就围绕它们展开。这个权力的最高功能也许不再是杀生，而是彻

① 刘北成编著：《福柯思想肖像》，上海人民出版社 2001 年版，第 278 页。

② ［美］艾莉森·利·布朗：《福柯》，聂保平译，中华书局 2002 年版，第 66、67 页。

底地占有生命。[1] 死亡对人类事务的控制前所未有地开始放松。流行病和饥荒的危险减少了。常常无缘无故受暴力蹂躏的社会，逐渐被一个由中央集权国家统一管辖的社会所取代。这种国家认为只有自己能够合法地使用武力。酷刑处死也消失了，随之人们也失去了一个重要的公共仪式，这种仪式曾使死亡成为日常生活的一个组成部分，并使之变得可以接受了，使它对人类的永恒侵犯被赋予某种意义。而在现代社会的正常组织中，死亡现象被小心翼翼地避开了，被有意地从历史舞台上赶下去了，仿佛死亡是某种可耻的和危险的东西。而且，从某种意义上看，死亡的确曾是某种危险的东西：在从这个世界向另一个世界的过渡中，福柯说，死亡曾经是尘世的统治权被另一个更强大的统治权解除的方式。现代国家不断增长的权力受到了一种更高的必然性的限制：死亡是权力的极限，是权力无法控制的时刻。作为一种一切结局之外的结局，一切界限之外的界限，死亡能令人毛骨悚然地想到：做人，最终就是要在无可争辩的死亡状态中被从一切尘世的结构和秩序中流放出去。[2] 这就是死亡在现代社会所具有的那种持续的、奇怪的魅力的一个方面：它是存在的最隐秘的方面，也是最不可屈服的方面。当所有其他的抗议手段都失败了的时候，人们总还有自杀这一招——这种死亡的决心很怪异，然而在表达意志方面却具有异常恒久而坚定的功效，是最能引起全社会震惊的抗议方式之一，而政治权力在这个社会里又恰恰是以管理生命为己任的。

死刑，这一世上最古老的惩罚在法国就要消失了，福柯在法

① 李银河：《性的问题：福柯与性》，文化艺术出版社 2003 年版，第 337 页。

② ［美］詹姆斯·米勒：《福柯的生死爱欲》，高毅译，上海人民出版社 2003 年版，第 322 页。

国废除死刑的前夕投给《解放报》的一篇文章中写道，高兴是应该的，但却不应在赞美中迷失自己。不再去砍掉几个脑袋(因为血会喷射，因为文雅社会不应再干这种事情，也因为总难免错杀无辜)，这很容易理解。但是，以任何公共势力……无权剥夺任何人的生命这一原则来反对死刑，那就要引起一场重大而艰难的争论了。福柯还敦促读者：应当考虑废除一切惩罚形式。这一点，当然是不大可能的。但是，本着他的这种尼采式假设，即惩罚会导致罪恶感和越轨行为的恶性循环，这或许是他所能采取的唯一的诚实立场。①

(四) 现代刑罚规训肉体并改造灵魂

近代化的刑罚制度从给予肉体上的痛苦、给予身体以痛苦的感觉，改为禁闭，即对自由的剥夺。刑事体系从残酷惩罚犯人的肉体转到对犯人的心灵进行牢牢控制。当肉体痛苦不再是刑罚的目的时，肉体在刑罚中起十分不同的作用。现在，肉体成了接近心灵的途径，成了剥夺个体的权利和财产的途径。刑罚从无法忍受的轰动艺术过渡到悬置权利的手段。如果说以对达米安的酷刑为代表的旧的刑罚制度的制造者是刽子手的话，那么新制度的制造者是谁呢？在福柯看来，后者要比前者复杂得多：不再是一个只知折磨人的肉体的凶残和粗鄙的形象，而是一个知识群体，即技术人员大军，包括监狱守卫、医生、精神病专家、心理学家、牧师和教师，这一大批技术人员取代了以前的拷打者和行刑者。正如1789年马布莱所说的：让刑罚震撼心灵而不是肉体。

现代刑罚不再寻求有意义的公开表象和道德说教，而是通过知识与权力的行政技术的精致运用，尝试行为限制——不但对肉体，而且对灵魂。一旦惩罚产生了温顺的肉体，那它便大功告

---

① [美] 詹姆斯·米勒：《福柯的生死爱欲》，高毅译，上海人民出版社2003年版，第455页。

成。惩罚的实施再次印在肉体上，但它的目的不再是压倒、肢解、制服肉体。相反，肉体将受到训练、练习和监督。要实现这一惩戒计划必须产生一种新的统治机关。它将是一个全面的、连续的和有效的监督机关。拷打和忏悔仪式与改良家们的惩戒性城市的建造都是公开实行的，但是，这种新的惩罚技术需要私下进行。它也需要技术运作的日益增长的自律，摆脱干预影响。需要对罪犯的肉体与时间负责的细微假设，权威与知识对罪犯运动与行为的控制，为矫正个体的罪犯施用的一致的矫正术，既独立于社会机关又独立于严格意义上的司法权的这种权力的自主行政。① 在人们纷纷指责酷刑的残忍使其自身比罪犯的罪行更令人发指时，新的惩罚方式就在酝酿中了——这种新的方式不再直接作用于犯人的肉体，而是作用于精神。针对精神的新刑罚体系并不局限于使精神感到痛苦的惩罚措施，它还包括判决与犯罪预防等环节。这样，刑罚制度就不再仅针对犯罪行为本身了，而且还针对人的情欲、本能、疾病、环境乃至遗传，因为犯罪不是一个孤立的、偶然的，只存在于犯罪主体与犯罪客体之间的事件，而是有复杂的社会、心理等因素包含在其中。这种从肉体处罚到精神处罚的转换，又使法官的作用发生了变化。法官不仅要像过去那样断定犯罪本身，还要站在犯罪者心理的角度上，判断他们是正常还是异常，裁判他们的精神。精神作为权力的铭文的表面，而符号学作为工具，通过观念的控制去降服肉体。这种权力形式比拷打和烙刑等公众仪式更为有效，更为经济。刑事改革家与其说想要更为严厉的惩罚，不如说是为了更为普遍的惩罚，把惩罚

① ［美］L. 德赖弗斯、保罗·拉比诺：《福柯：超越结构主义与解释学》，张建超、张静译，光明日报出版社 1992 年版，第 201 页。

权力深深地渗透到社会机体内部。[①] 为了揭露现代社会滥用权力及其更全面地宰制个人和整个社会的目的，福柯尤其强调现代社会在时空方面对于个人身体的控制的全方位性。福柯认为，现代监狱对身体的拘禁，不仅是为了实现对于人心的控制，而且，其重点正是实现对于个人肉体的惩戒、管制和规训，并通过对于肉体的惩戒过程，造就一种听话顺从的身体（un corps docile），由此完成对于人的内心世界的控制和规训。所以，现代社会不但没有消除对于肉体的惩戒和管制，而且还由于生命权力的诞生和扩大，由于现代法制和规训规范的相互结合，对人的肉体和精神心态实现了比以往任何社会有效得多的双重惩戒和控制。

随着社会契约论的风行，犯罪不再被视为对王权的攻击，而被看做是对社会契约的破坏，从而是对社会整体的危害。于是，新的惩罚方式被提出来，它立刻就纠正了对社会来说是错误的做法，并把侵犯者重新置于一个合适的地位。因此，刑罚建制的首要考虑转向了罪犯的心灵，而不再是肉体。当肉体折磨将被废止的时候，一整套表象技术被发明出来。[②] 其目的是向罪犯清楚地显示对他们进行惩罚的逻辑。如何在犯罪种类和犯罪等级之间建立起理性的对应关系，如何使判决不惜一切代价地避免武断，这些都成为广为关心的问题。18 世纪的改革者们与他们的时代完全分享了分类学的嗜好，他们所追求的是制定出一个一览表，使其中的每一种犯罪及其惩罚都一清二楚。他们考虑到要对每一个犯法者进行个体性的处理，便设想了对罪刑和罪犯的详细分类。而且，在其人道主义中起决定作用的目的是考虑社会效用。惩罚

---

① 莫伟民：《主体的命运——福柯哲学思想研究》，上海三联书店 1996 年版，第 213 页。

② ［巴西］J. G. 梅基奥尔：《福科》，韩阳红译，昆仑出版社 1999 年版，第 108 页。

不应引起恐怖，而应当是忏悔。制裁应当像道德说教一样有根有据，不偏不倚，否则就达不到重新整合社会的目的。因此，古典思想的几条支流——如社会契约论、功利主义、表象符号学——就在新的理性惩罚方式上汇集一处。犯罪的对象化就是为对付犯罪行为而采用合适的策略。惩罚权力的重组（如制定法典、确定违法行为、确定刑法尺度等）使得刑罚机器无法再直接像以往的方式那样控制犯人的肉体，而是不得不采用其他的方式。其中最重要的一点，就是用启蒙思想家们所建构的话语，借助于利益、表象和符号等理论，为统治权力的行使提供了一种通用的处方：权力以符号学为工具，把精神（头脑）当做可供铭写的物体表面，通过控制思想来征服肉体；把表象分析确定为肉体政治学的一个原则。[①] 惩罚最经济有效的方法就是牢固地建立起犯罪观念与惩罚观念之间的联系，用惩罚观念来抑制犯罪观念。著名法律改革者塞尔万说：当你在你的公民的头脑中建立起这种观念链条时，你就能够自豪地指导他们，成为他们的主人。愚蠢的暴君用铁链束缚他的奴隶，而真正的政治家则用自己的思想链条更有力地约束他们。[②] 法国大革命制宪议会期间，改革方案纷纷出笼，形成法律。其主要特点是，使用再现式（观念式，representational）惩罚。[③] 具体地说，首先，在犯罪和惩罚之间建立尽可能直接的象征联系。犯罪时使用暴力者应受肉体痛苦，懒惰者应服苦役，行为卑鄙者应当众遭羞辱。这种惩罚机制不同于酷刑，

---

① ［法］米歇尔·福柯：《规训与惩罚》，刘北成、杨远婴译，北京三联书店 1999 年版，第 113 页。

② ［法］米歇尔·福柯：《规训与惩罚》，刘北成、杨远婴译，台湾桂冠图书公司 1992 年版，第 99 页。

③ 刘北成编著：《福柯思想肖像》，上海人民出版社 2001 年版，第 283 页。

不再用恐怖来反对恐怖，不是对称的报复，而是明了的符号指涉。其次，利用利益和欲望机制，使人们趋利避害。一方面，直捣罪恶之源，削弱犯罪欲望；另一方面，重新培养罪犯的高尚趣味，使之尊重财产、荣誉、自由和生命。再次，刑罚必须引进时间因素。不仅各种刑罚规定有期限，而且在刑罚过程中应根据犯人弃恶从善的表现实行减弱惩罚方式的制度。旧刑罚体系也有时间因素，但那是为了折磨犯人，现在则是为了改造犯人。刑罚改革者对于惩罚的构想就不是直接使用残暴的方式针对着肉体。惩罚不应是一种事后的报复，而应该是一种事先的针对大脑的警告，惩罚应作用于灵魂，而不是肉体。为此，改革者们将一切行为编码，让这些行为符号化，让人们意识到犯罪的得不偿失，让犯罪的冲动受到阻碍，让犯罪的兴趣变得索然，让犯罪的目击者受到灵魂的震慑，让犯罪改变为痛苦和羞耻的记忆。总之，惩罚的权力以符号学为工具，它在人们的灵魂上施以打击，在人们的脑海中传播着符号的游戏，最终摧毁着人们的犯罪意志，制约着人们的犯罪本能。① 改革者们实际上建立了一个无处不在的针对灵魂的惩罚之城，它作为景观、符号和活动而无处不在。它像一本打开的书，随时可以阅读。它通过不断地对公民头脑反复灌输符码而运作。它通过在犯罪观念前设置障碍来消除犯罪。这种贯通整个社会网络的惩罚权力将在每一个点上起作用。② 而这就是改革者们力图废除酷刑后提出的一种温和的惩罚方式，即不是针对着肉体而是针对着灵魂的惩罚方式，福柯称之为符号—技术的惩罚方式。

---

① 汪民安：《福柯的界限》，中国社会科学出版社 2002 年版，第 192 页。

② ［法］米歇尔·福柯：《规训与惩罚》，刘北成、杨远婴译，北京三联书店 1999 年版，第 145 页。

福柯作为一个唯物主义者，把注意力聚焦于肉体之上，这正是历史学家雅克·莱昂纳尔所敏锐地注意到的。《规训与惩罚》实际上可称之为第一次以肉体术语提出谱系学的经久不衰的尝试（所谓谱系学是尼采把行为和知识还原为权力意志构型的理论）。福柯在这里的意思是清楚的：他要讲述一部肉体的政治史。但同时这部政治史还包括灵魂。福柯将其惩戒权力的微观物理学视为关于现代灵魂的谱系学的重要组成部分。在反对庸俗唯物主义的论辩中，福柯认为，把灵魂作为幻象或意识形态的后果而扫除，这显然是错误的。相反，它确确实实是存在的，它在那些被惩罚的、被监视、被矫正的和被控制的东西身上不断地产生着。生而在规训与强制中的灵魂，既是政治解剖学的结果，也是它的工具；灵魂是肉体的监狱。古代诺斯替教派特别喜爱的双关语是：soma sema，即（灵魂的）肉体—坟墓。而福柯则把这句双关语颠倒过来了：在监狱社会中，是灵魂监禁了肉体。我们的自由是我们尚未被社会规训殖民的肉体生活。[①] 公开惩罚的废除不仅标志着壮观场面的消失，而且标志着皮肉之苦的减轻。肉体的痛苦不再是惩罚必需的因素。尽量别去碰皮肉，于是，唯一能够触及的不是肉体，而是所谓的灵魂。曾经造成皮肉之苦的体罚必须由在心灵、精神和意志上造成深刻影响的惩罚取而代之。这一变化与其说是观念变化——不要残酷和痛苦，而要仁慈和人性——的结果，不如说是目标变化的产物。在大约200年的光景里，欧洲已经建立了新型的惩罚制度，对于违法的审判愈益由关于罪犯的知识来补充，甚至所取代。[②] 惩罚的对象即罪犯并不是仅仅给刑

① ［巴西］J. G. 梅基奥尔：《福科》，韩阳红译，昆仑出版社1999年版，第121页。

② ［英］阿兰·谢里登：《求真意志——米歇尔·福柯的心路历程》，尚志英、许林译，上海人民出版社1997年版，第180页。

罚技术提供了一个肉体，而且由施加于其上的过剩权力制造出了一个非肉体，即灵魂。但灵魂并不是独立于肉体而存在的，相反，它是由权力在肉体周围和肉体内部产生的；它不能被视为基督教意义上的实体，而只能被视为用以形成知识的要素。所以，福柯认为灵魂其实只是政治肉体的产物，只不过同时又成为统治肉体的工具罢了，因此我们的关切点不能停留于对灵魂和意识形态的纠缠，而应当集中于对于支配肉体的权力技术学的剖析上，即分析压迫肉体，使之成为政治肉体的权力工具和载体的隐蔽性、物质性和现实性。[①] 有时候对福柯而言，身体似乎拥有这样一种物质性，它与将身体作为其投入场所的权力关系之间有着本体论意义上的差别。然而，在《规训与惩罚》中，我们得到了一种对物质性与投入之间的关系的不同描述。在那里，灵魂被当成一种权力的工具，身体通过它被培养和塑造出来。在某种意义上，灵魂是作为一种背负着权力的 schema（法语，图表、方案）在运作，把身体本身制造出来，并将之实在化。福柯在《规训与惩罚》中争辩说，灵魂成为一种标准的和规范化了的理想，身体根据这种理想被规训，被塑形，被培养，并被充满；灵魂是一种具有历史特殊性的想象中的理想，身体在它的影响下被有效地物质化了。[②] 为了更好地控制身体，就必须借助对灵魂的控制。灵魂的惩罚应运而生，心理学等知识在罪犯的审判和惩治中日趋重要。资产阶级的惩罚哲学构成了一种在人们头上行使权力的普遍方法，一种刻在权力外表的心灵以及作为权力工具的符号学，一种凭借思想的控制而达到的身体屈从，一种作为比酷刑和

---

① 吴猛、和新风：《文化权力的终结——与福柯对话》，四川人民出版社 2003 年版，第 241 页。

② 汪民安、陈永国：《身体转向》，载汪民安、陈永国编：《后身体：文化、权力和生命政治学》，吉林人民出版社 2003 年版，第 196 页。

死刑的礼仪解剖有效得多的身体政治学（the politics of bodies）之原则的表现与分析。关于监狱改革的科学，福柯写道：人们向我们描述的人，让我们去解放的人，其本身已经体现了远比他本人所感觉到的更深入的被征服（assujettissement）效果。有一种灵魂占据了他，使他得以存在——它本身就是权力驾驭控制肉体的一个因素。[①] 这种被征服，或者 assujettissement，不单纯是一种屈从，还是一种保全与维系，是被置于一个主体的位置，是主体化（subjectivation）。灵魂使囚犯得以存在；福柯所描述的灵魂，作为权力的工具，形成并塑造了身体，给它盖上戳印，而且用这种方式使身体得以存在。

三、刑罚进化争议——所谓刑罚进化是权力策略的改变

从残忍、野蛮的刑罚方式（如拷打、肢解）到想象上更仁慈、用以拯救罪犯脱离他们（由于贫困、缺乏教育和缺少好榜样）一度陷入的犯罪生涯的刑罚方式，这一看似直线发展的历程，事实上并不是那么回事。在改革思想的名义下引入的潜在权力实际上是用来支配和控制人们以使他们有利于国家。[②] 不应把刑罚目标从肉体转到心灵和精神看成是肉体的幸运，而是开始影响肉体的新的权力技巧的结果。刑罚体制是一种置于权力关系的广阔背景中的专门技巧。

在普通的刑罚史中，18 世纪的刑罚改革被解释成一种人道主义运动，即它被说成是出于启蒙人道主义的动机对达米安式的酷刑的谴责与取消，对更人道的惩罚方式的呼吁与实施，例如尽

① Michel Foucault, Discipline and Punish: The Birth of the Prison, New York: Pantheon, 1977, p. 30.

② ［澳］J. 丹纳赫、T. 斯奇拉托、J. 韦伯：《理解福柯》，刘瑾译，百花文艺出版社 2002 年版，第 80 页。

量减少犯人肉体的痛苦，使用快速断头机，等等。对此说法，福柯大不以为然。福柯并不否认刑罚改革运动中确有人道的动机，但这不是主要的，主要的动机仍是政治上的。据福柯的调查与分析，18 世纪的刑罚改革有两个真正的指向，其一是为了控制各种危及个人的非法行为的大量涌现；其二是为了改革传统的君主权力面对新的犯罪局面时的无能。[①] 福柯在质疑 18 世纪刑罚改革的人道主义解释时说，这场改革与其说是要求对犯人的惩罚更人道，不如说是希望对犯人的惩罚更有效。这种有效性不仅有赖于大量纪律的使用，还得益于对人的身体的新认识。有关 18 世纪刑罚改革的一种人道主义解释认为，这场改革运动将惩罚的对象由对身体的酷刑消灭转向了对灵魂的温和改造。福柯不同意这种看法。他认为刑罚改革运动并没有将惩罚的对象由身体转向灵魂，而是更精细地停留在身体上，只不过，此刻的身体对权力具有了新的意义。[②] 随着资本主义的发展，人们不再将身体看做一种消极的威胁君主权力的东西，而是将其看做一种宝贵的人力资源，一种经过开发规训就可以转化成生产力的东西。因此，刑罚的目标不再是对身体进行消极的消灭，而是对其进行积极的规训和加工。所谓灵魂的改造也必须纳入对身体的规训来理解，即让灵魂成为规训身体的手段。此外，这一时期的机械论也使人们得到了一种理解身体的新模式，身体被看做一部机器而非一种有机体，即一部可以拆解为各个部件，又可以按不同的要求进行改造和重新组装的机器。所谓规训权力就是为了特定的目的对人这部机器进行拆解、改造、重新组装的技术。由于人这部机器的复杂

① 余虹：《艺术与归家——尼采·海德格尔·福柯》，中国人民大学出版社 2005 年版，第 252 页。

② 余虹：《艺术与归家——尼采·海德格尔·福柯》，中国人民大学出版社 2005 年版，第 254 页。

性和个别性，为了达到规训的目的，权力的运作就要十分耐心、细致并讲究技术。

在启蒙运动的影响下，试图以更人道的方式对待犯人而不再对他们施以酷刑或者公开处决这种愿望导致了刑罚程序的变化。但是福柯认为，这些刑事制度的变化出现在启蒙运动的内面（underside）。它们来源于一些身体组织形式和行为方式上通常不太起眼的变化。这些变化与其说是为了让囚犯们意识到自己的错误，不如说是为了更好地制造出一种可以被当做囚犯来辨认和对待的主体。福柯认为，这种新的刑事程序并没有变得更合理和更仁慈，它把各种理性和逻辑综合起来，是为了更好地理解非法行为并对它们做出反应。与这些变化相关的是更加复杂的工业化、城市化和殖民化社会的出现，这些社会形态从 17 世纪起在整个欧洲范围内开始取代陈旧的封建制度。陈旧的封建制度被一种新型的微观权力所取代，福柯认为这种权力与规训有关。① 在刑罚制度中注入更多的善意、更多的尊重、更多的人道的做法实际上是个圈套：正因为它成功地柔化了体罚的外观，使其变得不再那么严酷，现代刑罚才集中体现了一种谦和的、基本上无痛苦的强制，而这一般说来正是现代世界典型的强制形式。福柯抨击说，从学校到各行业，从军队到监狱，我们社会的主要惯例体制表现出邪恶的效能，极力对个人施以监控，消除他们的危险状态，通过反复灌输规训条例来改变他们的行为，结果将不可避免地造就一些毫无创造能力的驯顺的团体和听话的人群。② 刑罚方式的转变通常被认为开始于启蒙时代的来临，这时，公开施刑的

① ［澳］J. 丹纳赫、T. 斯奇拉托、J. 韦伯：《理解福柯》，刘瑾译，百花文艺出版社 2002 年版，第 58 页。

② ［美］布莱恩·雷诺：《福柯十讲》，韩泰伦编译，大众文艺出版社 2004 年版，第 4 页。

封建景象开始被认为是不文明的，改革者们主张采取更为人道的惩罚形式。正如《疯癫与文明》中所做的那样，福柯对这种进步的解释提出了疑问。尽管改革者们因其惩罚的过分严酷而攻击了封建的司法制度，但是这种过分的观念与反对惩罚权力的滥用没有多大的关系，而与对封建惩罚制度的无规则或无效率所产生的一种厌恶有关。按照福柯的观点，推动刑罚改革的动力不是来自于启蒙理性，而是来自于确保一种更有效率、合理化的、法律和社会领域的必要性。福柯像韦伯一样主张，一种扩张着的资本主义体系对一种社会网络有一种根本性的依赖。这种社会网络在关于人类劳动力的生产和剩余价值的榨取的所有方面都是完全可计算的、可靠的和有效率的。封建专制制度的一个基本弱点是，它以权力的过度使用和公开展示为基础，而其作用在主体上的后果则是不规则的和功能失调的。从而，改革刑罚体系的目标不是基于更公正的原则来建立一种新的惩罚权力，而是建立一种新的权力经济，这种新的权力经济在经济和政治两个方面都是分布更好的、效率更高的以及代价更低的。审判的权力不再应该建立在君主的数不清的、不连贯的、有时自相矛盾的特权基础之上，而应该建立在公共权力的连续分布的后果的基础之上。①

福柯认为刑罚的演化是因为权力实施策略的变化。福柯说，我想研究人们为什么要用监禁的方式——这在历史上是比较晚的事情了——而不是用流放、拷打来进行惩罚。这是问题的关键所在。德国法兰克福学派的优秀的历史学家和社会学家们经过研究，得出了这样的结论：随着资本主义的发展和对劳动力的需求，人们重新考虑了犯人与社会的关系，犯人的身体不再只是威胁社会的某种东西，而是可以经过改造和训练成为社会需要的劳

① ［英］路易丝·麦克尼：《福柯》，贾湜译，黑龙江人民出版社1999年版，第98页。

动力。在资本主义的工业社会中，劳动具有根本性的价值，强迫犯罪的人去工作是一种最有用的惩罚。他们又是怎样被强迫去工作的呢？他们被关在监狱里，每天强制性地工作许多个小时。德国历史学家和社会学家们对这个问题的解释大致就是这样的。这仍然是一种经济学的解释。可是我不能相信这种解释，因为人们在监狱里其实什么也没干！监狱工作带来的利益从来都可以忽略不计——这不过是为工作而工作而已。让我们再进一步观察这个问题。事实上，现在的研究表明，在 18 世纪末，最终决定把监禁作为惩罚的基本模式，这时，综合多种技术手段，终于能够把人固定在特定的区域，强制他们做出特定的姿势，服从特定的习惯——简而言之，这就类似马戏团的驯兽。于是，我们看到出现了 17 世纪末以前从来没有过的某种类型的部队营区；出现了大型的基督教寄宿学校，那也是 17 世纪所没有的；在 18 世纪，我们看到出现了有上百工人工作的大型工厂。于是就发展出一整套对人类进行驯服的技巧，把他们禁锢在特定的地方，进行监禁、奴役、永无止息的监督。简言之，出现了一整套管理的技巧，监狱只不过是其表现之一，以及在刑罚领域里的变形。那么，所有这些训练个人的新技巧的目的何在呢？我在《规训与惩罚》中说得很明白：就工厂而言，这种新技巧当然是同生产的需要相关的；就军营而言，这里面有实际的考虑，也有政治的目的，为了培养一支职业化的部队，让他们完成比较复杂的任务（例如知道怎样开炮）；就学校而言，牵涉到政治和经济的问题。这些我在书中都提到了。此外我还指出，自从 18 世纪以来，就训练和对个人实施权力的程序而言，一直有人在考虑怎样把这些程序发展、改进和普遍化。换句话说，我不断地展示这些方法在政治和经济上的来源。我并不试图在一切领域都要找出权力，但是我认为在这些新的训练技巧中有某种特殊的一致性。我相信，这些用来调节个人行为的手段服从某一形式的理性，它们相互作用，构成了一个特殊的层面。并不存在真正理性的经济原因强迫囚犯在监狱里工作。这里的工作毫无经济上的目的。有许多与此十分相似的实施权力的方式。[①] 单纯为了消除社会危险而对犯人肉体的消灭式惩罚变成了对其进行改造和规训式的惩罚。这种惩罚的基本手段不是法律，而是纪律。

考察刑罚的发展历史后，福柯指出被认为是非常友好和人性化措施的面具其实掩盖了越来越严密的社会控制。这给了他考察和研究社会中权力的本质及其使用的另一个机会。在某种程度上，心灵可以被看做是身体的监狱（颠倒了柏拉图的观点），因而社会可以看做是人们身体的监狱（剥夺了狄奥尼索斯的模式）。[②] 在法国，三个王朝加一个漫长的革命和拿破仑帝国之后，在路易·菲利普统治下的真正的资产阶级时代，另一个弑君嫌疑人费施（Fieschi）也被处以极刑，但那种令人毛骨悚然的壮观场面和围观人群都不见了。与此同时，正如为当时巴黎少年犯监管所总结出来的极为严谨的规程所说明的那样，在犯人每天极为详尽的日程表中所使用的大量新发明，绝对不亚于在对达米安施以酷刑中体现出来的过分的仪式的残酷性。昔日滥施折磨（torture，法语 supplice）的方式让位于19世纪30年代开始的一丝不苟的严格管制。福柯的目标就是描述这些与不同的刑罚制度相对照的不同的刑罚风格。其中表现出来的关键的变化是肉体折磨的消失。拿破仑时代之后的法国一点也不知道公开以酷刑折磨达米安的往事，但它在监狱里监禁着4万多名法国男人和女人（大

---

① ［法］米歇尔·福柯：《权力的眼睛——福柯访谈录》，严锋译，上海人民出版社1997年版，第30、31页。

② ［英］尼格尔·罗杰斯、麦尔·汤普森：《行为糟糕的哲学家》，吴万伟译，新星出版社2006年版，第239页。

约每600位居民中有1名犯人)。[1] 惩罚作为可怕的展示被记录在案，而大型监狱成为城市景观中明显的成分，在资产阶级的西方世界到处充斥着监狱的高塔。犯人处于规训权力之网中。在西方历史上，从古希腊到古罗马统治时代，对于个人身体的规训始终是居于首位的事情。基督教教义和道德规范尤其重视对于身体的规训，并将此项规训活动同心灵控制结合在一起严格进行。到了近现代时期，个人身体表面看来属于私人生活领域，是个人自由掌握和控制的。但实际上，近现代西方社会中对于个人身体的控制和支配，比古代社会采取了更隐蔽和更严格的方式。[2] 更隐蔽的方式，指的是近现代社会给予个人身体活动以更多的自由，容许每个人把个人身体当做自身所属的私人财产，并得到法律上的正当保护。所以，近现代社会对于个人身体的支配和控制，是通过个人自由的理性化和法制化的曲折过程而实现的。社会对于个人身体的控制，已经不是采取赤裸裸的直接性肉体规训的主要方式，而是让每个人通过知识、道德和法制的训练和学习过程，逐步使自身变成理智的、道德的和合法的主体，让自身肉体的欲望满足和活动方式自律地符合整个社会的规范。更严格的方式，指的是近现代社会采取更有效率和更制度化的全控社会系统，进一步控制每个人的身体的成长和活动方式。由于近现代社会实现高度制度化、组织化、管理化和法制化，在社会中生活的个人身体，不论在任何一个领域，甚至在各个角落，都无法逃脱受到控制、监视、支配和规训的命运。具有典型意义的近现代刑罚、监狱制度，最集中地和象征性地表现了社会对于个人身体的监控

① ［巴西］J. G. 梅基奥尔：《福科》，韩阳红译，昆仑出版社1999年版，第105页。

② 高宣扬：《福柯的生存美学》，中国人民大学出版社2005年版，第243、244页。

模式。

福柯的意思是清楚的：作为启蒙运动之基础的人道主义，并不如权力意志重要。在其人类解放的堂皇观念下，启蒙运动所界定的新的精神技术使社会控制的程度远甚于传统社会。在《规训与惩罚》中，福柯所揭露出来的东西令人震惊。福柯试图告诉我们，在近代资本主义监狱式的社会中，是没有人身自由可言的。随着启蒙运动的深入，拷打、撕裂肉体的刑罚制度被废止了，代之而起的是一种道德技巧，一种权力技术的规训。刑罚的改良者这样做的目的，并不是为了减少对囚犯的惩罚，而是为了惩罚得更好，为了使惩罚具有更大的普遍性和必然性，使惩罚的权力更深入地插入社会的躯体之中。正如当时人们所欢欣鼓舞的那样，绞刑架、示众柱、断头台、鞭笞和裂尸刑轮逐渐退出了历史舞台，然而这只是表面的改变而已。[①] 福柯说，现代处决仪式的确显示了一个双重进程，即示众场面的消失和痛苦的消除，但这只是表明，刑罚的对象发生了变化：其目的就是对一个拥有多种权利，包括生存的司法对象行使法律，而且是对一个有疼痛感觉的肉体行使法律。[②] 与此相应，惩罚不再是制造令犯人无法忍受的肉体痛苦的技术，而是成为了一种暂时剥夺权利的技术。肉体痛苦是直接和剧烈的，权利被剥夺所致的痛苦是精神上的痛苦，是间接的，但却是渗及灵魂的。这两种痛苦何者为甚？恐怕这是个无法回答的问题。正是在这个意义上，福柯说，惩罚景观更换的只是伙伴和角色而已，人们不过是用一种喜剧代替了一种悲剧。

---

① 吴猛、和新风：《文化权力的终结——与福柯对话》，四川人民出版社 2003 年版，第 237 页。

② ［法］米歇尔·福柯：《规训与惩罚》，刘北成、杨远婴译，北京三联书店 1999 年版，第 14 页。

第四章　权力的事实维度

——犯罪

法国社会学家迪尔凯姆认为，犯罪并不是先验地存在的，而是社会本身所固有的。犯罪在任何社会中都存在着，并且是一种正常的社会现象，这是因为消灭了犯罪的社会是完全不可能存在的，社会组织的基本条件合乎逻辑地包含着犯罪。犯罪并不是由任何人性的缺陷或社会的弊端而产生的，犯罪是社会总体的必要组成部分。犯罪是公共健康的一种因素，是任何社会中都不可缺少的部分。[①] 犯罪是被压抑的东西的严重复发和叛乱；也正因为这个缘故，它本身就带有一个符号，包含了一种前途——法国空想社会主义者傅立叶（Charles Fourier）的激进追随者们在19世纪30年代就曾这么说过，福柯在20世纪70年代关于监狱情报小组的一些言论也指出了这一点。[②] 被囚禁的罪犯们仅通过描述他们自己的经历，就可以提出一套能产生很多意义的反话语（counter－discourse），以破坏善对恶的宁静统治。如福柯在《规训与惩罚》里所说的，罪行的存在正巧显示了人类本性的不可压抑性；我们不应当将罪行的存在看做一种缺陷或病症，而必须将它看做一种正在使自己得到澄清的活力，一种人类个性的强烈

① 吴宗宪：《西方犯罪学》，法律出版社1999年版，第111页。

② ［美］詹姆斯·米勒：《福柯的生死爱欲》，高毅译，上海人民出版社2003年版，第304页。

抗议，这无疑会使犯罪在所有人的心目中产生一种奇怪的魅力。

犯罪不是在社会的边缘通过连续的放逐而产生的，而恰恰是借助于在愈益强化的监视下的愈益严密的嵌入，通过规训强制的积累而产生的。犯罪在任何社会中都能具有某种经济—政治的功效。愈有犯人，就愈有犯罪；愈有犯罪，居民就愈恐慌；居民愈恐慌，警察控制体系就愈可接受和令人向往。福柯由此进一步总结说，在19世纪和20世纪，整个一系列的政治经济机构都是在犯罪的基础上进行运作的。从19世纪开始，一套独特的权力机制渗透进具有议会、立法、法典和法庭的法律社会中去了。这一套权力机制并不服从司法形式，并不把法律当做根本原则，而是把规范当做根本原则；不再把法庭、法律和司法机器当做手段，而是把医学、社会控制、精神分析和心理学当做手段。于是，福柯认为由这一套权力机制支配的社会就是戒律的（disciplinaire）社会、调节控制（régulation）的社会，而不是像君主社会那样的法律社会。任何一名有点重要的犯人在出庭受审前几乎都先在医学、精神病学或心理学的专家那里过堂，这是因为犯罪并不简单地和主要地是违犯法律，而是偏离规范。

一、里维埃案件

（一）案情介绍

1835年6月3日上午，法国当地的官员发现拉佛克特里村的里维埃的家里刚发生了一起可怕的凶杀案。人们发现了三具尸体。里维埃怀有身孕的母亲几乎身首异处。他弟弟布满刀痕的脑袋被砸扁了，他妹妹的脸也是血肉模糊的。里维埃是一位20岁的诺曼底农民，事后证明他是作案者。杀了母亲、妹妹和弟弟之后不久，里维埃提着一把修枝弯刀逃出了家门。“我刚刚为我父亲解除了他的所有麻烦”，他告诉一个过路人说：“我知道他们要处死我，不过没关系。”说完，他就逃走了。他在树林里靠树皮草根生活了近一个月，最后于1835年7月2日被抓获。在等待审判时，他撰写了长达40页的回忆录，说明了他的生活、父母间的关系、谋杀的理由、谋杀过程以及在诺曼底乡村的游荡生活，直至被捕。他的妹妹和弟弟曾经帮助和鼓动自己的母亲残忍地对待他的敬爱的父亲，为此，他要把父亲从盛气凌人的母亲的虐待和专横中拯救出来。他认为，只有为父亲而死，才能解救父亲。尽管回忆录是在案发后撰写的，但事实上是在案发前设想的，是在他的头脑中写就的。更精确地说，它们是相互联系的，话语作为行动，行动作为话语。

福柯专门为里维埃的个案在法兰西学院举办了一个长达两年的研讨班，在学生们的帮助下对里维埃的生平进行了发掘和分析。里维埃在被捕后写了一份交待材料，对他的行为作了解释。这份材料被送到法官们和被请来为他作精神病学鉴定的医生们手里。里维埃堪称原始残忍的典型。据福柯及其讨论班精心整理出来的材料，这个来自拉佛克特里小村的男孩特别喜欢折磨小动物，如把鸟钉在十字架上、剥青蛙的皮，等等。他还发明了一些构思奇巧的新工具，专门用来加剧小动物被处死时的痛苦。而且，他的这些恐怖游戏还不仅仅只以动物为折磨对象。他曾因挥舞着大镰刀追逐孩子们而闻名乡里，他还把弟弟吊在挂锅上用火烤过。

这个案件是参加研讨班的历史学家彼得（Jean－Pierre Peter）发现的。彼得曾师从布罗代尔，后来曾经帮助拉杜里研究19世纪的医学档案。参加福柯的研讨班后，他先在1836年的《公共卫生和法医学年鉴》上看到里维埃案件的概述，然后赴冈城进一步搜寻资料，意外地获得了里维埃的自述以及其他档案。福柯决定把整理和分析里维埃案件的资料作为研讨班的内容。

1972年至1973年，福柯在法兰西学院的演讲主题是《处罚社会》。[①] 为分析、出版里维埃的回忆录做准备，举行了该年度的讲义会。附有福柯解释说明的这本记录了杀人犯审判记录和被告的回忆的书于1973年9月，以《我，皮埃尔·里维埃是谋杀母亲、妹妹和弟弟的人，但是……》为题出版。之后，1976年，以此书为蓝本，由阿里奥·罗奈导演的电影《我，皮埃尔·里维埃……》上映。它采用实证手法生动地再现了当时农民难以忍受的状况。

（二）福柯关注这个案件的缘由

福柯组织关于里维埃案件的研讨班，目的是让它帮助自己重建有关这个凶手及后来审判的大文化背景。这个案例并非没有历史学意义：里维埃第一次被送上法庭是在1835年，当时法国的有关专家正开始就在刑事司法中使用精神病学概念的问题展开讨论。起初，里维埃被判了死刑，但精神病学专家们（其中有令人敬畏的埃斯基罗“Esquirol”，他是法国早期精神病学界最著名的人物之一）干预后，又被改判终身监禁。因此，里维埃的案例为研究关于犯罪性精神错乱的变动不居的标准，提供了一个独特的机会。里维埃的交待显然是为召唤死亡而写的，但其效果却适得其反。他并没有像一个世纪前的达米安那样，被交付于凌迟处死这种短暂的恣意狂欢。他得到的是另一种命运——即被当成了一个应加以分析、分类和限制的患者。他的屠杀行径引起了精神病学家们的兴趣。在他们看来，他的交待尽管看上去写得很清楚，却在实际上表明了他是个疯子。按照一位法官的概括，这位年轻人为一连串虚假的推理所驱使，结果导致了最严重的判断失误。在征求过全国最杰出的一些医生的意见之后，法国司法大臣

① ［日］樱井哲夫：《福柯——知识与权力》，姜忠莲译，河北教育出版社2001年版，第177页。

对里维埃是疯子的看法表示了认可，并把对他的判决由死刑改为终身监禁。

里维埃并非一个反常的罪犯。他的弑亲在法庭上被理解和审判，其中谋杀罪被发现，他被送往一个特别监狱以等待是否被判决为死刑的决定。然而，在关于他的精神是否正常的审查被宣告前，他亲手杀死了自己。里维埃的不同在于，他具有一种对其罪行的自我意识的奇特标准。在杀害他的家人之前，他就计划好撰写他的忏悔，然后实行他的杀人行动。在这里，如其规训分析所揭示的，福柯捕捉到了这一点：在1835年的法兰西，司法和医学专业界在谋取地位和权力，这些东西对于肯定其话语的支配地位是必要的。里维埃的自传被作为档案保存，它能提供阐释的可能性，以便推进医学和司法专业界的规划。例如，如果里维埃以完全自主的能力实行其罪行是被决定的，那么他就能被宣判为是一个魔鬼而被判处死刑。而替代性的阐释则是，里维埃失去了理智，所以他应该被送往专门机构，进行管制治疗。叙述罪行的文本与罪行共同存在，它们都在权力的运作中消逝，而权力则通过医学和司法专业界的文本诠释来维护自身。① 面对民间知识的话语的挑战，官方的权力—知识话语不得不进行调整。1832年的司法改革导致了一种知识的介入和发展，即需要判定罪犯是否处于正常状态。法官、律师根本没有判断疯癫与否的知识，甚至根本没有见过里维埃，就以专家身份作出各种断言。但是，《公共卫生和法医学年鉴》上的概述已经部分地接受了埃斯基罗的新知识，既承认里维埃患偏执狂，又认定他有罪。里维埃案件显示了医学介入司法或司法利用医学的一个转折点。

在法兰西学院讲课时，福柯的视角集中在司法和刑法问题

① ［美］艾莉森·利·布朗：《福柯》，聂保平译，中华书局2002年版，第51页。

上。他想研究精神病和刑法的关系史，研究伊始便遇到了里维埃案件。福柯决定发表沉睡在档案中的由杀人犯本人陈述罪行的记录，以及所有有关司法预审、法医诊断、判刑、监禁和自杀的资料。他解释是什么引起他的注意：诸如里维埃事件的文献或许有助于分析知识（如医学知识、精神病学知识、心理病理学知识）在同机构发生关系时的形成与规则，以及它们在其中被界定的作用（司法预审、专家、被告、精神病犯罪等）。这些资料有助于解释权力、统治和斗争的关系，话语正是在这些关系内部被建立起来并发挥作用的。因此，它们有助于分析既是事件和政治的，因而也是策略的话语（甚至科学的话语）。总之，可以从中把握像里维埃这样的话语所特有的失常权力和一整套战术，人们试图通过这些战术来掩护它、容纳它并赋予它诸如精神病或罪犯话语的结构。[①] 这些话与他在法兰西学院的第一课上的演说非常相似。这种分析从而由话语领域转向机构范围，由话语秩序转向社会实践。其他有关司法、监狱的出版物相继发表：序言、文章、采访、辩论、讲话。福柯声称：我们之所以致力于这项工作，是因为这套卷宗、这个案件、这个事件提供了来源、形式、组织和功能各不相同的话语的交错。它们表面上说同一件事，因为所有的话语都是关于1835年6月3日的事件的。但是，它们既没有构成一个有机的著作，也没有构成一个惩戒文本，而是构成了一种奇怪的对抗、一种对峙、一种权力关系、一场话语之间的和通过话语进行的战斗。但是，我们不能把它简单地说成是一场战斗，因为有几场战斗在同时进行，相互交错（福柯指的是医生、法官、村民和里维埃等之间的战斗）。我们决定发表这些文件的原因是，展示这些战斗，揭示这些话语——作为在权力和知识的

---

① ［法］迪迪埃·埃里蓬：《权力与反抗——米歇尔·福柯传》，谢强、马月译，北京大学出版社1997年版，第258页。

关系中的进攻和防御武器——之间的互动。[①] 正如库兹韦尔所言，对于福柯来说，里维埃案件提供了一个机会，借以考察权力结构和社会制度，质疑医学科学的科学性，描述存在于150年前的价值和信仰、知识和权力的混乱——这种混乱我们至今尚未消除。[②] 福柯指出，问题是，恰恰在刑事司法制度中，里维埃的凶杀/话语遇到了一种截然不同的游戏。不仅说话者的地位不同，而且话语也不同。从1832年起，巡回法院开始考虑“情有可原的情形”。鉴定里维埃是否疯癫，即他是否是罪行的作者，成为一个问题。里维埃的行为/文本受到三重质疑：事实的真实性，本人看法的真实性和科学的真理性。一种话语行为、一种行为中的话语——它完全遵从民间知识的规则——遇到出自别处和别人的质疑。[③] 里维埃案件中各种话语之间的冲突映射出权力—知识关系的历史演变。我们可以看到，一种知识（如医学、精神病学和心理学）是如何在与社会制度的关系中、在社会制度所分派的角色中形成和活动的。我们还可以窥见话语借以产生与活动的权力—知识关系。

二、精神病人犯罪

罪犯成为一种准自然的种类，为精神病学和犯罪学这种以新的方式出现的人文科学所鉴定、分离和认识。因此，仅仅惩罚其

---

① Foucault, ed., I, Pierre Riviere, having slaughtered my mother, my sister, and my brother…: A Case of Parricide in the 19th Century, New York: Partheon, 1975, pp. X - XI.

② ［美］库兹韦尔：《结构主义时代：从莱维－斯特劳斯到福科》，尹大贻译，上海译文出版社1988年版，第216页。

③ Foucault, ed., I, Pierre Riviere, having slaughtered my mother, my sister, and my brother…: A Case of Parricide in the 19th Century, New York: Partheon, 1975, p.210.

犯罪，不再是足够的了；罪犯必须恢复正常。为了恢复正常，在把他划归为某种罪犯的同时，还必须根据他的个性来理解和认识他。在规范化这面旗帜之下，知识被直截了当地引入了争辩。正是通过这种策略，起初是法律的和政治的事实之犯罪，才得到科学知识和规范化之意图的新方面。① 规范技术本身是系统的创造、分类，以及对社会客体的反常现象的控制的必要部分。它们的存在理性来自它们声称分离了这些反常以及使其规范化的许诺。如福柯在《规训与惩罚》和《性史》中极为详细地描述的，生命权力的发展、权力与知识技术意在根除的反常范畴——违法者、堕落等等——的出现和扩散是同时代的。规范化扩散先创造反常，然后再对其进行治疗和改造。通过科学鉴定反常，生命权力技术完全能够监督和控制反常。② 一般认为，犯罪是一种反常。笔者认为，从个体意义上讲，犯罪是一种反常。但是，从社会的宏观角度看，犯罪是社会中的一种正常存在。

（一）精神疾病的界定

有的学者倾向于对精神疾病做广义的解释，认为精神病人是泛指各种以精神活动异常为表现特征的精神障碍者，既包括精神分裂症、躁狂偏执等重性精神疾病，也包括神经官能症、精神发育迟滞、变态人格和心理障碍；既包括持久性的精神障碍者，也包括各种一过性、短暂性、阵发性的精神障碍者；既包括各种内原型精神疾病患者，也包括各种脑器质性病变、躯体疾病及中毒

① ［美］L. 德赖弗斯、保罗·拉比诺：《福柯：超越结构主义与解释学》，张建超、张静译，光明日报出版社1992年版，第254页。

② ［美］L. 德赖弗斯、保罗·拉比诺：《福柯：超越结构主义与解释学》，张建超、张静译，光明日报出版社1992年版，第255页。

等因素所致的精神活动改变者。[①] 持狭义观点的学者认为，刑法典中提到的精神病人是一种异常的概念，仅指那些精神活动异常达到一定程度的重性精神疾病患者、严重的智能障碍者等严重的精神障碍者，而不应包括神经官能症、精神发育迟滞、变态人格和性心理障碍等一般意义上的轻度精神病患者。[②] 二者的区别在于精神疾病的涵盖范围不同。[③] 持第一种观点的学者，其对精神病的理解与当今医学界对精神疾病的界定是统一的。从刑法理论的角度，只要是行为人在实施危害行为时确实存在由于精神病理原因造成的辨认和控制能力受损，就都应该被认为是精神病人。当代精神医学的发展也显示，造成辨认和控制能力的丧失的精神病理状态绝对不仅仅是传统的重性精神疾病的患者。司法实践也证明了这一点，许多实施犯罪行为危害社会的精神病人没有或只有部分责任能力，仅为轻度的或广义的精神疾病患者。所以，我们认为法学意义上的精神病人是一种广义的概念，凡是存在某种精神疾病造成行为人在实施危害行为当时有着某种程度的意识或意志障碍的人，都可以被认为是法律意义上的无责任能力者，是精神病人。对比以上医学与刑法学对精神病人的界定，我们发现，法学意义上的精神病人的概念是以医学意义的精神病人的概念为基础与支撑的。两个学科由于研究对象的不同，对精神病人的概念得出了不尽相同的结论。

现代的精神疾病概念的起源可以追溯到古典医学，而在古典

① 林准：《精神疾病患者刑事责任能力和医疗监护措施》，人民法院出版社1996年版，第2页。

② 贾宜诚：《实用司法精神病学》，安徽人民出版社1988年版，第59页。

③ 赵雷：《精神病人犯罪实证分析研究初探》，北京大学法学硕士论文，2004年。

医学中，精神疾病和器质性疾病都被视为自发的和统一的植物性疾病，它们独立于它们出现在其中的个体而存在。但是，随着19世纪晚期医学的发展，这种作为自发和自我维持的现象的精神疾病和器质性疾病的概念逐渐被抛弃了，转而支持一种综合的疾病观点，这种观点与病人的身心总体性相关联。围绕着个人心理和生理的总体性观念以及他或她对周围环境的病理反应，这种对疾病的新理解将器质性疾病与精神疾病联系起来。这样，人格变成了疾病发展的因素和疾病能够被评判的标准，它既是疾病的现实又是疾病的衡量尺度。

按照福柯的观点，通过一种人的总体性概念将精神疾病和器质性疾病联系起来，与将疾病视为一种病理学本质的古典观点是同等错误的，因为它认为身体疾病和精神疾病具有相同的意义：一种在心理领域和生理领域使用同一方法和概念的统一病理学现在纯粹是一种神话。福柯反对这样的一体化抽象，他认为，正确的理解是，精神病理学所需要的分析方法与器质病理学所需要的分析方法原则上是不同的。在它使用的原型范畴与调和范畴下面，正统病理学掩盖了精神疾病的特殊性。福柯继续提出了一系列分析方法，通过这些方法，有可能揭示一种关于精神疾病更有差别从而也更精确的理解。一组分析方法被提出来了，这些方法着眼于精神疾病的存在维度和心理维度。首先，对精神疾病与进化结构的关系，必须加以详尽的了解。精神疾病通常用正常心理功能的失败或压制这种否定性的和过分简化的术语加以表达。但是，在福柯看来，精神疾病的本质不能以这样否定性的方式加以定义，而必须被理解为一种肯定性行为和否定性行为的复杂综合，并具有既被压制也被突出的功能：精神疾病的本质不仅存在于它所掏空的真空中，而且也存在于充满这个真空的替代行为的肯定的充实性之中。人类发展的进化观念提供了一个用以分析这个复杂行为之网的框架。如果精神疾病既产生肯定性行为又产生否定性行为，那么就能够由这些行为追溯到病人发展的早期阶段，而这种发展近来已经消除了早期所获得的行为方式。这样的分析产生出一种关于精神疾病更为精确的观点，它超越了疾病之间的本质差别的观念，而达到了退化的深度的观念，在这种观念中，疾病的意义可以根据倒退过程被固定的层次来加以定义。①

（二）犯罪与精神病

多数国家刑法与司法实践认为，由于患有精神疾病，没有辨认事物的是非善恶的能力，没有依据辨认能力控制行动的能力时，就是没有刑事责任能力，就不会构成犯罪。这种做法以精神障碍的要素、辨认是非的能力及据此控制行为的能力为核心。在刑法上只规定精神障碍要素的方法称为生物学的方法；只规定辨认控制能力的方法称为心理学的方法；将二者相结合的方法称为混合的方法，即先确定影响责任能力的生理原因，再标明由此原因所致的影响责任能力的心理状态。多数国家采用的是混合的方法。② 因为，精神病的种类很多，一些精神病并不导致行为人丧失辨认控制能力，如果单纯采取生物学的方法，则会导致一些具有辨认控制能力的人可以随意实施符合客观构成要件的违法行为而不承担责任；反之，如果单纯采取心理学的方法，则会因为缺乏明确标准，导致对冲动犯罪、激情犯罪等不能追究责任。

犯罪被定义为一种无止境的任务或者一个对抗和体验的永恒过程，这标志着一种现象学追求的结束，这种对本质经验的现象学追求是《疯癫与文明》的典型特征。疯子不再被当做一种不可言说的他者之源来加以浪漫地称颂。犯罪的地点从位于社会领域边缘的一种隐秘体验被移到一种内在于普遍的语言媒介中的潜

① ［英］路易丝·麦克尼：《福柯》，贾湜译，黑龙江人民出版社1999年版，第4页。

② 张明楷：《刑法学》（第三版），法律出版社2007年版，第253页。

在经验。虽然犯罪的概念从这一方面讲被拓宽了，但它同时通过一种犯罪性质的美学化又被精炼了。福柯从疯狂到犯罪的移动为一种对应的转移所标明，即从一种政治学到一种犯罪诗学的转移。尽管犯罪的体验被普遍化为一种内在于语言中的潜在性，但是福柯继续主张，事实上，这种语言，即犯罪能够在其中发现它的空间和关于它自己的阐释的语言，几乎完全存在于未来之中。福柯只能在某些文学经典中辨认出犯罪语言，它们以尼采、布朗肖、荷尔德林等作家为典型代表，在他们的作品中，对身份界限的探险被认为是确实达到了疯狂的边界。但是，一种将疯狂与艺术工作连接起来的话语，一种研究这种不可分开的统一的话语，一种关心这两者被连接时所产生出来的空间的话语，必然是一种对界限的拷问，这个界限被理解为一条分界线，在这里，在一种精确的意义上，疯狂变成了一种永恒的分裂。疯狂自身不再是一种犯罪体验的隐秘根源，倒是犯罪体验存在于一种文学经典之中，这些文学经典盗用了疯狂的舶来服装，以便扮演它自己的身份错位。这样，从一种通过疯狂来认识这种身份的探险的观点来看——在浪漫主义和高度现代的文学传统中，这种观点被当做一种经常重复的手段，这些经典的犯罪性力量被削弱了。正如查理斯·泰勒所认为的那样，作为一种非常现代的艺术的典型主题，身份的消解在对一种找回原来体验的浪漫主义追求中有其根源，而这种浪漫主义追求赋予艺术感以特权：去中心不是相对于内心的另一种选择，它是它的补充。①

（三）对犯罪嫌疑人的精神病鉴定是一种权力表现形式

在如今的司法过程中，对犯罪嫌疑人从事犯罪活动时精神是否健全进行法医鉴定非常重要，因为它会影响到司法中的定罪和

---

① ［英］路易丝·麦克尼：《福柯》，贾湜译，黑龙江人民出版社1999年版，第40、41页。

量刑，而据福柯的调查，19世纪以前没有法医鉴定。传统的司法程序只关注行为是否违法，而不关注违法行为是在什么样的精神状态下进行的。也就是说，疯与罪的关系问题尚未进入司法视野，一个人只要在行为上违法，无论你是不是疯子都要受到刑罚的处置。传统的司法程序是一种无需法医鉴定的认识—司法机制，它只需要有关犯罪行为（何为杀人）的知识、犯罪人身份（谁杀人）的知识和有关治罪的法律条款（对杀人者应处以什么刑罚）的知识，而不需要有关犯罪者精神、心理、性格、品德和意识的知识，但现代司法程序则被这些知识所渗透，提供这些知识的活动就是法医鉴定。①

据福柯的历史考察，19世纪以前的刑罚实践常常将疯子和罪犯胡乱地关在一起，他们都被看做威胁社会的危险分子，甚至疯子还被用来惩罚罪犯。在19世纪，出现了一种将疯子与罪犯分离开来的要求，这种要求不仅来自于启蒙人道主义者和一些与

① 在认定和处理犯罪的司法过程中，法庭对精神病学专家提出的首要问题是：这个人危险吗？至于另外的问题——他能对自己的行为负责吗？——精神病学家却并不经常回答，因为他们回答不了。他们认为自己回答不了，他们说这是毫无意义的。但是，他们承认——这一点非常重要——他们能回答这样一个问题：这个人危险吗？同样，如果仔细考察犯罪法典，无论是盎格鲁－撒克逊式的还是拿破仑式的，危险从来并不构成犯罪。危险并不意味着疾病，它不是一种症候。可是，经过一个多世纪在刑罚和医学之间的摇摆，我们终于使用危险的观念。刑罚说：听着，我并不真的知道该怎样对待这个人，我想听听你的意见——他危险吗？如果人们告诉精神病学家：来吧，你必须回答这个问题。他一定会回答说：危险当然不是一个精神病学的问题，但这是法官对我提出的问题。如果把所有这一切加进来考虑的话，你一定会发现它们都围绕危险这一观念发挥功能。参见［法］米歇尔·福柯：《权力的眼睛——福柯访谈录》，严锋译，上海人民出版社1997年版，第65、66页。

疯子关在一起的罪犯，也来自于精神病学的知识。后者将疯子定性为病人，疯不再被看做与魔鬼和罪恶联系在一起的东西，而被看做一种神经性疾病。人们认为有神经性疾病的人不是法律主体，因为他根本就不知道什么是法，他的违法行为只是一种病，而不是一种罪，因此，将违法的疯子当做罪犯来处理是不合适的，罪犯的去处是监狱，疯子的去处则是医院。基于以上要求，法国1810年所颁布的刑事法典中便出现了著名的第64条。该条款规定：只要人在行为时处于精神错乱状态就既无罪行也无犯法。这意味着刑事审判不仅要看罪犯的行为是否违法，还必须考虑他的精神状况是否健全，精神是否健全成了刑事审判是否进行的前提。于是，司法程序中加进了一个新的环节：法医鉴定。①在案件调查、审判和刑罚中，科学知识都直接融入权力之中。在以前，调查只是司法审判程序中的取证环节，而现在则成为一个分析、评估的过程，不仅探求犯罪的事实，而且要寻找犯罪背后的心理动机；量刑也不再只考虑罪犯所犯罪行的严重程度，还要考虑罪犯的具体情况，如判断他是否是精神病患者；而刑罚的具体实施就更离不开知识或者科学了，这在福歇的少年犯规章中可明显看出——其中包含了许多专门学科的知识，甚至其本身就是对犯罪人施加影响的心理学实验。②

通过对19世纪以来介入司法程序的法医鉴定的历史性调查与分析，福柯说明了被自诩为纯粹科学的现代精神病学是如何在复杂的司法事件中诞生与发展的，是如何与权力关系勾连在一起来运作的。在此，知识不再是与社会历史实践无关的自足封闭体

① 余虹：《艺术与归家——尼采·海德格尔·福柯》，中国人民大学出版社2005年版，第239页。

② 吴猛、和新风：《文化权力的终结——与福柯对话》，四川人民出版社2003年版，第238页。

系，而是社会实践的基本要素与产物；反过来，权力也不是与知识无关的东西，而是与知识合谋的实践。① 知识与刑罚权力之间就产生了某种联系。福柯以精神病学为例来说明这种联系。精神病学，作为犯罪人类学以及犯罪学的重复话语，在此发挥了它们的一项重要功能：通过庄重地将犯罪纳入科学知识的对象领域，它们就给刑罚机制提供了一种正当控制权力；不仅控制犯罪，而且控制个人，不仅控制他们的行为，而且控制他们现在的、将来的、可能的状况。② 所以，知识越来越体现为权力的构成因素之一，甚至在新刑罚制度中最终扮演了核心角色。从这个角度讲，现代刑事司法权力只有通过科学知识才能得以确定，而这正是与旧刑事制度的最重要区别。福柯将知识、技术和科学与刑罚权力的结合称为科学—法律结合体。在谈到自己对于这个结合体的研究的原则时，福柯列举出四点：③ 第一，应当将这个结合体的功能即惩罚机制所具有的社会功能视为复杂的而非单一的，这个机制的作用不限于镇压或惩罚，而是还具有可能产生的一系列积极效应；第二，新的惩罚方式并不是某项立法的结果，也不是某种社会结构立竿见影的反映，而是一种政治策略，即是在一个普遍领域的网络中逐渐汇聚而成的大趋势；第三，这个结合体是涵盖了刑法史和人文科学史的统一体，在此之中，无法截然分开刑罚体系人道化和对人的认识的深化这两个貌似独立，实为一体的过程；第四，不能将罪犯置于这个结合体的核心，相反，应当考虑

① 余虹：《艺术与归家——尼采·海德格尔·福柯》，中国人民大学出版社 2005 年版，第 243 页。

② ［法］米歇尔·福柯：《规训与惩罚》，刘北成、杨远婴译，北京三联书店 1999 年版，第 19 ~ 20 页。

③ 吴猛、和新风：《文化权力的终结——与福柯对话》，四川人民出版社 2003 年版，第 239 页。

这个刑罚干预的对象之身份是如何由一种特殊的征服方式造就出来的。

三、性犯罪

福柯阐述了一个关于性立法思想的极其重要的原则，他指出：我想原则上可以这样说：性在任何一种情况下都不应当成为任何立法的对象。这样说应当没什么大问题。但有两个领域对我来说有一点问题：一个是强奸，另一个是涉及儿童时。[①] 但是，如果把强奸和违背儿童意愿的犯罪判定为伤害罪，这些问题就可以解决，任何性行为都不应受法律制裁的立论就可以成立。

（一）强奸罪与普通的暴力犯罪有没有区别

福柯在接受采访时说：我们总是能够制造这样的理论话语，其大意为，在任何情况下，性都不应该成为惩罚的对象。如果我们惩罚强奸，我们只是在惩罚身体的暴力，而不是其他。这只不过是身体侵犯的一种：用拳头击打某人的脸和把阴茎插到他人的……这两者之间没有什么原则性的差别。可是，我想妇女大概就不会同意这种说法。我昨天同一个官员谈过这些问题。他说：把强奸作为罪行是没有理由的。强奸不应归入犯罪法，而应该属于民法，按照损失来计算。[②] 福柯认为，把强奸列入一种可归于暴力攻击的犯罪或许更恰当，而不必把它当做性犯罪，因为性犯罪的分类把性器官作为一种优先器官从身体的其他部分中分离出来了。在福柯看来，这样的分离在历史上为权力的滋长提供了丰

---

① ［法］米歇尔·福柯：《权力的眼睛——福柯访谈录》，严锋译，上海人民出版社1997年版，第75页。

② ［法］米歇尔·福柯：《权力的眼睛——福柯访谈录》，严锋译，上海人民出版社1997年版，第75、76页。

富的土壤。[①] 强奸可以被视为暴力行为，可能在程度上更为严重，但与暴力伤害属同一类型，就像在某人的脸上打上一拳一样。福柯认为把强奸作为一种性犯罪来加以处罚是有问题的，因为等于在说：性在身体中占有更重要的地位，性器官同手、头发或鼻子的重要性不一样。因此，在任何情况下立法都必须对它加以保护，围绕着它，关注着它，不可将它等同于身体的其他部位。访谈主持人说，强奸是无快感的，它是一种在别人身体上的快速手淫，它不是性，它是伤害。福柯立即赞许地说：这样就回到了我这里。它与性无关，应当受惩罚的是人身伤害，而不必提出性的问题。

我国学者李银河认为，福柯绝不是主张不必惩罚强奸，而只是主张在惩罚强奸犯罪时不要去惩罚性，而要去惩罚伤害。如果我们把强奸视同于伤害，福柯的想法就可以成立。这个问题的症结在于：性器官是否比身体的其他器官具有更重大的意义。如果性器官和头部一样重要，并不比头部更重要，侵犯性器官和侵犯头部就可视为同罪；如果性器官比头部重要，对侵犯性器官行为的处罚就应比对头部的侵害的处罚重。如果说对头部的侵害要判处 3 年徒刑，我们似乎真的看不出为什么对性器官的侵害要判几十年徒刑或者死刑。[②] 福柯在批判当代性立法思想时指出：新的刑法和立法体系的功能不是去惩罚与尊严有关的犯罪，而是去保护那种被视为特别脆弱的人口或人口的一部分。换言之，立法者不是以下列说法作为评判的标准，即人类的普遍尊严必须加以保护；而是说，对于一些人来说，另一些人的性成为永存的危险。

---

① ［美］艾莉森·利·布朗：《福柯》，聂保平译，中华书局 2002 年版，第 65 页。

② 李银河：《性的问题：福柯与性》，文化艺术出版社 2003 年版，第 55 页。

我们将拥有一个危险的社会，其中一方是面临危险的人，另一方是危险的人。性将成为对所有社会关系的威胁，在所有不同年龄群的关系中，在所有个人的关系中。法律的目标应当是保护人类的尊严，而不是伤害人的尊严。当一些人在强奸行为中成为受害者时，法律以保护受伤害者的身份出来说话，惩罚强奸者的伤害他人身体的行为。强奸是违背他人意愿的伤害，它不是性。按照这一逻辑，除了我们过去以为算做性行为的强奸行为之外，人类的一切性活动应当不关法律的事。如果我们的社会能够接受这样一种性立法思想，对我们的社会只有好处，没有坏处。①

许多人认为，福柯的思想有些激进，乃至走向极端。强奸犯罪怎么可能与普通的伤害罪相提并论？一般认为，强奸罪除了伤害他人的性器官之外，还伤害了他人的性自由和社会的善良风俗。不可否认，强奸罪与普通的暴力犯罪还是不同的。对于性器官的侵犯，不仅是伤害了他人的身体，也伤害了他人的性权利。性器官与人体的其他器官相比，还是具有特殊性的，人们对于性器官的“遮羞”就已经表明了这种不同。强奸罪具有暴力伤害犯罪的性质，也具有妨害风化的属性。

（二）未成年人有没有性权利

福柯认为，正在出现一种新的情况，谈论孩子的问题十分重要，出现了一种新的刑罚体系，一种新的立法体系，它的功能并不在于惩罚违背与礼义有关的法律的犯罪，而是要保护那种被视为易受伤害的人们。换句话说，立法者不会为他采取的措施进行这样的辩护：人类普遍的礼义应该得到保护。他会说，存在着一些人，其他人对他们的性活动会构成永久的伤害。这些人当然包括儿童，他们受到成人在性方面的支配，这种性对他们来说是陌

① 李银河：《性的问题：福柯与性》，文化艺术出版社 2003 年版，第 90 页。

生的，会对他们构成伤害。于是就制定了法律，要保护易受伤害的人，容易遭受危险的人，并借助一系列的精神病学和心理学知识，这些知识又往往是从精神分析学引申过来的——至于精神分析学是好是坏，这是根本没有什么关系的——于是精神病学家就有了双重干涉的权力。首先，从一种具有普遍意义的观点，他会说：是的，当然啦，孩子也有性，我们不能回到那种旧的观念，认为孩子是纯洁的，他们对性一无所知。但是，我们这些心理学家，或精神分析学家，或精神病学家，或教师，我们清楚地知道孩子的性是一种特殊的性，它具有自己的形式，自己的成熟周期，自己的高潮，自己特殊的欲望，自己的沉睡期，等等。孩子的性是一块拥有自己的地形特征的领土，成人不能进去。这是一块未开垦的土地，当然也是性的土地，但是必须保持它的纯洁性。因而，成人应该作为儿童的性的特征的保护人。另一方面，在每一种特殊的情况下，他又会说：这是一个成人想把自己的性带进孩子的性的例子。有可能孩子带着自身的性要求，他想要那个成人，他表示同意，甚至是他跨出第一步。我们甚至还能同意是他引诱了那个成人，但是，我们是专家，我们拥有心理学的知识，知道得很清楚，甚至是那个主动勾引的孩子也是冒了极大的风险，在任何情况下都是如此，他或她与成人一旦有过性关系，就会构成损害和创伤。既然如此，孩子就必须受到保护，以免遭受他的欲望的伤害，哪怕这个欲望是指向成人的。精神病学家会说：我能够预知，重大的创伤会作为这种或那种性关系的结果而发生。因此，在新的立法的框架中——主要是依靠新的医学权力的确立，来保护某些易受伤害的人——性的概念和儿童与成人的性的关系得以确立，但这是非常成问题的。[①] 福柯在一次接受采

① ［法］米歇尔·福柯：《权力的眼睛——福柯访谈录》，严锋译，上海人民出版社1997年版，第264、265页。

访时说，能够建议有这样的法律吗：一个人能够与一个同意的孩子、一个不拒绝自己的孩子发生任何一种关系——而这将与法律无关？有些孩子在10岁左右的年龄把自己投向成人——那又该怎么办呢？这些孩子是同意的，他们会为此而感到高兴，有这种情况吗？我忍不住要说：如果孩子并不拒绝，就没有理由惩罚任何行为。可是昨天我同司法官员谈话的时候，却感到吃惊。就儿童的问题而言，他的看法是非常激进的。可是，后来他又跳出来说：我还是得承认，我是看不得让别人来碰自己的孩子的！还有就是那些在与孩子的关系中拥有权威的成人——父母、监护人、教师或是医生。在此人们忍不住又要说：一个人是不可能仅仅通过施展权威，来让孩子去做他确实不想做的事情的。但是，这个问题对父母来说是很重要的，尤其是继父们，经常出现这样的问题。①

福柯和居伊·霍冈根主张从根本上放宽有关成人和儿童之间性关系的法律限制。实际上，他们两人原则上都反对通过法律强行规定任何承诺年龄。1978年，他俩共同发表了一次广播谈话。其间，霍冈根挖苦道，要画杠杠是很难的，尤其情况可能是，某个小孩由于其性特征，可能需要某个成人。② 在世界各国对奸淫幼女犯罪的规定中，一个重要的因素是关于自愿年龄线（age of consent）的规定，即儿童被法律认为有决定自己性行为的能力的年龄，低于这个年龄，即使儿童自己承认是自愿的性行为，法律也不认为它是出于儿童的意愿，因为低于这一年龄线的儿童被法律认定为尚无决定自己性行为的能力。与低于自愿年龄线的少

---

① ［法］米歇尔·福柯：《权力的眼睛——福柯访谈录》，严锋译，上海人民出版社1997年版，第80、81页。

② ［美］詹姆斯·米勒：《福柯的生死爱欲》，高毅译，上海人民出版社2003年版，第353页。

儿发生的性关系，无论当事人是否自愿，都视为奸淫。目前在西方，出现了关于是否应当废除自愿年龄线规定的讨论。这一提议的理论依据是：承认儿童是有独立意志的性行为主体，而不仅仅是性行为的客体或受害者。提出这一观点的学者认为，近年来对虐待儿童的恐慌使人们在承认儿童是性行为者而不仅仅是性受害者这一点上有所倒退。如果儿童了解到，他们的身体和性是属于他们自己的，应当由他们自己来控制，性不是受禁止的或肮脏的，那么当他们想要接受他们希望的行为和拒绝他们不希望的行为时就会更加自信。在真正受侵犯和受虐待的情况下，那些没有被告知性是羞耻的儿童会更容易揭发此类行为，以利于此类问题的解决。福柯主张废除自愿年龄法，他认为，自愿年龄法的前提是：必须保护儿童不受自身欲望的侵害，即使当他的欲望是指向成人时也不例外。他指出，在任何情况下，由法律规定年龄界限是无用的。当儿童说他是或不是遭到暴力侵害时，应当相信他所说的话。确实有 10 岁的儿童主动投入成人怀抱的情况，确实有些儿童是自愿的，他们喜欢这样做，难道没有这种情况？我想这样说：从儿童不再拒绝的一刻开始，就没有理由去惩罚任何行为了。[①] 福柯对于涉及儿童的性行为的观点与他的基本原则相一致，即在任何情况下性都不应当以任何理由成为法律惩罚的对象。如果性以违背儿童意愿的形式出现，它也不再是性，而是暴力。它应当以暴力伤害的名义受到惩罚，而不应当以性的名义受惩罚。一切非暴力的、非强迫的、双方自愿的性关系都应当得到理解，都应当被接受。这就是福柯所主张的。

未成年人的身心发育尚未健全，一旦受到性侵犯，所受到的伤害往往是长久性的。世界各国对自愿年龄线的划定，就是为了

① 李银河：《性的问题：福柯与性》，文化艺术出版社 2003 年版，第 50 页。

保护未成年人的身心健康，预防和惩罚成年人对未成年人的性侵犯。在应不应当废除自愿年龄法的问题上，最重要的原则是要尊重未成年人作为性主体的权利。仅仅废除自愿年龄法还不能保证未成年人的安全和自由。为达到这一目标，未成年人还需要社会和经济力量，以及在生活的各个领域对他们的需要和欲望的尊重。应当尽早教育未成年人，他们的观点是重要的，他们的行为是有效的，他们的身体属于他们自己，因此他们可以在心理、经济和肉体虐待发生时保护他们自己。

（三）文化宽容可以减弱性犯罪的妨害风化属性

根据福柯的考察，从1787年到1788年，革命的法律废除了几乎所有的性犯罪。拿破仑社会尽管在某些方面非常死板，其实却是一个相当宽容的社会。直到1960年，法律一直朝压制的方向发展。1810年的法典没有提到性犯罪：这是欧洲唯一一部不对同性恋进行惩罚的法典。逐渐地我们看到了这样的罪名——公开场合的性活动——在路易-菲利普时代的1832年重新出现，以及第二帝国时期的1860年左右。在1885年和1905年之间，出现了一系列的立法。到了贝当（Petain）时代，相关的法律更趋增多。到1960年，发展到这样的地步，通过了从重处罚两男或两女“在露天里做爱”的法律，惩罚加重了一倍。1960年是戴高乐的统治年代，那时如果两男或两女在公共场所接吻，所受的处罚要重于一男一女的情况，要判18个月到3年的监禁，而不是6个月到2年之间（最短的期限增加了两倍）。所以我们必须非常小心，我们要对事情作仔细的观察。[①] 在最近的10年中，公众的观念和性的道德倾向于重新考虑这种法律制度，甚至建立了刑法改革委员会，其任务是修改刑法中与性有关的条款。最近

① ［法］米歇尔·福柯：《权力的眼睛——福柯访谈录》，严锋译，上海人民出版社1997年版，第81页。

这个委员会表示，不但有可能，而且有必要对涉及性行为的绝大多数刑法条款进行修改。福柯认为他们将要作出的建议会具有自由主义的色彩。1978 年，在法国政府刑法改革委员会征求了他的意见后不久，福柯便同居伊·霍冈根一道，对法国刑法有关同性恋行为的条款展开尖锐的批评。像霍冈根一样，福柯敦促政府确定统一的性承诺年龄（自 1942 年起，法国关于同性恋的承诺年龄一直是 21 岁，而对异性恋的承诺年龄则一直是 19 岁）。但是，也出现了一个相反的运动。这个运动令人不安。这个运动不仅出现在法国，在美国，所谓的安尼塔·布莱安特运动反对同性恋，甚至要求对之实行死刑。这个运动在法国当然也存在，但是表现形式很特殊，警察和法律操作都有回到更严厉的立场上的倾向。这一运动在警察和法律操作中都有表现，但是很不幸又经常得到新闻界的支持。就是在这样的情境下，一方面是总体上的自由主义发展倾向，另一方面则是对这一倾向的反动、阻力，甚至还有一种逆转的趋势。①

一些法律学家建议，关于性的法律只应包括三项内容：其一是禁止暴力行为（包括采用强迫、胁迫或欺诈手段的行为）；其二是禁止成年人对儿童的性剥削；其三是制止扰乱公共秩序的性行为。各国都在探索改革有关性的法律的途径。我国学者李银河认为，这一法律改革的最高境界就是福柯所反复论述过的：任何形式的性行为都不应当受到任何法律的惩罚。强奸和对儿童的性侵犯可以视同于伤害罪加以处置。性不关法律的事。它或者属于道德的范畴，或者属于人们可以自由选择的生活方式的范畴。而法律不应当干涉道德范畴之内的事，更无权干涉人们自由选择的

① ［法］米歇尔·福柯：《权力的眼睛——福柯访谈录》，严锋译，上海人民出版社 1997 年版，第 260、261 页。

生活方式。[1] 福柯的观点虽然看上去过于激进，过于惊世骇俗，但仔细想想，是可以自圆其说的。它就像萨德（Sade）的小说一样，有一种振聋发聩的力量，使人为其中所包含的自由精神所震惊。它使我们感到惊愕，正是因为我们一向按照传统的规范来看问题，想不到越过这些规范，原来对事情还可以有另一种看法。萨德认为，没有任何一种性行为方式是不可以的，是错误的，或者是病态的。按照福柯的思想，任何一种行为，如果它在性的范畴中，它就不是犯罪，不是伤害；如果它是犯罪，是伤害，是强迫，是暴力，那它就不再属于性的范畴。因此，性的一切方式都是应当允许的，性的一切方式都不应当成为法律惩罚的对象。福柯所反复论述的权力在我们每个人身上的运作过程，在如何处置性犯罪的问题上可以看得再清楚不过。我们甚至都不会觉得在这个问题上是权力让我们这样想的，而误认为这完全是自己经过独立思考得出的看法。福柯的深刻之处就在于此，是他告诉我们：不是别人剥夺了我们的自由，是我们自愿被剥夺了自由思想的权利，权力就是这样来建构我们的主体的。如果我们要想证明自己还是有独立思考能力的，就让我们在习俗的思路之外自由地思考一下：福柯关于性在任何情况下都不应当成为任何立法的惩罚对象的观点有没有一点道理？[2]

对性器官的特殊对待和对侵犯性器官的特殊处罚应当被视为一种文化积淀。在这种文化积淀的影响下，我们在人体的各个器官中特别看重性器官，为它赋予了特殊的重要意义。人们对福柯的思想感到惊骇和意外，完全是来自这种传统的思维方式，是受

---

① 李银河：《性的问题：福柯与性》，文化艺术出版社 2003 年版，第 94 页。

② 李银河：《性的问题：福柯与性》，文化艺术出版社 2003 年版，第 55、56 页。

传统的性话语影响的结果。随着社会的快速发展，人们的价值观日益多元化，人们对于性行为和现象越来越宽容。由于性行为的私密性，性越来越成为当事人的隐私，只要不公然发生，当事人之间又是自愿的，他人就没有干涉的理由。记得陈兴良教授在课堂上讲过一个例子，在 1983 年“严打”的时候，南京的一个女青年因为和多名男性发生性关系，被以流氓罪判处死刑。临刑前，她说：我的这种行为现在不被理解，几十年后一定会被理解的。一语成谶。就在前两年，网络上流传着《木子美性爱日记》。木子美因为公开自己与多名男性性爱的笔记而成为网络名人，木子美甚至当着朋友的面，与朋友的朋友发生性关系。仅仅 20 多年的时间，人们的性观念就发生了这么大的变化。20 年前，一个女性因为与多名男性发生性关系而被处以死刑，失去了生命；20 年后，一些女性因为同样的行为而名利双收。岁月流转，令人惊叹。在这种性观念的影响下，性犯罪虽然不同于普通的暴力犯罪，但是它的妨害风化属性已经在减弱。

第五章 权力的话语维度

——刑法知识

福柯关于“权力—知识”的理论，表明一切似乎都无所逃于权力的天罗地网。他强调不应只将注意力放在宏观权力上，要特别注意权力的微观物理机制，这种毛细血管式的权力是借助于对各种细枝末节的管理而实现的。福柯的这种微观权力面向，对于学科制度的规训特性讨论影响很大。“学科”原是教育学的一个概念，福柯揭示了“学科”包含的“规训”与“权力”的实质，使其成为批判现代知识生产体系的话语工具。作为研究犯罪与刑罚现象的刑事法学，要受到学科制度的规训，遵循“权力—知识”的存在规则。刑事学科制度界定了刑法知识生产的场域，决定着刑事法人才的培养和学术职业样式，规定着刑法知识生产的模式。在“权力—学科”规训下，刑事法学科产生，并经历了分立—整合的嬗变过程。

一、“权力—学科”规训之下的知识生产

“学科”一词译自英文的 discipline，其含义之繁难与 discipline 的含义复杂有关。英文的 discipline，名词指：（1）（智力的、道德的）训练、训导；（2）纪律；（3）处罚、惩罚；（4）学科、（大学里的）科目。动词指调教、训诫和惩罚。法文（discipline）、德文（disiziplin）以及拉丁语（disciplina）中都有相类似的情况：学科，一方面指知识的分类和学习的科目；另一

方面又指对人进行的培育（并且尤其侧重于指带有强制性质的规范和塑造）。当 discipline 主要被译为“学科”时，这一词语的其他层面的意义就被忽略了，人们是在互不关联的情况下分别使用它的“知识门类”与“规范”的含义。米歇尔·福柯（Michel Foucault）重新强调了 discipline 所兼有的“学科”和“规范”的双重含义。他认为任何学科都是一种社会的规范，比如“精神病理学”、“社会学”、“犯罪学”等等就是在社会监控、规训大众、惩罚罪犯的实践中产生的专门研究领域，同时这些学科的研究结果又会成为强化和改进社会规训和控制的手段。① 福柯一针见血地指出：“在任何社会里，话语一旦产生，即刻就受到若干程序的控制、筛选、组织和再分配”，② 学科则“构成了话语生产的一个控制体系，它通过同一性来设置其边界”。③

从传递知识、教育教学的角度看，学科的涵义指的是“教学的科目”（subjects of instruction），即教的科目或学的科目；从生产知识、学问研究的角度看，学科的涵义则是指“学问的分支”（branches of knowledge），即科学的分支或知识的分门别类；从大学教学与研究组织的角度看，学科又可作为学界的或学术的组织单位（units of institution），即从事教学与研究的机构。④“教学的科目”、“学问的分支”、“学术的组织（机构）”是“学科”最基本的三层含义。其中“教学的科目”可以被学校教育

---

① ［法］米歇尔·福柯：《性经验史》（增订版），佘碧平译，上海人民出版社 2005 年版，第 10 页。

② Michel Foucault, The Archaeology of Knowledge and Discourse on Language. New York: Pantheon, 1972. p. 216.

③ Michel Foucault, The Archaeology of Knowledge and Discourse on Language. New York: Pantheon, 1972. p. 224.

④ 孔寒冰：《高等学校学术结构重建的动因》，载胡建雄：《学科组织创新》，浙江大学出版社 2001 年版，第 243 ~ 244 页。

完全涵盖，而“学问的分支”和“学术的组织（机构）”则与科学的社会建制相交叉，不能完全被高等学校所包容。学科——就其“学术的组织（机构）”这一层面上的含义来说——并不限于高等学校的范围。费孝通曾经谈到学科机构的不同方面：一是学会，这是群众性组织，不仅包括专业人员，还要包括支持这门学科的人；二是专业研究机关，它应该在这门学科中起带头、协调、交流的作用；三是各大学的学系，这是培养学科人才的场所，为了实现教学与研究相结合，不仅在大学要建立专业和学系，而且要设立与之相联系的研究机构；四是图书资料中心，为教学和研究工作服务，收集、储藏、流通学科的研究成果，有关的书籍、报刊及其他资料；五是学科的专门出版机构，包括专业刊物、丛书、教材和通俗读物。[①]

“学科制度”是指现代大学学术活动的制度性规范和组织模式，即界定和支撑各个学科的知识活动及其机构发展的规范控制体系和组织结构体系。这是一个福柯式概念，强调其中的规训性含义。通过知识生产与传承，学科制度把教授及其学生这个学术共同体联系在一起，自我规范和发展并致力于各种类型的知识活动。各种学术资源以学科制度为中心、由各个学术共同体分类集结，以利于知识的发展；学术共同体在外部关系中有着一定的自主性，同时也受种种社会因素的影响和制约。[②] 学科制度有两层含义：一是学科的组织结构，包括知识规划、人员结构、资源组成等层面，是一种外显性机制；二是学科的规范体系，包括科学研究范式、职业生存方式等方面，为内隐性机制。学科制度是知

① 费孝通：《略谈中国的社会学》，载《社会学研究》1994 年第 1 期。

② 李春萍：《学科制度下中国学术的演变：以北京大学为例（1898 - 1927）》，北京大学教育学院博士论文，2004 年。

识及其生产者的生成方式，同时又是其结构性限制，成为学术发展的动力机制和约束机制，在这之中非常重要的是人与制度的互动。在现代大学与学术发展的关系当中，学科制度是一个中介因素：外在的社会影响要通过它发生作用，知识体系的内在需要也须向它寻求权利；通过建制专业组织以及出版学科和专业研究的期刊，以及其他的学科规训管理机构去评价、审查学科内的研究活动与成果。学科规训制度通过审查功能决定、主导着学科内的知识产生与积累的方式。"学科"既是权力干预、规训和监视、惩罚人的技术，又是制造知识的手段，任何人都无法超越由学科规训制度组成的统制真理的罗网。

（一）学科制度界定了知识生产的场域

学科（discipline）的观念将话语的生产和意义的流通保持在狭窄的范围内，而将"所有稀奇古怪的知识都排除出它的范围之外"。学科制度是一种知识的生产制度，是学术组织和大专院校依据排他性的方式，掌握各种资源和权力，左右学科发展方向的建制过程。在学科制度的框架内，学术体制的内部组织、知识规划都受制于学科门类的规定。相应的，每一个学科的研究方法与理论体系也必须服从于本学科的规范。"对于普遍性的宣称（如普遍的恰切性、普遍的适用性、普遍的有效性），不管怎样地受到限定，都是内在地蕴含于一切学术科目的合法化依据中的，这是学科的制度化要求的一部分。"① 伯恩斯坦指出："一个社会如何选择、分配、传递和评价它认为具有公共性的知识，反映了权力分配和社会控制的原则。"② 伊斯兰德对知识广泛的制

① ［美］华勒斯坦等：《开放社会科学——重建社会科学报告书》，刘锋译，北京三联书店1997年版，第52页。

② ［英］麦克尔·扬：《知识与控制》，谢维和、朱旭东译，华东师范大学出版社2002年版，第61页。

度环境提出疑问，其说法更为激进："制度、习惯和信念都是传统、成见和利益的仓库，所以它们是非理性的，是在追求合理性的过程中各种偏见和错误的根源。"① 他们在学校内部和国家层次上，把学科当做由交际网络、物质报酬和意识形态所支持的社会体系来研究。各门学科之间围绕着地位、资源和势力范围产生种种关联，而教育社会学家将之强化为"冲突"。这种聚焦于利益的观点由于课程史的研究而得到了相当的发展。如艾沃·F·古德森在英国学校课程社会史的个案研究中显示的，学校科目不是独立的个体，而是各种亚群体和传统不断翻新的结合物。这些群体的活动影响和改变着学科的划分和地位，他们是整个事件中非常重要的部分，是"为自己的生存和条件改善而奋斗的群体"；在学科成立的过程中，基础科目群表现出从陶冶性和实用性传统向学术性传统靠拢的倾向，希望被看成学术性科目的愿望，将会在发展战略和学科定位两个方面发生冲突。"这些基本矛盾是竞争者之间为了取得能定义、评估与分配知识的团体成员资格，而围绕着身份和合法性展开的。"② 古德森认为，由于活跃在学科利益群体内部的个体和亚群体具有明确的身份意识，使得他能够严谨地验证把课程控制的权力归因于统治性利益群体的社会学理论的实证可靠性。这一研究把目光由单纯的知识移向组织。艾伦·布鲁姆干脆称"知识体是一种规范秩序"，认为对知识的社会组织的描述并非根据所用知识来构建真实事件的"结构特征"，相反它是一个组织化理性集合体的成员之间协调的非

① ［英］麦克尔·扬：《知识与控制》，谢维和、朱旭东译，华东师范大学出版社2002年版，第97页。

② ［英］艾沃·F·古德森：《环境教育的诞生》，贺晓星、仲鑫译，华东师范大学出版社2001年版，第3页。

正规理解的产物。①

学科制度是一种知识生产和知识创新中的制度体系，是规范特定学科科学研究的行为准则体系和支撑学科发展和完善的基础结构体系。前者称之为学科制度精神（the ethos disciplinary institution），后者称之为学科制度结构（the infrastructure of disciplinary institution）。学科制度精神包括智慧活动的人文理念、科学活动的精神气质或普遍原则、普遍原则指导下的操作细则；学科制度结构是学科研究的物质基础，至少包括职业化和专业化的研究者及他们赖以栖身的研究机构和学术交流网络、规范的学科培养计划、学术成果的公开流通和社会评价、稳定的基金资金来源等。② 学科制度是一种秉承确定的职业伦理体系的知识行动者，在特定学科的知识生产和知识创新过程中所建构的制度体系，其基本要素涵括知识行动者群体及其职业伦理体系、学科培养制度、学科评价与奖惩制度和学科基金制度。③ 学科制度是学科的规范体系及其物质体现；在学科的规范体系及其物质体现背后，还有某种深层的理念支撑。因此，学科制度可分为三个层次：第一个层次是学科的深层理念，第二个层次是学科规范体系，第三个层次是学科的物质体现。前两个层次相当于学科制度的软件，也即学科制度精神；第三个层次相当于学科制度的硬件，即学科制度结构。④ 国外一些学者则考察了知识生产与权力的关系，认

① ［英］麦克尔·扬：《知识与控制》，谢维和、朱旭东译，华东师范大学出版社2002年版，第151页。

② 方文：《社会心理学的演化：一种学科制度的视角》，载《中国社会科学》2001年第6期。

③ 方文：《后学的养成、评价和资助》，载《中国社会科学》2002年第3期。

④ 郑杭生：《当前社会学学科制度建设的问题》，载《中国社会科学》2001年第6期。

为学科兼有知识和权力的双重含义，并产生了一个新名词“disciplinarity”。我国学者将其译成学科规训，意在突出学科知识的规范性格。例如，福柯在考察了不同历史时期的知识的特征后认为，知识来源于力量，但另一方面知识本身又是生产、规范、配置与操作力量体系；不同历史时期的知识具有不同的特征，因此也以不同的方式规范人。他认为，学科规训是生产论述的操控体系和主宰现代生活的种种操控策略与技术的更大组合。①

学科规训理论是国外学者从对学科（discipline）的字源探究入手，在分析学科规训制度生成的历史的基础上提出的一种学科理论，它同时从知识和规训方式的角度来对学科进行界定。学科不仅仅表现为静态的知识，还涵括了一种动态的知识分类和生产结构，即所谓的学科是一种“知识—权力”体制。因为，知识本来是一个统一的体系，无所谓种类。学科的存在是一种人为的知识分类活动：没有人的参与，没有特定的准则和制度，知识不会自己分化为现在存在的一个个学科，也不会有今后新学科的产生。当然，这种人为的分类活动也不是随意而为的，而是基于普遍接受的方法和真理。人类为了更好地认识自然和社会以及自身，将知识按照一定的标准划分为不同的类型，在划分过程中以及为了维持划分结果，必然会有相应的制度和规范来维护，这也就是所谓的学科规训。在学科规训理论的视阈中，学科表现为学者们遵循知识的特性，按照一定的制度规范为发展知识而对知识进行的有意义的分类。按照这一理论，认识一个学科要从知识层面和制度机构方面来进行全面考察，学科是由专门的知识、保护专门知识发展和独立的制度规范、组织机构共同组成的一个完整体系。学科就像一个细胞，知识就是细胞核，而学科制度和机构

① ［美］华勒斯坦等：《学科·知识·权力》，刘健芝译，北京三联书店1999年版，第13页。

则是包在细胞核外面的细胞质和细胞膜，这几部分构成了一个完整的学科系统，缺一不可。学科制度和学科机构对学科知识起着保护作用。[①] 从知识层面来讲，一个学科必须具有自己的研究对象和任务。学科的特点是具有相对独立性，而具有特有的研究对象和任务是学科独立性的主要表现。如果要成为一门成熟的学科的话，还必须具备一种完整的科学的体系和拥有自己专门的研究方法。从制度机构方面来讲，首先，学科要有自己的组织机构——学术团体。虽然早期的学会不能算是学科规训组织，但学会的成立标志了知识划分史上的突破，因为在学科的分界中，学会毕竟充当了知识把门人的角色，成为某一知识领域的统一的学问共和国。后来，特定学科的专业协会成为新的也是权威性更强的学科把门人，制定了各自学科的专业标准，与其他学科划清界限，并通过专业学术期刊对本学科学者的研究成果进行评价。学者是知识成为学科的关键力量，没有知识就没有学科，没有知识的划分者同样也不会有学科的产生，只有同一个学术组织的学者才有资格对学科的发展行使权力。当然，作为一个成熟的学科，还要有不同的学派。其次，学科要有自己的知识和学术交流平台——学术刊物或媒体，以便交流研究成果，促进学科知识的发展。因为，无论是历史上还是现在学术刊物的出版者和编辑在某种意义上充当了学科把门人的角色。另外，还要有专业出版物、研究基金、人才培养场所、图书资料中心等，这些都是学科能够成为学科的重要保障。知识不再是纯粹至圣的对于世界的认知体系，而与权力有着密切关联；学科制度也并非只是知识的载体或温床，更表现为一种规训性权力。

① 李爱民：《学科规训视野中的高等教育管理学科发展》，载《西安欧亚学院学报》2005 年第 2 期。

（二）“权力—学科”规训下的知识生产者

“学科的制度化进程的一个基本方面就是，每一个学科都试图对它与其他学科之间的差异进行界定”，因此学科便构成了真理话语生产的一个控制体系，它通过同一性的作用来设置知识的边界。学科制度作为知识发展的现代性结构，是一种规训力量，兼有知识和权力两种形态。华勒斯坦等学者从作为学科和规训方式这个角度出发，探讨知识—权力体制的构成，探索知识的生产方式在塑造研究对象的同时也在构筑着创造这些历史的不同主体。他们提出，学科制度的优点是能建立完整的理论体系和严格的方法学训练；缺点是可能成为有偏见的生产地，以服务私利为时尚，建立虚假的权威。沙韦姆和梅瑟—达维多认为，“学科”一词的持久使用标示着知识的组织和生产的历史特殊性，他们自古典时代开始简略考察了知识分科，注意到学会的成立和研究大学标志着知识划分史上的突破，大学使在学科内部从事研究的成员取得在学术世界里的认知排他性。霍斯金的分析受到福柯著述的影响，把学科制度看做一种新的知识生态系统，构成知识“生产和消费体系”。①

对知识进行合理分类是建立学科制度的关键所在。古希腊社会把知识划分为“自由”的知识与“奴性”的知识，并且把这种划分与社会分工相对应（自由知识为公民所掌握，奴性的知识为工匠贱业所掌握）；知识分类、社会分工又在与人的特质（金、银、铁）的类比中自然化。古希腊的知识生产制度、社会分工制度与社会等级制度是通过与自然分类的类比来实现相互配置的。这正如道格拉斯所说的那样：“我们需要一种比喻（analogy），以便将那些关键的社会关系的正式结构建筑在自然或超自

① 李春萍：《学科制度下中国学术的演变：以北京大学为例（1898－1927）》，北京大学教育学院博士论文，2004年。

然世界中，永恒世界中，或者其他的去处。关键在于使得精心策划的社会建构隐而不显。”[1] 经过自然化的分类制度尽管隐蔽，却无处不在，牢固而持久。学科制度正是这样一种隐而不显的制度——人在作为主体分门别类地生产知识的时候，也在分门别类地被知识所重构，从而被分等级、分类别地整合到社会秩序之中，这一过程是在“不显”中完成的。学科作为知识的制度化形态，构成大学师生的生活世界及其共同参与的认识传统。教授通过学科制度聚集起来，并以知识活动为天职；他们又通过学科知识的传授对学生的未来产生关键性影响，这种影响的合法性依据即是高深的知识。至于知识在教育机构中如何被生产出来、学科在大学里如何被创制出来，人们从前甚少思考和质疑，学者也往往有种不言而喻的、视学科为神圣的职业意识。华勒斯坦等的研究打破了这一神话，注重纯知识层面之外的社会制度以及实践方式面向。他们揭示出，现今的学术知识生产已经和各种社会权力、利益体制相互交织，这不仅是说大规模的知识生产为功利的社会国家目标甚至个别社会阶层的利益而服务，学术体制的内部组织以及知识规划都受制于关乎学科门类的偏见，以及这些偏见所体现出来的权力和利益关系。就此，不少学者还尝试着进行理论和实证的分析。

学科制度不同于一般制度，它是一种规训学科新人、控制学者学术职业样式的规范，因此训练学科新人、训练学者成为其最主要的功能。一代代学科新人、一批批学者正是通过这种训练而不断为人类知识增长作出贡献的。[2] 从规训学科新人来说，人们不断通过各种途径和方法对学科新人进行训练。从最初以教学为

① 周雪光：《制度是如何思维的》，载《读书》2001 年第 4 期。

② 庞青山、陈永红：《试析大学学科制度的功能与局限》，载《清华大学教育研究》2005 年第 4 期。

主要手段，到教学与研究相结合，再到现在的教学、研究与社会服务相结合，教学、研究与生产相结合；从相对简单的诵读和论辩，到书写、考试与评分相结合，再到多层次、多样化的规训手段；从课程标准的宗教性，到世俗性，再到国家、社会和个人的需求在不同类型和层次上的满足，等等。“规训权力的主要功能是训练，规训造就个人。这是一种把个人既视为操练对象又视为操练工具的权力的特殊技术。”① 在福柯看来，规训权力的成功应归功于三种简单的手段：层级监视、规范化裁决以及它们在该权力特有的程序检查中的组合。这些手段特别在学校、部队和医院得到广泛的运用。大学学科组织规训学科新人同样也运用这些手段，只是不同时代、不同国家的运用程度不同。特别是考试将“权力的仪式、试验的形式、力量的部署、真理的确立都融为一体”，② 具有定性、分类和惩罚的作用，因而确立了个人能见度，由此人们可以区分和判断个人而成为学科制度变革的一个重要方面。现代学科制度中的考试和学位等级制度训练着未来的学者：若想在大学和研究机构中申请教学或科研职位，一般要求具有博士或硕士学位，通过这些机构所设立的不同的考试形式才能获得。

从西方大学史来看，学科首先是一个以具有正当资格的研究者为中心的研究社群，这些个体为了便于互相交流和为其研究工作设立一定程度的权威标准，组成这个社群。③ “所谓学科是指

---

① ［法］米歇尔·福柯：《规训与惩罚》，刘北成、杨远婴译，北京三联书店 1999 年版，第 193 页。

② ［法］米歇尔·福柯：《规训与惩罚》，刘北成、杨远婴译，北京三联书店 1999 年版，第 193～218 页。

③ Geiger, Roger. To Advance Knowledge: The Growth of the American Research Universities, 1900 – 1940. New York: Oxford University Press. 1986. p. 29.

身处学术圈内外的追随者所组成的共同体，这个共同体从中获得职业身份，并通过提高它的名望和功效来保证其职业利益。”[①]在西方现代学术体制化的进程中，职业化的学者群体逐步催生出并发展了学科制度。沙韦姆与梅瑟－达维多从 discipline 的字源出发，分析其代表知识和权力的两种含义，并通过追溯学科制度生成的历史，揭示各种学术组织和大学如何依据一些排他性方式，并与其他机构联合组成各种学术社群，掌握各种资源和权力，左右学科的发展方向。[②] 在 1850 年至 1945 年期间，人们对一系列的学科进行了界定，这些学科共同构成了一个可以“社会科学”名之的知识领域。实现这一点的步骤是：首先在主要的大学里设立一些首席讲座职位，然后再建立一些系来开设有关的课程，学生在完成课业后可以取得该学科的学位。训练的制度化伴随着研究的制度化——创办各学科的专业期刊，按学科建立各种学会（先是全国性的，然后是国际性的），建立按学科分类的图书收藏制度。[③]

对学科新人的规训主要是通过学者的学术职业活动来进行的，学者是学科制度训练的结果，他们在规训学科新人的同时，自我也在不断地被训练，因此，学者既是学科制度的建构者，同

① Metzger, Walter. The Academic Profession in the United States. Clark, Burton. The Academic Profession: National, Disciplinary and Institutional Settings. Berkley and Los Angels and London: University of California Press. 1994. p. 131.

② ［美］华勒斯坦等：《学科·知识·权力》，刘健芝译，北京三联书店 1999 年版。

③ ［美］华勒斯坦等：《开放社会科学——重建社会科学报告书》，刘锋译，北京三联书店 1997 年版，第 33 页。

时也是被建构者。[①] 首先，学科不仅仅是学者们打造出来的对知识的学术划分，而且反过来又成为一种强有力的制度，制约着学者的学术活动。如学科制度一般按学术级别控制着学者的进入、声望和事业发展，因此，每个学者都要在某一个学科组织中不断努力。其次，学科制度促进学者的学术职业发展。当前，学术已经达到空前专业化的阶段，“个人只有通过最彻底的专业化，才有可能具备信心在知识领域取得一些真正完美的成就。只有严格的专业化能使学者在某一时刻，大概是他一生中唯一的时刻，相信自己取得了一项真正能够传之久远的成就。今天，任何真正明确而有价值的成就，肯定也是一项专业成就。”[②] 学科研究规范、学科评价制度、学科奖惩制度等是一种以同行评价为基础的制度，它鼓励学者为自己的学术专业而非整个科学领域进行工作，因此，对学术的不断专业化起着巨大的促进作用。再次，学术自由是高等教育的要塞，是学术活动的基本前提，学科制度中的学科规训权力为学术自由提供了本体性依据。人们在寻求学术自由的合法性时通常使用两种论据。一是把学术自由当做一种信仰。例如，英国学者阿什比认为，学术自由是一种工作条件，大学教师之所以享有学术自由乃是基于一种信念，即这种自由是学者从事传授与探索他所见到的真理之工作所必须的；也因为学术自由的气氛是研究最有效的环境。[③] 二是将学术自由作为一种工具，从学术活动的外部即从学术的社会功效方面寻找学术自由的合法性依据，如富奇斯关于学术自由合理性的三个支点的归纳——认

---

① 庞青山、陈永红：《试析大学学科制度的功能与局限》，载《清华大学教育研究》2005 年第 4 期。

② ［德］马克斯·韦伯：《学术与政治》，冯克利译，北京三联书店 1999 年版，第 21 ~ 23 页。

③ 金耀基：《大学之理念》，北京三联书店 2001 年版，第 173 页。

识的、政治的、道德的;[①] 蒙罗的学术自由之存在，不是为了大学教师的利益，而是为了他所服务的社会的福祉，最终则是为了人类的福祉等,[②] 这些都可以成为学术自由的论据。但更为重要的是，学术系统以学科规训制度及其规训权力为基础，在学以致学的循环之中建构形成的学术自由，能够从根本上拥有其坚实的本体性基石,[③] 学科规训权力的存在为学术自由提供了本体性的理由。

学科更为强大的机制则是，学科又控制着学者结束训练以后的职业样式。[④] 每个学者要在选定的学科领域持续进行深入研究，不断地在该学科的正规刊物或半正规刊物上发表论文，被看成是事业上取得成功的必要条件。在学科内部从事研究的成员，通过大学取得在学术世界里的认知排他性。各学科的学者还依照学科分界成立各种学术组织，召开一系列的学术研讨会，以促进学术交流、彼此认同并且逐渐形成或改进本学科的研究范式。学者往往只与同门学者交游，并倾向于主要参加他们自己学科的全国性（或国际性）学术会议。学科制度其实体现了一种区隔：学院派人士为专业刊物写作。这些刊物的读者群相当有限。这不是个发行的问题——主动送给成员的专业期刊的发行量，可能高于那些小型的文学评论——而是与一般公众的联系问题。教授们共享一种专业术语和学科，他们相聚在年会上交流论文，构成了

① ［美］约翰·S·布鲁贝克:《高等教育哲学》，王承绪、郑继伟等译，浙江教育出版社 2002 年版，第 47 页。

② 金耀基:《大学之理念》，北京三联书店 2001 年版，第 173 ~ 174 页。

③ 陈伟:《作为自由之翼的学科规训权力——论学术自由的本体性基础》，载《清华大学教育研究》2002 年第 6 期。

④ 李春萍:《学科制度下中国学术的演变：以北京大学为例（1898 - 1927)》，北京大学教育学院博士论文，2004 年。

他们自己的世界。一个“著名的”社会学家或艺术史家是相对于同行而言的，其他人并不知道他。① 因此，福柯说：“学科构成了话语生产的一个控制体系，它通过同一性的作用来设置其边界。”② 各门学科在资源分配上展开了一场旷日持久的争夺战，各个学科机构给他们的成员罩上一层保护网，不能越出边界。

（三）“权力—学科”规训下知识生产的模式

知识是人类对自然、社会和人类自身精神现象认识成果的总称。话语实践是一切知识的基础，福柯对知识的界定就是“由某种话语实践按其规则构成的并为某门科学的建立所不可缺少的成分整体，尽管它们并不是必然会产生科学，我们可以称之为知识。”③ 从宏观的角度考察，知识的发展与人类对认识对象的划分和对象世界的发展密切相关。从历史—逻辑发展的角度，我们大体上可以将知识的发展分为三个阶段。在其产生及其发展的初级阶段，人们还无法对认识对象做出符合逻辑的划分，因此，知识也是以整体性的面貌出现的，但这种整体是一种朴素的整体。无论是在古代中国，还是在古希腊，早期的著作基本上没有严格的知识领域的划分，人们对自然、社会以及人类精神现象本身的认识混合在一起。西方早期的自然哲学就无所不包括其间。此后，人们逐渐对认识的对象加以区分，知识也相应地被划分为不同的领域。在西方，较早的划分是将认识的对象分为知、情、意三大领域。随着人们对对象世界认识的不断深入，认识对象的划

① Russell Jacby. The Last Intellectuals: American Culture in the Age of Academe. Arts & Licensing International, Inc., USA. 1987. p. 7.

② ［法］米歇尔·福柯：《知识考古学》，谢强、马月译，北京三联书店 2003 年版，第 233 页。

③ 杨艳萍：《后现代人文视野中的科学——论利奥塔、福柯、罗蒂和伽达默尔的科学观》，北京大学科学与社会研究中心博士论文，2001 年。

分也越来越细，知识的领域也越来越多。整个西方近代发展的过程，也是知识的领域高度分化的过程。由此出现了专业化的知识。① 怀特海在其《科学与近代世界》一书中对此有详细的分析，并对这一发展趋势提出了严厉的批评。在知识不断分化的同时，人类从未放弃过建构整体性知识的努力。姑且不论试图建立覆盖所有认识对象的宏大叙事式的整体性哲学，在不同的——尤其是在相邻的不同的知识领域之间，不断产生出具有一定综合性的新的知识领域。随着人类实践活动的不断发展，原本具有相对独立性的知识领域也越来越相互渗透，逐渐呈现出统一性。在21世纪，随着信息技术和全球化的发展，将会出现从传统知识领域中发展出来的综合性的知识领域。

如果知识是由可视及可述交织而成的，权力则是其预设的原因。然而，反过来说，权力早就囊括了作为分歧及差异化作用的知识，如果不是这样，权力也无法成为行动。绝没有不具相关知识场域建构的权力关系，也没有不同时意味及建构权力关系的知识。认为知识仅出现于力量关系被搁置处，只是一种错误及虚伪。绝没有一种真理模型不指向某种形式的权力，也绝没有一种知识或科学在行动上不展现或包括某种操作中的权力。所有知识都由可视迈向可述，反之亦然；然而，并不存在整体化的共同形式，也没有一对一式的雷同或对应，仅有以横贯作用并在形式的二元性中找到它自身行动及实现条件的力量关系。② 权力和知识的关系被福柯称为“我的问题”。他在这个问题上想得很多，很深。有福柯研究者认为：“自《荒诞与疯狂》后，福柯著作的全

① 余东升：《通识教育：知识、学科、制度整合的新范式》，载《医学教育探索》2005年第1期。

② ［法］吉尔·德勒兹：《德勒兹论福柯》，杨凯麟译，江苏教育出版社2006年版，第40～41页。

部重心都在揭示话语的权力与权力的话语，在于发现知识的政治学。”① 后现代理论家利奥塔曾指出，知识和权力是同一个问题的两个方面：谁决定知识是什么？谁知道应该决定什么？在信息时代，知识的问题比过去任何时候都更是统治的问题。② 后现代理论家和福柯却告诉我们，根本没有超脱于权力之外的知识。所有的知识都是某些人的权力意志的产物，它们当然是维护这些人的价值观的。③ 人文科学中的真理比自然科学中的真理离权力更近，二者的关系更为可疑。福柯说：“哲学家，甚至知识分子们总是努力划一条不可逾越的界线，把象征真理和自由的知识领域与权力运作的领域分隔开来，以此来确立和抬高自己的身份。可是我惊讶地发现，在人文科学里，所有门类的知识的发展都与权力的实施密不可分。当然，你总是能发现某些独立于权力之外的心理学理论或社会学理论。但是，总的说来，当社会变成科学研究的对象，人类行为变成供人分析和解决的问题，我认为，这一切都与权力的机制有关……所以，人文科学是伴随着权力的机制一道产生的。”④ 尼采说过：知识是权力的一个工具。因此，很显然，它是随着权力的增长而增长的。⑤ 知识不是权力关系的反映，不是权力关系的歪曲表达；它是权力关系的固有之物。福柯

① 王岳川等编：《后现代主义文化与美学》，北京大学出版社 1992 年版，第 138 页。

② ［法］让－弗朗索瓦·利奥塔：《后现代状况——关于知识的报告》，湖南美术出版社 1996 年版，第 14 页。

③ 李银河：《福柯与性：解读福柯〈性史〉》，山东人民出版社 2001 年版，第 127 页。

④ ［法］米歇尔·福柯：《权力的眼睛——福柯访谈录》，严锋译，上海人民出版社 1997 年版，第 31 页。

⑤ 刘北成编著：《福柯思想肖像》，上海人民出版社 2001 年版，第 220 页。

也说过："权力产生知识（这不单是因为知识为权力服务而鼓励它，或是由于知识有用而应用它）；权力和知识正好是互相蕴涵的；如果没有相关联的知识领域的建立，就没有权力关系，而任何知识都同时预设和构成了权力关系。"① 福柯为自己提出的问题是：权力关系是如何产生了这类话语？话语怎样被权力关系所利用？行使这些权力产生了怎样的反抗，而且用怎样的方式改变了它们的总体构架？福柯在《话语的秩序》中指出："在任何社会里，话语一旦产生，即刻就受到若干程序的控制、筛选、组织和再分配。"真理就是权力的一种，它"激发了尊敬和恐惧，由于它支配了一切，故而一切必须服从它，它是掌握权力的人们根据必需的礼仪说出的话语；它是提供正义的话语。"② 福柯说："我不认为各种人的科学会从监狱里产生。但是，如果它们在知识型中已能形成并产生如此之多的深刻变化，那么这乃是由于它们被一种新颖别致的权力模式传播开去的缘故：某种有关身体的政治，某种使得芸芸众生驯化而有用的方式；这种政策需要包含于权力关系之中的知识的明确关系；它要求屈从地位和客观表现交叉重叠的技术；它引入了个人化的新程序。监狱网络构成了权力—知识的一副盔甲，而这又历史地构成了人的科学。可认识的人（灵魂、个性、意识、行为，诸如此类）是这种分析笼罩和这种统治—监视的对象—结果。"③

知识界不再是一个共同寻求真理的统一体，而呈现为敌对的

① ［英］阿兰·谢里登：《求真意志——米歇尔·福柯的心路历程》，上海人民出版社 1997 年版，第 181 页。

② ［英］阿兰·谢里登：《求真意志——米歇尔·福柯的心路历程》，上海人民出版社 1997 年版，第 14 页。

③ ［英］阿兰·谢里登：《求真意志——米歇尔·福柯的心路历程》，上海人民出版社 1997 年版，第 210 页。

派别和冲突的学说相互争夺的战场。每一方不仅拥有自己的一套目的和利益，而且有着自己对世界的描述。曾经被认为是无偏见和客观地追求真理的知识领域这方净土，现在却弥漫着现实生活的世俗、社会对抗的尖锐以及个人竞争的强化。福柯关于“权力—知识”的概念，点明现代社会权力的运作和知识的积累之间存在着密切关系。他通过源流追溯证明，真理体制是权力运作的一个前提条件和重要产物，为之提供必要知识的一种知识政治；真理体制还建立了某种自明性，使人们接收权力运作的状态并视之为当然，是权力合法性的根源。所以，“在此层面上，既无知识亦无社会，抑或既无科学亦无国家，唯有权力—知识的根本形式。”① 他通过知识考古学探讨科学知识得以成立的条件：考古学不是一个学科，而是一个研究领域。这个研究领域是指，在一个社会中，不同的学问、哲学观念、日常意见以及各种制度、商业交易或者警察活动，都要涉及某种这个社会特有的潜在的知识，这种知识与我们可以在各种科学著作中发现的那种学问体系明显不同。但是，正是这种知识使某种理论、意见或实践成为可能，它是知识制度和实践可能性的条件，一种有关疯狂的知识必然和非疯狂相对，有序的知识和无序相对。② 因此，福柯关注诸如临床医学、精神病学等所谓“不够精确的科学”，因为在早已完成制度化的学科中这些知识条件隐藏得很深。他还分析揭示知识型，即某一文化体在特定历史阶段所形成的知识的文化密码或内在规则，是支持知识领域的概念阶层，并与这一思想时代相应。在福柯的论述中，一切似乎都无所逃于权力的天罗地网，

① Foucault. Power - Knowledge: Selected Interviews and Other Writings. 1972 - 1977. Harvester. 1980. p. 5.

② 杨善华：《当代西方社会学理论》，北京大学出版社 1999 年版，第 379 页。

他强调不应只将注意力放在宏观权力上，要特别注意权力的微观物理机制，这种毛细血管式的权力是借助于对各种细枝末节的管理而实现的。福柯的这种微观权力面向，对于学科制度的规训特性讨论影响很大。

布迪厄坚持知识的自由，却不认为这种自由表现为完全的超脱或全方位的介入，其符号权力理论注意考察权力在学术场域、文化场域和艺术场域这些通常被视为不涉及权力之处的作用。布迪厄指出任何一种权力都要行使符号暴力，即力图强加各种意义，通过掩盖那些作为自身力量基础的权力关系，以使人们将之视为合法。在布迪厄看来，现代社会中最能体现符号暴力运作过程的就是各种教育行动，特别是对高等教育的分析揭示出社会权力关系的动态过程，从而建立一门分析文化再生产和社会再生产之间关系的科学。布迪厄的重要概念是场域——一种人为的社会建构，它是经历漫长的自主化过程后逐渐形成的产物。关于学术场域，过去许多人认为是真理通过话语的论辩驱逐各种错误意见的理想国；而近来学者批评这种幼稚观念时又走向另一个极端，将之视为社会利益特别是阶级利益的自然反映。[①] 布迪厄指出前者为误识，是对知识场域无意识的神圣化；后者则是一种短路，忽视了文化生产场域的相对自主性。学术世界作为知识活动场域，是有着自身独特逻辑、制度的社会空间；尽管学者们采取各种策略争夺某种在他们眼中利害攸关的事物，但若从学术世界中盛行的利益观念来看，他们所追求的利益倒有可能是颇为超越功利的，而且学术场域之外的权威所产生的任何影响和约束，也总

① 李春萍：《学科制度下中国学术的演变：以北京大学为例（1898－1927）》，北京大学教育学院博士论文。

是通过学术场域结构的折射而发挥作用。[①] 布迪厄将社会看做是具有积累性的历史世界，因此他在分析社会时，引入资本的概念考察其积累和各种效应。在布迪厄的论述中，资本表现为在一定条件下可以相互转化的三种类型：经济资本，即经济学通常理解的那种资本类型；文化资本，指借助不同的教育行动传递的文化物品；社会资本，是个人拥有的某种持久性关系网络资源。他指出，分析学术世界时必须同时考虑两种不同的等级制原则：学术世界中的权威主要依据对文化资本的占有，但是这种资本在整个学术世界中却处于从属地位。文化资本的等级制原则常与经济资本的等级制原则发生冲突，这种冲突在学术体制方面浓缩地体现于康德所谓的“系科之争”。在由各种院系构成的空间中，各种科学院系代表“科学”一极，法学院和医学院代表“社会”一极，人文科学和社会科学往往处于两种力量的交织中。[②] 布迪厄还通过具体的经验分析，研究法国所特有的学术体制并进一步探讨权力场域的不同表现形态。

知识生产有两种模式：“本土知识生产”与“专业化知识生产”。[③]“本土知识生产”指的是在日常互动的经验中产出，并以循环流动的方式进行累积的知识生产类型，它比较保守地倾向于再生产其本身和已定的社会关系模式。这种类型的生产产出的知识不是变动的力量，其结构具有稳定任何新发展的性质，只有遇到外来的政治经济冲击时才会改变。以此概念可概要地描述中国

---

① ［法］皮埃尔·布迪厄、［美］华康德：《实践与反思——反思社会学导引》，李猛、李康译，中央编译出版社 1998 年版，第 101 页。

② 杨善华：《当代西方社会学理论》，北京大学出版社 1999 年版，第 294 页。

③ ［美］柯林斯：《文凭社会——教育与阶层化的历史社会学》，刘慧珍等译，台北桂冠图书股份有限公司 1998 年版，第 77 页。

古代学术活动的情形。“专业化知识生产”是指在具有自我意识的共同体中进行的学术活动，其职业性成员的全日制和文化意识为之提供了优秀的技能，内部竞争迫切要求他们不断按新方向生产其产品。这种知识生产类型具有创造性，易于产生新形态的文化，是变动的外在来源。中国学术在学科制度的引进和速成过程中，可以说经历了从本土知识生产到专业化知识生产的转变。但是，中国现代学术的这种制度化进程绝非一蹴而就，更不是一帆风顺的。中国学者吴刚以知识社会学为总体框架，对中国教育知识史做了比较社会学的分析。他从影响知识发展的文化变量心态、典章制度和器具三个层面入手，揭示出中国古代教育知识演化与社会控制的观点——君权把持着中国古代的知识活动和教育知识的选择。君权以这样一些原则作为知识选择的标准：(1) 有关君权神授的知识；(2) 强调个人自我控制和内心修炼的知识；(3) 具有实用价值的知识，即“经世致用”的知识；(4) 表现人伦教化的知识；(5) 装点文辞的知识，以至可以用叙事形式掩蔽认知形式；(6) 有利于帝国安定的知识，可以传播并再生产。[①] 与此相关，被忽视的是那些有关自然的知识、有关事物原理或机理的解释性知识以及专科知识；被禁止的是为王室所垄断的与君权根本相悖的知识，包括有关皇权兴衰命运的知识（如天文学）、主张社会变革并探讨历史变革途径的知识（如史官制度）和有违朝廷的神圣性和绝对权威的知识、可能引发国家变动的知识（如兵学）、同当朝正统观念相左的知识。他还比较了中西方不同的知识活动，指出中国传统知识的生产原则是相似性，而西方近代科学的谱系传统为因果性，批评中国历代高等教育在形式和内容上都保持着似乎亘古不变的稳定性。因此，

① 吴刚：《知识演化与社会控制》，教育科学出版社 2002 年版，第 191 页。

中国文化创造性转换所面临的主要问题，是合理性建构以及由此带来的科学理性的挑战。[1]

二、“权力—学科”规训下刑事法学科知识的产生

（一）权力产生并规训话语、知识、学科

如果说科学的形成有一个历史发展过程的话，那么伴随着人类这种具有高级智慧的动物的产生，就有了科学认识。这种概念上的科学是遍布整个人类的，属于科学知识的第一个阶段。这一阶段的科学只能说是科学的萌芽，是与神话、传说和巫术混在一起的。第二个阶段，就是16、17世纪由哥白尼、伽利略和牛顿等人用现代科学方法对自然的研究所导致的现代科学的出现。这一阶段建立了现代科学的合理内核。但是，这时的科学就像牛顿著作的名字《自然哲学的数学原理》一样，虽然内核发生了根本变化，仍旧被人们认为是一种哲学，即自然哲学。虽然现代科学出现了，但是与哲学还没有分开。这个阶段没有学科化的另一方面表现是，当时的科学研究几乎都是在大学以外的场所进行的，没有成为授课的主要内容，大学中仍旧以亚里士多德哲学作为传授给学生的主要内容，而且科学与经济、政治的联系还比较微弱，真正意义上的分科化的科学还没有出现。直到第三个阶段，就是福柯所考察的科学学科的产生阶段，也就是科学知识在大学中的组织纪律化阶段。[2] 福柯认为18世纪是一个使知识纪律化的世纪，也就是说，一方面形成了挑选知识的标准以排斥假知识、非知识，另一方面又对知识内容进行规范化、同质化和等

---

① 李春萍：《学科制度下中国学术的演变：以北京大学为例（1898－1927）》，北京大学教育学院博士论文，2004年。

② 杨艳萍：《后现代人文视野中的科学——论利奥塔、福柯、罗蒂和伽达默尔的科学观》，北京大学科学与社会研究中心博士论文，2001年。

级化的处理。最终形成的是围绕某种公理化知识并对知识集中化的内在组织，这样就把每个知识按学科分类进行整理，于是出现了科学知识的学科化。科学知识学科化的结果是：科学成为文化中具有独特个性的一部分而独立出来。福柯就在这个意义上重新界定了科学，他认为科学是我们文化中一部分的事实和限制。科学知识学科化的另一个结果就是科学与哲学的真正分离。福柯认为哲学作为创立者和基础的角色消失了，哲学从此不再在科学知识和知识进程中有任何实际作用。科学的学科化在拒绝了哲学的同时，就开始了唯科学主义之路，也就为后来形成哲学向科学靠拢和发展出不依赖科学的哲学这种科学与哲学关系的图景。福柯的《临床医学的诞生》就是他这种观点的一个案例。这本书主要就是讲述从18世纪下半叶开始，医学知识的同质化、规范化、划分和集中的工作。虽然18世纪的科学不像它前面的17世纪也不像后来的19世纪那样成果璀璨，但是完成了由哲学到科学的彻底转变。福柯也正是在对知识纪律化或者学科化的分析当中，得出了科学知识作为一种集中的权力的观念。① 当知识发展、膨胀到一定程度时，就有分门归类的需要了。当知识继续发展，那么知识的情形如何呢？研究当下最发达社会的知识状况的利奥塔正好对这个问题作出了回答。各学科领域的传统界限重新受到质疑：一些学科消失了，学科之间的重叠出现了，由此产生了新的领域。实际上20世纪的知识状况处在学科越分越细，学科界限也越来越模糊的状况；涌现了大量的横断学科、交叉学科。但是，与18世纪的科学状况相比这没有实质的变化，只不过科学知识显得与经济的关系更加紧密，科学家进入了大公司。

在《话语的秩序》这个讲演中，福柯指出，在任何一个社

① 杨艳萍：《后现代人文视野中的科学——论利奥塔、福柯、罗蒂和伽达默尔的科学观》，北京大学科学与社会研究中心博士论文，2001年。

会中，话语的生产总是受到一些程序的控制、筛选、组织和分配。[①] 这些程序或规则包括外在控制规则、内在控制规则和应用控制规则。其中的外在控制指的就是社会机制对话语进行的控制。到了20世纪70年代后期，福柯关于权力的思想又发生了转变，主要是他不再把权力视为否定性的、压制性的，而是把权力视为肯定性的、生产性的。之所以如此，是因为知识只有通过权力才得以形成、组织和传播。在传统的理论看来，真理与自由处于原始的亲缘关系之中，要获得知识就要摆脱权力。福柯颠覆了传统的知识理论。他在一次访谈中明确说："在人文科学里，所有门类的知识的发展都与权力的实施密不可分。"[②] 福柯非常精辟地阐述了知识与权力的关系。他指出，我们应当完全抛弃那种传统的想象，即认为只有在权力关系暂不发生作用的地方知识才能够存在，因此弃绝权力乃是获得知识的条件。实际的情况恰恰相反，权力制造知识，权力和知识是直接相互连带的。不相应地建构一种知识领域就不可能产生权力关系，不同时预设和建构一种权力关系就不会有任何知识。规训就是这种知识/权力实施的一种策略。[③] 在规训的结构中，权力的实施不再是"表象的、戏剧性的、能指的、公开的、集体的方式"，而是弥散的、细致的、微观的、无微不至的。这是一种知识型的变化，也是一种权力机制和权力策略的变化。在这里，权力已经不是政治意义上的法律权力，而是一种微观的权力，微观权力往往就是规训的常规

---

① Foucault. The Archaeology of Knowledge. New York: Pantheon Books, 1972. p. 216.

② ［法］米歇尔·福柯：《权力的眼睛——福柯访谈录》，严锋译，上海人民出版社1997年版，第31页。

③ 张海斌：《福柯〈规训与惩罚〉解读》，载《青少年犯罪问题》2004年第6期。

形式。福柯在《规训与惩罚》中正是企图展示这种规训权力的政治作用。在一次讲座中，他曾指出，“我们应当关注权力的极端状况，权力的最终归属，权力的微细管道，也就是说权力的区域和局部的形式和机构。事实上，我们最应当关心权力在什么地方超越了对它进行组织和限制的权力规则，把自己扩展到这些规则之外，把自己付诸制度，具体化为技术，用工具甚至暴力的手段来装备自己。”“我们应该在权力实施的极端情况下把握它，在那里，权力总是呈现不太合法的特性。”① 可见，规训作为一种微观的权力行使，往往是在规避合法性中隐蔽行使着，由于它必须借助于对身体的一种外部控制和训练，所以往往涉嫌对权利构成了一种隐蔽的侵害，而这种侵害往往容易在公众视线中被忽视。因此，公开的惩罚转化为规训，实际上是权力的行使策略从公开转为隐蔽、从宏观转向微观的一种形式，最终表现为新的知识型的产生。② “我认为，我们必须首先把权力理解成多种多样的力量关系，它们内在于它们运作的领域之中，构成了它们的组织。……正是各种力量关系的旋转柱石永不停歇地通过它们不平等的关系引出各种局部的和不稳定的权力形态。权力无所不在，这不是因为它有着把一切都整合到自己万能的统一体之中的特权，而是因为它在每一时刻、在一切地点，或者在不同地点的相互关系之中都会生产出来。权力到处都有，这不是说它囊括一切，而是指它来自各处。……因而，我们必须是唯名论者：权力不是一种制度，不是一个结构，也不是某些人天生就有的某种力

① ［法］米歇尔·福柯：《权力的眼睛——福柯访谈录》，严锋译，上海人民出版社 1997 年版，第 231 页。

② 张海斌：《福柯〈规训与惩罚〉解读》，载《青少年犯罪问题》2004 年第 6 期。

量，它是大家在既定社会中给予一个复杂的策略性处境的名称。”[①] 福柯的权力理论告诉我们，知识在社会中要受到各种权力关系的控制。什么被允许，什么被禁止，都源于这个社会中的权威、规则、等级和学科系统，因此，一种文化必然产生出一种人们认识事物的方式，正是这种认识方式导致相应的话语被生产出来。例如，在每种文化中都有关于话语的真伪、正误、合理与不合理的准则，这些准则正是权力的产物。[②] 因此，任何话语，包括法学的话语，都不可能是完全自律或自治的，而是社会中权力关系的产物。话语乃是权力的话语。

福柯的知识型使人们觉得他仍然是在对文化进行整体性的分析，但福柯极力强调，他的这种知识型并不是一个整体性的概念，不仅在历时性上是非连续性的，而且在共时性上也是非连续性的。它虽然决定了知识得以可能的条件，但它本身却是由不同的话语形成规则所构成的一个散布的系统。不同的话语形成的规则，区分出了不同的知识。所以，福柯强调他的考古学分析总是有局限性的、有区域性的，是要揭示特殊的话语形成所构成的关系系统。[③] 在福柯看来，知识是由学科、领域和机构通过应用科学原理生产出来并加以限定的观点、思想、叙述、评论、规则、范畴、法律、术语、解释和定义组成的。一个文化中各种领域之间的斗争就产生了不同的新知识。[④] 权力在福柯看来并不是一个

---

① ［法］米歇尔·福柯：《性经验史》，佘碧平译，上海人民出版社2005年版，第69页。

② 杨春芳：《福柯话语理论的文化解读》，载《安康师专学报》2005年第4期。

③ 文兵：《面向复杂性：福柯的后现代知识观》，载《首都师范大学学报（社会科学版）》2004年第2期。

④ ［澳］J. 丹纳赫、T. 斯奇拉托、J. 韦伯：《理解福柯》，刘瑾译，百花文艺出版社2002年版，第195～196页。

可以被个人或团体掌握的东西。相反，权力既是一个复杂的流动体，又是不同团体和社会领域间的一系列关系，这些关系随着环境和时间的变化而变化。福柯关于权力的另一种观点是，权力并非是全然消极的（用来压制或者控制人们），它具有很高的生产力。权力导致对权力本身的反抗。它使我们成为现在的样子，决定了我们能做的事情，也决定了我们看待自己和世界的方式。福柯提出“权力—知识”的概念，他指出，知识使我们成为它的主体，因为我们通过参照各种知识体系来理解自己。① 无论或宏大或细微的事件，都是一种陈述，共同参与一种历史话语的建构，并且同时遵循当时话语秩序的规则，而这些陈述在话语中的最终表述形式便是学科知识。② 学科是对某一类对象或某一事物的某一方面的性质进行研究的特定的视角，同时，它又是这一研究所获得的知识累积的结果。它表现为知识体系、研究方法和特有的价值内涵。

① ［澳］J. 丹纳赫、T. 斯奇拉托、J. 韦伯：《理解福柯》，刘瑾译，百花文艺出版社 2002 年版，第 197 页。

② 沈立岩主编：《当代西方文学理论名著精读》，南开大学出版社 2005 年版，第 286 页。不仅如此，福柯还找到了诸学科知识以及各权力斗争的中心：人的身体。历史力量以某种方式作用于人的身体，并且也通过人的身体而发生作用，于是人不再属于他自身，他是话语权力进行现实操练的物理场合。在福柯理论的关照中，人的身体就像一个硝烟永不消散的战场，战斗无时无刻不在发生。各种权力通过对身体的塑造显示自己的力量，展示自己的统治制度，同时也围绕着身体，出于对其控制的目的，各种关于与身体有关的一切学科和知识不断产生、逐步细密化，以身体做试验完善自身，从而为塑造身体的目的作出更为有效的服务。如此一来，连同话语理论，将会使我们对于历史、知识、权力、社会以及对它们所作的研究之思考发生一种深刻的变化。参见沈立岩主编：《当代西方文学理论名著精读》，南开大学出版社 2005 年版，第 286 ~ 287 页。

从1971年到1972年，福柯在法兰西学院的课程主要涉及“刑事理论和机构”，认为权力关系并不只是起推进知识或阻碍知识的作用；权力关系并不仅仅满足于鼓励或刺激知识，扭曲或限制知识；权力和知识并不只是因旨趣或意识形态的作用而联系在一起的。因此，问题并不是确定权力如何抑制知识并使之服务于自己的目的，或者权力如何在知识中表现自己并把意识形态内容和限制加注于知识。倘若没有一个交往、记录、累积和置换的体系（它本身是一种权力形式，并且就其存在和功能而言与其他权力形式相联系），就不能形成知识体系。反之，倘若没有知识的抽取、挪用、分配或保留，就不能实施权力。[①] 在这个层面上并不存在这样的局面，即以知识为一方，以社会为另一方，或者以科学为一方，以国家为另一方，存在的只有知识—权力这一基本形式。[②] 知识体系产生于一系列学科的发展过程中。这些学科，不论是人类科学还是社会科学，不仅把“人”——统治者和自我创造（self－originating）的国民意义上的人，而不仅仅是作为生物种类的人——当做它们的研究对象，而且把影响人类的其他因素也列入研究范围，例如空间和建筑。在福柯看来，这些科学主要在两个方面区别于自然科学。[③] 首先，它们期望得到的不是概括化的理论（如关于生命起源或者时间的本质这类理论），而是特异性（例如，考虑到监视和健康等因素，怎样建造一座军营才最合适?）。其次，福柯认为人类科学不同于自然科

① 莫伟民：《主体的命运——福柯哲学思想研究》，上海三联书店1996年版，第207页。

② 《刑事理论和机构》，载《法兰西学院年鉴1971－1972》，第283页。

③ ［澳］J. 丹纳赫、T. 斯奇拉托、J. 韦伯：《理解福柯》，刘瑾译，百花文艺出版社2002年版，第75页。

学，它们与政治权力的运作和维持息息相关。

（二）刑罚权力产生监狱学、犯罪学、刑法学知识

权力与知识密不可分，相互依赖。权力生产知识，两者相互蕴含。哪里有权力实施，哪里就有知识生产。在福柯看来，历史已经研究了拥有权力的国王和将军、经济过程和基础以及上层建筑，但历史从未认真研究过一般的权力机制，历史更没有研究权力（策略和机制）与知识之间的关系。人道主义传统承认，人们一旦拥有权力，就不再有知识。权力使人们发疯，统治者是盲目之人。只有那些远离权力的人们，那些绝不卷入暴政、躲入烘房、沉思冥想的人们才能获得真理；只有在权力关系得以悬置的地方，知识才是可能的。福柯设法弄清楚权力同知识的相互关联，认为我们不应满足于说：权力需要这样一种发现，这样一种知识，而是要补充说，权力实施本身创造和引起了新的知识对象的出现，同时积累了新的信息体系。倘若人们不知道权力和经济权力如何在日常生活中实施，人们就不能理解经济科学。权力的实施会永远创造知识；反过来，知识也不断招致权力的作用。大学等级制度只是这一现象的最为明显的和最少危险性的形式。因此，现代人道主义错误地把知识和权力分隔开来了。在知识和权力中，其中一方是另一方的组成部分。在任何时候，知识都依赖于权力；若没有知识，权力就不可能被实施，知识也不可能不去引起权力。[①] 为此福柯提出了“权力—知识”（pouvoir - savoir）的概念，[②] 旨在表明两者之间的密切关系：倘若没有知识领域的相关构成，就没有权力关系；同时，任何知识都预先假定并同时

① 《监狱交谈：与 M. 福柯的会谈》，载《激进哲学》1977 年春季第 16 期。

② 莫伟民：《主体的命运——福柯哲学思想研究》，上海三联书店 1996 年版，第 273 页。

构成权力关系。福柯还反对那种因坚持最终能存在一种不受权力关系影响的知识而把科学与意识形态割裂开来的做法。在1976年1月14日的讲演中，福柯指出，很有可能主要的权力机制相关于意识形态生产（教育的、君主制的、议会民主制的意识形态等），但其本身并不就是意识形态的生产，而是知识构成和积累的有效工具的生产：观察方法、记录技术、研究步骤、控制机器。所有这些都意味着，当权力通过这些精妙机制而得以实施时，权力只能展开、组织并传播一种知识，或者精确地说，并非意识形态产物的知识机构。权力与知识之间的关系分析应该依据权力关系如何描述知识领域以及如何产生知识对象，而不是依据谬误或虚幻。[①]

在我们这个社会中，充斥着权力，也充斥着权力的规训。在规训制度中，福柯认为核心是考察。考察可以贴近观察、辨识、按标准进行评估、确认不轨。与考察同样重要的是档案和病历记录。它们都可以对个人的特点进行长期观察、测定，并与他人的记录相比较。正是在权力规训的实践中，逐渐产生了系统而又细致的关于人的知识；这种知识的积累最终导致了各种“人的学科”的发生，诸如犯罪学、心理学、社会学、精神病学的形成。福柯指出，正是这些观察、考察和测定的程序，以及观察、考察和测定所必须的个人孤立化和对孤立的个人的控制，也即一种特定的权力，才使这些学科得以发展起来。[②] 由此，福柯为18、19世纪以来产生和发展起来的各种“人的科学”的理解和评价提出了一个全新的角度和理论框架。在他看来，对这些学科或知识，绝不能看做是一种独立于社会权力关系之外的、纯粹的智识

① 莫伟民：《主体的命运——福柯哲学思想研究》，上海三联书店1996年版，第274页。

② 苏力：《阅读秩序》，山东教育出版社1999年版，第133页。

的产物，而必须看做是深深地根植于权力/知识及其与人的躯体的关系之中，是关于这些关系的各种知识的结晶和研究的方法及技术。福柯在《规训与惩罚》中论述了惩戒权力，并把它置于工厂、医院、学校、监狱等微观社会中。惩戒技术采取了肉体的技术的形式："可能存在着一种肉体的知识，它并不恰恰是其功能的科学，存在着一种对肉体的力量的控制，这种控制并非是征服肉体的能力：这种知识和控制构成了人们称之为肉体的政治技术。"① 于是，福柯描述了一个既是知识样式又是权力形式的技术，即权力—知识。

作为一种权力形式，刑罚权是国家基于独立主权，对犯罪人实行刑事制裁的权力。从这个意义上说，刑罚权是一种国家权力。刑罚权是从私刑权发展而来的，在原始社会实行复仇制度，被侵害者本人以及其他人都享有对侵害者的惩罚权。此后，随着国家的出现，这种个人享有的惩罚权就被收归国家垄断行使。因此，贝卡利亚认为公民的自由是君主惩罚犯罪的真正权力的基本起点。国家掌握刑罚权以后，逐步禁止私刑，垄断了刑罚权，使犯罪，尤其是侵害个人法益的犯罪，从私人之间的关系转变为国家与个人之间的关系，由国家统一行使对犯罪人的惩罚权。由此，惩罚权成为国家的一种权力，因而具有公权的性质。只是在个别情况下，国家通过立法赋予个人以自诉权，作为国家公诉权的补充。由于自诉权只是一种求刑权，因而在一定条件下个人行使求刑权并不能从根本上转变刑罚权的公权性质。刑罚权不是空洞的，它必然通过一定的方式表现出来。在刑事活动的不同阶段，刑罚权具有不同的表现形式。一般认为，刑罚权可以分为四

① 莫伟民：《主体的命运——福柯哲学思想研究》，上海三联书店1996年版，第289页。

种具体的权力：制刑权、求刑权、量刑权、行刑权。[①] 行刑权，就是对犯罪人执行刑罚的权力。行刑权有广义和狭义之分。广义上的行刑权指对所有刑罚执行的权力；狭义上的行刑权仅指监狱行刑权。我国有学者认为监狱行刑权可以分为实体性行刑权与程序性行刑权。前者包括监狱实施刑罚即对罪犯的监禁、强制教育、劳动和改造，以及刑罚权执行中可能发生变更的各个环节的相关制度的落实等内容。后者包括对刑罚变更执行的建议权、严格限定下的决定权或批准权等内容。[②]

监狱是刑罚执行的重要场所。通过对权力的分析，福柯认为监狱和训诫在现代社会并不是一种压制的力量，而也可能是一种促进的、构成性的力量。权力并非是全然消极的（用来压制或者控制人们），它具有很高的生产力。权力导致对权力本身的反抗。它使我们成为现在的样子，决定了我们能做的事情，也决定了我们看待自己和世界的方式。福柯认为监狱并没有“发现”违法者，毋宁说，监狱在两种意义上“制造”了违法者。首先是字面上的意义，即监狱制造了累犯：违法者由于进过监狱而在社会上背上恶名，在监狱的环境里其道德观念更弱了，也失去了工作的技能，因此释放之后很容易再次犯罪，最终沦为职业罪犯；而且，监狱还使得罪犯的家庭成员因生活困难而走上犯罪之路。应当说，这种论述不是首次提出，许多监狱改革家都曾指出这一点。重要的是福柯指出的第二种意义，监狱在认识论的意义上制造了罪犯。在监狱的实践中，监狱创造了“犯罪人”这样一个范畴：在监狱中，在权力的眼睛的凝视（gaze）下，犯罪人第一次成为独立的、可见的客体，成为强有力的研究和控制的对

① 陈兴良：《本体刑法学》，商务印书馆2001年版，第623～626页。

② 张绍彦：《刑罚实现与行刑变革》，法律出版社1999年版，第133页。

象。换言之，在监狱里，犯人被当做一种独特的、与其他人不同的、具有独立的意义的实体。他们不是作为抽象的人来被研究的，而是当做罪犯来被研究的；只有与犯罪有关的特点、特征才受到重视。犯罪学就在这样的权力知识制度和关系中产生了，其之产生和发展与这种权力制度及其对个人躯体的控制是不可分的。因此，福柯认为，犯罪学并非一种不可否认的独立的真理，而是从特定的权力知识体系中形成的。①

监狱实行一种统一的个人记录，监狱长、训导员必须填写他们对每个犯人的观察结果，这在某种意义上是监狱管理的登记册，可随时查阅以评估每个犯人的各种情况，从而可以知道用什么办法来对待每一个犯人。此外，人们还设计或试行了许多其他更复杂的记录制度。总的目的是把监狱变成一个建立一套知识的场所，用这套知识来调节教养活动。监狱不仅应该知道法官的裁决并根据现有的条例去执行裁决，而且应该不断地从犯人身上汲取那种能够把刑罚措施变成教养运作的知识。这种知识将能把对犯罪的惩罚变成对犯人的改造，使犯人有益于社会。监狱的自主权和它所创造的知识使得人们有可能增加刑罚的效用。② 由于监狱对犯人实行隔离、观察和个体评价，这样的实践使专家对违法者的思考不再是抽象的。尽管从法律上看，违法者除了犯了罪之

① 苏力：《阅读秩序》，山东教育出版社 1999 年版，第 136－138 页。这种权力关系促进知识的发生和发展的旋律在福柯的其他著作中得到反复演奏。例如，在《精神病与文明》中，他分析了监禁精神病人是如何导致了精神病学、心理学的发生或发展的。在《临床医学的发生》中，他分析了医生对病人的权力关系，指出精神分析学是如何发生的。在其他著作和论文中，他分析了司法对杀人犯的权力关系导致了精神病学和心理学的发展；反过来，精神病学研究中的权力关系又促进了犯罪学和法学的发展。

② ［法］米歇尔·福柯：《规训与惩罚》，刘北成、杨远婴译，北京三联书店 1999 年版，第 280 页。

外与常人并无不同；监狱却高度注意个体的违法者，力图确定他们每个个体都是一种什么类型的人，发现他们各自的个性以及他们与自己的犯罪之间的关系。从这个意义上，是监狱发现了违法者（delinquents），即发现了这样一类人，他们的身世、个性和环境使他们不同于正常人。正是在对犯罪这一社会实体的调查和描述中，训诫性的监狱使大量关于罪犯的信息得以积累，从而产生一种关于罪犯和犯罪的总体知识——犯罪学。

涂尔干认为，刑罚的演化有个规律：当社会属于更落后的类型时，当集权具有更绝对的特点时，惩罚的强度就越大。[①] 然而，刑罚的残忍、利用刑罚瞬间直接消灭犯罪人的肉体的这些方法，是与治理的方法格格不入的，它们或许能够满足国家的社会控制要求，但是却无法达到治理的目标。在死刑、肉刑的执行中，可以说人的身体是刑罚直接作用的对象，以肉体的撕裂、痛

---

① ［法］爱弥尔·涂尔干：《乱伦禁忌及其起源》，汲喆、付德根、渠东译，上海人民出版社 2006 年版，第 328 页。

苦、流血和死亡作为刑罚权力展示的舞台。但是，在市民社会①

① 市民社会（Civil Society）是从拉丁文 Civilis Societas 演化而来的。在拉丁文中，“Societas”一词有协会、联盟、结社之意，与英文 Society（社会、社团、协会）之意相近，而拉丁文 civilis 在古代尤其是罗马共和国时期就代表了一种西方特有的法律和社会至上的意思。Civilis 在拉丁文中的另一个含义是法律，还可指罗马共和国时期的民法，它在很大程度上是一个法律用语。乔治·霍兰·萨拜因教授指出，当时的人们不认为法律代表国家，也不认为法律是统治阶层或立法团体中少数人私人意志的产物。相反，他们认为法律是人类为了共同生活所必须遵守的天赋的或至高无上的原则；在人们心目中，法律是代表社会的，人们把社会和人民看得高于国家或长官。另外，civilis 不仅指法律而且指私人权利，不仅包括私人自由活动和居住的权利，而且主要指公民的私有财产不受侵犯的权利，以及与他人订立契约和从事贸易活动的权利等。在此，我们不难发现“市民社会”一词是与法治联系在一起的，是蕴涵了自由、平等和权利等民主宪政思想的。从“市民社会”一词的词源分析中可以看出，后世的人们实际上将市民社会视为一种意蕴着自由、平等和权利的民主社会，视为一个以法律保障市民阶层的权利及利益的法治社会。学术界关于市民社会概念的定位一直存有争议，近年来具有普遍性的定义是：市民社会不是广义的社会概念，而是与政治国家相对应的特定范畴，它指的是个人、团体按照非强制原则和契约观念进行自主活动，以实现物质利益和社会交往的、不受国家直接控制的民间独立自治组织和非官方亦非私人性质的公共领域，亦称公民社会或民间社会。理论界通说认为，市民社会应该包括以下几点：第一，市民社会是相对于政治国家的“私人自治领域”；第二，市民社会以商品经济为基础；第三，市民社会实行法治，贯彻法律面前人人平等；第四，市民社会以各种自愿自治组织为中坚；第五，市民社会以个人自由、平等、权利、契约为根本原则和价值。市民社会的概念表述了自下而上地创建独立的而不是受国家督导的社会生活方式的纲领。市民社会与国家间的界分对西方传统很重要，这不仅是因为这个界分的观念根源于西方历史的早期时代，更是因为它始终是不同形式的反专制主义思潮的核心。在黑格尔看来，市民社会——或者毋宁说是社会中的市民部分——既不同于家庭，也不同于国家。它是市场，是社会的商业部分，是市场得以运作以及成员得以保护所必需的制度和机构。市民社会有两个中心特征——私有财产和独立于国家。市民社会这个概念被用来指称在国家直接控制之外的各种资源，其对集体性生活提供了不同于国家组织的另一种可能性选择。市民社会的话语有两大分支：其中之一沿着弗格森和斯密的进路，强调市民社会所具有的经济体系特征；另一分支则追随孟德斯鸠、卢梭和托克维尔，强调由自主团体所产生的社会关系。

中，个体的价值得以提升，国家的权力受到严格限制，以肉体疼痛、毁损为特征的刑罚日益衰落，乃至消失。同时，自由的价值在提升，剥夺自由、限制自由的刑罚得以提倡，将身体限制在一定的空间、维持身体的完整与存活的监禁刑大行其道。按照马克思的观点，金钱只不过是凝固的自由，也就是说，个体在获取经济收益的同时必然将自己的自由短暂地束缚在这个事务上，相对地失去了自由。因此，作为更文明、更隐蔽的方式，财产刑不但产生，而且发挥着越来越大的威力。历史地看，肉体本身逐渐走出刑罚标的的视野，刑罚的执行方式越来越文明、开放以及商品化。然而，刑罚总是涉及身体，无论是血腥的刑罚，还是“仁慈”的刑罚。刑罚的对象总是身体，而身体相应地刻写了刑罚的痕迹。身体的可利用性，可驯服性，它们如何被安排，如何被征服，如何被塑造，如何被训练，都是由某种政治、经济、权力来实施的，都是由历史事件来实施的，都是由一种刑罚制度来实施的。身体反射了这种刑罚，那么，我们能以身体史为背景来撰写这种惩罚史吗？这是一种身体政治，即将刑罚技术置于身体政治的历史中，刑罚属于一种涉及身体的政治技术学。刑罚的作用点应该发生变化，不再是通过制造过度痛苦和公开羞辱的仪式游戏运用于肉体，而是运用于精神，更确切地说，运用于在一切人的脑海中谨慎地但也是必然地和明显地传播着的表现和符号的游戏；从运用犯罪人的肉体进行威吓，到通过心理强制进行威吓，从而使刑罚不再专注于对犯罪人的肉体摧残和折磨，而是注重对社会上一般公民的精神上的警戒与引导。在这种惩罚日益宽松的现象背后，人们可以发现惩罚作用点的置换，而且可以看到，通过这种置换出现了一个新的对象领域、一个新的事实真理体系以及一大批在刑事司法活动中一直不为人们所知的角色。一整套知识、技术和科学话语已经形成，并且与惩罚权力的实践愈益纠缠在一起。[1] 遵循“权力—知识”的发生关系模式，在刑罚权力的作用下，刑事法知识得以产生，犯罪学、刑法学、监狱学、刑事诉讼法学等刑事法学科逐渐产生、分化、嬗变。

福柯是这样一个学者：对他而言，没有一个角落过于晦暗而无从穿透，尤其是在考察贯穿西方历史的肉体和精神控制的机器时。尽管确确实实，他对同一个硬币的两面都感兴趣——通过排斥过程，文化确定和孤立了它们的反对者，而它的正面，文化就通过它确定了和限制了它们自己的吸纳权威——现在还是可以肯定，福柯最重要的知识分子的贡献是对此的理解：在社会和历史中实施主导控制的意愿是如何发现通过真理、纪律、合理性、功利价值和知识等语言来系统地自我掩盖、欺骗、解释和伪装的。这种语言，以其自然而然性、权威、娴熟技艺、确定性和非理论的直接性，就是福柯所称做的话语。话语和这种粗糙物——它和阶级斗争是同等重要的社会斗争领域——之间的差别是，话语不是在上层建筑而是在基础层面上使它的生产、辨认、审查、禁止、取缔等对认知发生影响。话语权力则既是斗争的对象，也是引导斗争的手段。例如，在刑罚学中，司法语言表明了监狱物理结构中所固有的违法的也是可理解的图案，这种语言就是控制罪犯和权力从而自我维持和确定他者的手段。话语的目标就是自我维持，更重要的是，它还持续地生产其物质；正如福柯挑战性地指出的，监狱是一种制造犯罪的工厂。从气质上而言，毫无疑问也因为他是个独具天才的知识分子，他能看出知识分子是话语权力系统的一部分，他的著作同社会中沉默的牺牲者休戚相关，并使话语的实践性暴露出来，使其主体被压抑的声音被倾听到。社会的主导话语是福柯在《话语的秩序》中所说的真正的话语或

① ［法］米歇尔·福柯：《规训与惩罚》，刘北成、杨远婴译，北京三联书店 1999 年版，第 24 页。

真实的话语。他甚至在《知识考古学》中对此也没有进行描述，但是，他指的是话语所有要素中最神秘和最普遍的东西，它使得个人表达成为为真理而说、对真理的谈论以及在真理内的说话。然而，话语的每一个分支、每一个文本、每一个陈述都有自己的真理准则，正是这些才确定了关联物、适宜、规范性、确定性等诸如此类的问题。福柯正确地注意到，当人们作为文献学家，也可以说是文献式地写作时，他的写作，其形式、其构型、其陈述将会严格地适应彼时彼地的文献学所可能特有的清晰阐述。① 福柯关注的是对一种力量的描述，正是通过这种力量，能指才占据一个位置。所以在《规训与惩罚》中，他能够表明，刑罚话语如何能够反过来在监狱的全景建筑的结构、控制、心理、道德经济中指派犯人的位置。但是，福柯似乎对考察这种情况为何发生并无兴趣。②

一旦需要通过统治机制来实施监禁，但同时又要掩饰所实施的权力效应，就需要一种统治权的理论在法律机器的层面上抛头露面，并在法典中重新出现。从19世纪一直到今天，现代社会的特征一方面在于立法，这是建立在公共权力基础上的话语和组织，其表现原则是社会身体和每一个公民的代表身份；另一方面，又在于紧密相连的监禁的网络，其目的是为了保障同一社会的凝聚。尽管权力的理论是这一网络的必要附属品，它却不能提供必要的认可条件。于是就有了两种限制，统治权的权力和监禁

---

① ［美］爱德华·赛义德：《傅柯与德里达》，载汪民安、陈永国、马海良主编：《后现代性的哲学话语——从福柯到赛义德》，浙江人民出版社2000年版，第448页。

② ［美］爱德华·赛义德：《傅柯与德里达》，载汪民安、陈永国、马海良主编：《后现代性的哲学话语——从福柯到赛义德》，浙江人民出版社2000年版，第451页。

的机制，它们界定了权力实施的战场。但是，这两种局限性是强烈异质的，以至于它们不能相互归结。现代社会权力的实施，就是建立在这两者的异质性的基础上，并通过这种异质性来进行的。这并不是说，一方面有明确的、理论性的有关统治权的权力体系，另一方面却是晦暗的、缄口不言的监禁体系在背后进行阴暗的操作，这样构成了宏大的权力机制的基础。在现实中，监禁具有自身的话语。监禁的话语构成知识的机器，以及一系列新的认知领域。在这些生产知识的机器中，监禁的话语又是非常具有创造性的组成部分。监禁是话语的负载者，但这不是权力的话语。监禁的话语与法律、准则或者统治权的意愿无关。监禁完全可以负载一种话语，这种话语看重准则，但这不是从统治权推导出来的法律的准则，而是自然的法则和规范。它们界定的准则不是法律的准则，而是规范的准则。它们指向一个与权力的大厦完全无关的理论的地平线。人文科学构成了它们的领域，临床的知识构成了它们的法理。① 简言之，福柯一直想说明的，不是顽强的、混乱的人类支配行为逐渐为科学所同化吸收的方式：人文科学的构成，不是通过精密科学的理性的进步来逐步实现的。福柯认为，使人文科学的话语成为可能的是一种并置，一种相交，发生在两条研究线索、两种机制、两种绝对异质的话语类型之间：一方面是对支持统治权的权力的重新组织，另一方面则是以监禁形式来实施的强制性的势力。福柯相信，在我们的时代，权力是通过这一权力和这些技术同时实现的，而监禁带来的这些话语和技术侵占了权力的领域，使规范化的程序更经常地从事于对这些法律的归化。福柯相信所有这一切能够解释被他称为“规范化的社会”的普遍的功能。更确切地说，监禁的规范化与统治权的

---

① ［法］米歇尔·福柯：《权力的眼睛——福柯访谈录》，严锋译，上海人民出版社 1997 年版，第 240 页。

法律系统发生了越来越大的冲突：它们之间的不相容性越来越尖锐和明显；越来越需要某些居间仲裁的话语，一种被神圣的科学中立化的权力和知识。从某种意义上来说，正是在医学的不断扩展中，我们看到权力的原则被不断地交换为监禁的机制。医学的发展，行为、话语、欲望的普遍医学化，发生在监禁和统治权这两个异质的层面的交汇点上。有鉴于此，对监禁机制的这种篡位，对这种与科学知识相连的权力的爬升，我们发现在今天还没有一种有效的克服办法，这就是我们的处境，除非我们回到一种围绕着统治权组织起来并通过古代的原则得到表达的权力理论。①

福柯并不认为人文科学源出于监狱。但是，如果说它们（人文科学）能够形成，能够在“知识型”（episteme）中造成如此之多的深刻变化，那是因为它们是通过一种特殊而新颖的权力渠道而传送的，即一种关于肉体的政策，一种使人的群体变得驯顺而有用的方法。这种政策要求把确定的知识关系包容进权力关系，要求有一种使征服与客体化重合的技术。它本身就带有新的造成个人化的技术。这种权力—知识造成了人文科学的历史可能性，而监狱网络则是这种权力—知识的盔甲之一。可认识的人（灵魂、个性、意识、行为等等）是这种分析介入、这种支配—观察的对象—效果。② 刑法作为表达形式，界定了一个可说性场域（即关于犯行的陈述）。③ 因为，刑法只涉及犯罪的可述部分：它是分类及翻译违法行为并计算刑罚的语言体制（regime de lan-

① ［法］米歇尔·福柯：《权力的眼睛——福柯访谈录》，严锋译，上海人民出版社 1997 年版，第 241 页。

② ［法］米歇尔·福柯：《规训与惩罚》，刘北成、杨远婴译，北京三联书店 1999 年版，第 350 页。

③ ［法］吉尔·德勒兹：《德勒兹论福柯》，杨凯麟译，江苏教育出版社 2006 年版，第 50 页。

gage)；它是一组陈述语族，而且同时也是一道门槛。[①] 刑法作为一种表现形式（犯行陈述），当然也有其内容：犯行仅是一种新型的违法行为，触及所有物而不攻击人身。[②] 监狱作为犯罪的可视性并非源自作为表达形式的刑法，它来自完全不同的境域，它是规训的而且非司法的；至于刑法这边则生产它独立于监狱的犯行陈述，仿佛它总是以某种方式被导引说出来，这不是一座监狱……这两种形式就完形（Gestaltung）考古学的意义而言，并不具有相同的建构、相同的起源或谱系。然而，却存在着两者的交会，即使这场交会如变戏法般奇妙：监狱似乎以另一种角色替换了刑法的犯行者，并借由这个替换，生产及再生产犯行，而法律则在同时生产与再生产囚犯。[③] 介于两者之间，在某叠层及某门槛中有无数结盟达成与破裂、无数交错形成与松脱。[④] 作为研究犯罪与刑罚现象的刑事法学，要受到权力—学科制度的规训，遵循"权力—知识"的存在规则。同时，刑事学科制度界定了刑法知识生产的场域，决定着刑事法人才的培养和学术职业样式，规定着刑法知识生产的模式。

三、小结

福柯认为权力并不产生于中央集权国家，而是散见于日常生

① ［法］吉尔·德勒兹：《德勒兹论福柯》，杨凯麟译，江苏教育出版社2006年版，第33页。

② ［法］吉尔·德勒兹：《德勒兹论福柯》，杨凯麟译，江苏教育出版社2006年版，第34页。

③ 迪尔凯姆指出，没有犯罪，法律就不可能进化。社会中的法律，特别是与犯罪有关的法律，是随着犯罪活动的不断发展而得到发展和完善的。参见吴宗宪：《西方犯罪学》，法律出版社1999年版，第112页。

④ ［法］吉尔·德勒兹：《德勒兹论福柯》，杨凯麟译，江苏教育出版社2006年版，第65～66页。

活的各个领域，因此拒斥普通政治学。[1] 从 1971 年到 1972 年，福柯在法兰西学院的课程主要涉及“刑事理论和机构”，认为权力关系并不只是起推进知识或阻碍知识的作用；权力关系并不仅仅满足于鼓励或刺激知识，扭曲或限制知识；权力和知识并不只是因旨趣或意识形态的作用而联系在一起的。因此，问题并不是确定权力如何抑制知识并使之服务于自己的目的，或者权力如何在知识中表现自己并把意识形态内容和限制加注于知识。倘若没有一个交往、记录、累积和置换的体系（它本身是一种权力形式，并且就其存在和功能而言与其他权力形式相联系），就不能形成知识体系。反之，倘若没有知识的抽取、挪用、分配或保留，就不能实施权力。在这个层面上并不存在这样的局面，即以知识为一方，以社会为另一方，或者以科学为一方，以国家为另一方，存在的只有知识—权力这一基本形式。[2] 知识从高高的神坛之上跌落下来，从一个极端走到另一个极端：“在对知识的单纯热诚的投入底下，是权力—知识的机器”。这的确是振聋发聩之言，曾经是日用而不知的知识活动需要反思。但这一步似乎跨越得太快了：不同的知识背后有着不同形式的权力，但不是所有的权力形式都要借助于知识，到底是什么赋予一些知识以权力？需要寻求知识与权力之间的中介因素，这个中介把二者联结起来，却不可以还原为其中的任何一方。霍斯金（Keith W. Hoskin）提出：“权力—知识关系中间的连接号是历史上不断在改变之中的教育实践方式。”他探讨了过去两百多年来他以为最关键的连接方式：书写、考试和评分，它们在特定时刻把附着

① 莫伟民：《主体的命运——福柯哲学思想研究》，上海三联书店 1996 年版，第 281 页。

② 莫伟民：《主体的命运——福柯哲学思想研究》，上海三联书店 1996 年版，第 207 页。

在某种知识上的权力带上前台，或者令某种形式的知识拥有权力；认为学科规训制度不过是以现代严苛的方式活出这古代的吊诡而已。这个结论却不能很好地说明他所指陈的一个事实：“学科规训从来都负载着教育上难解的谜团，也就是既要生产及传授最佳的知识，又需要建立一个权力结构，以期可以控制学习者及令该种知识有效地被内化。”① 其实，学科制度反而是知识和权力之间更为关键的连接方式，因此有必要进一步探讨学科制度本身对知识活动的独特影响。霍斯金企图超越福柯之学说，实际上其谱系学式的考察依然有福柯的影子。霍斯金还与麦克夫以及鲍尔分别探讨了会计学、管理学作为一种学科规训性的微观权力，他们的分析显然受到福柯著述的影响。此外还有众多的同类研究，但有着较为分散的特征，显示出学科制度研究中还没有形成范式，而且“他们还是留心论述、逻辑和理念，多于物质性和制度上的东西。”② 但在这些研究的揭示之下，学科制度表现为一种规训性权力，这是双重规训，既是规则范式，也是组织结构。③

在学科制度规训下，刑法知识的生产被囿囿于各个刑事法学科之中，难免自我封闭，闭门造车，乃至夜郎自大，成为一个个可悲的井底之蛙。为了防止或者打破可悲的局面，有必要提倡刑事一体化的研究思路，强调刑事学科之间的融合，主张整体化、跨专业的研究，从而针对犯罪现象提出全面深入的原因分析和有

① ［美］华勒斯坦等：《学科·知识·权力》，刘健芝译，北京三联书店 1999 年版，第 79 页。

② ［美］华勒斯坦等：《学科·知识·权力》，刘健芝译，北京三联书店 1999 年版，第 34 页。

③ 李春萍：《学科制度下中国学术的演变：以北京大学为例（1898－1927）》，北京大学教育学院博士论文，2004 年。

效合理的对策措施，更深刻地理解刑法学的事实、规范与价值，真正认识诉讼程序的价值和应用，为决策者、立法者、司法者提供行之有效的理论支持，推动刑事法治的进程。长期以来，各个刑事学科的研究者擅长在一个相对稳定的体系中从事研究工作，而很少将其他学科的研究成果引入自己的研究中来。结果，这一学科在一定程度上存在着保守、封闭的缺陷，甚至很难对其他学科进行学术上的沟通和对话，更遑论不同学科的交叉研究。但是，科学研究的逻辑和经验表明，孤立地从事一门学科的研究，而不吸收其他学科的研究成果和方法，研究者往往会使本学科的理论逐渐走向僵化，学术的创新也将无从谈起。因此，要摆脱刑事法学科目前所处的困境，就必须保持学术研究的开放性，始终关注相关学科的发展动态，运用其他学科的研究成果和方法，学会从不同的视角和立场观察刑事法问题。要保持学术视角的开放性，就必须打通各个刑事法学科之间的联系，坚持刑事一体化的思想。如果连这一点也做不到，那么要求这门学科吸收其他各门社会科学甚至自然科学的研究成果，就更谈不上了。刑事法学科要发展，就需要保持学术上的开放性，吸收其他学科的成果和方法，甚至直接展开多学科的交叉研究，这对于任何学科的发展都是一条必经之路。① 研究者需要将刑事法内部各个学科之间打通，也要将刑事法学科与宪法学、行政法学等各门法学学科打通，分析与这些学科展开资源共享和多视角研究的可能性。甚至从长远的眼光来看，刑事法学科不仅应向其他部门法学开放，而且还应吸收法学以外的其他社会科学甚至自然科学的观念、成果、方法和理论，使其理论保持鲜活性和立体性，能够随着科学的发展而有新的进展。

① 陈瑞华：《问题与主义之间——刑事诉讼基本问题研究》，中国人民大学出版社 2003 年版，第 558 ~ 559 页。

结束语

在福柯看来，权力从制造痛苦的肉体酷刑到以一种更隐蔽的方式对身体进行规训，由此产生一种权力的微观物理学。[①] 福柯就这种微观权力的运作提出了几个命题。首先，权力的运作方式不应被看做一种所有权，而应被视为一种战略。它的支配效应不应被归因于占有，而应归因于调度、计谋、策略、技术、运作。这是一种被行使的而不是被占有的权力，它不是统治者的特权，而是由被统治者的位置所展示的、有时加以扩大的效应。其次，这种权力在实施时，不仅成为强加给无权者的义务和禁锢，而且通过他们得到传播，在遭遇反抗时，便加大对无权者的压制。这意味着，这些权力深入到社会的每一个角落，它们不是固定在国家与公民的关系中，也不是固定在阶级的分界处，它们在个人、身体、行为的层面复制出一般的法律和政策形式；尽管存在着某种连续性，但它们之间没有相似性，没有同源性，只有机制的特殊性。最后，权力的这些关系不是单向的，它们确定了无数撞击点，每一点都可能发生冲突、斗争，甚至是暂时的权力关系颠覆，当然这种局部的颠覆，对于整个关系网络而言是微不足道的。

在《规训与惩罚》中，福柯通过权力的变化来描述社会的变化，社会的谱系演变铭写在权力的谱系演变上面。福柯正是从

① 黄华：《权力，身体与自我——福柯与女性主义文学批评》，北京大学出版社2005年版，第55页。

权力——权力的形态、实践、活动机制——入手，创造性地将现代社会描述为规训社会。这一社会理论的基石是权力。在福柯看来，正是围绕着权力的运作机制，庞大的社会组织才得以建立和发展起来。整个社会结构盘根错节地缠绕在权力上面。权力的性质、形态和机制变了，社会结构就随之发生变化，君主制有君主的独特镇压权力，古典时期有针对灵魂的符号——惩罚权力，现代时期则是针对身体的规训权力。也可以反过来说，否定性的镇压权力构成了君主制社会的基本结构，诉诸灵魂的符号——惩罚权力构成了古典时期的社会结构，而规训权力则构成了现代的普遍社会结构。权力是社会形态最根本的基石。社会，它的数不胜数的表象、形态、能指，它的无法估算的规模、尺度、范围，最终都可以浓缩和还原到权力的基石这一点上，权力是它们最后的归宿，也是它们最终的根源。权力发生了变化，整个社会组织也随之发生变化。[①] 对福柯来说，权力从来不外在于社会，相反，它深深地根植于社会的每个片段和细节中，权力的变化促发社会的变化，权力的形态——它的力量关系，它的性质、方向、活动机制——内在地构成了社会的形态：社会关系及其性质、方向、活动机制。权力不是处在社会隐晦的底部，不是曲折而坚决地操纵着社会的发展和演变，它处在社会的内部，处在社会的每一片肌理上面，从而构成社会内部、社会本身的决定性要素。社会围绕着权力机制而活动，而运转，而成型，它听命于这种权力实践和权力游戏，权力处在社会这个同心圆的最核心之处。正是在这个意义上，我们说，社会的种种表象可以还原到权力的机制上。对社会的诊断可以简约为对权力的诊断，外围最终还原到核心。社会形态正是权力形态在同一个层面上的横向扩充，而非纵向的

---

① 汪民安：《身体、空间与后现代性》，江苏人民出版社 2006 年版，第 264 页。

生产和派生结果。对福柯来说，社会形态同这个社会的一般权力形态是同质性的，君主权力就导致君主社会，规训权力就导致规训社会，权力形态的变化导致社会形态的变化。由于权力总是关系中的权力，总是任意两个不同点的权力，总是复数权力和网络中的权力，因而，它天然地就能将社会的诸要素关联起来，将这些要素以权力的方式组织起来，进而让这些要素按照权力的形态组织社会的形态。权力具有这种组织天性，因为权力存在于任何差异关系中，只要存在着差异，就必定会产生权力，权力不是某种可被获得、抓住、分享的东西，也不是人们能够控制或放弃的东西。权力通过不计其数的点来施展，它在各种不均等和流动的关系的相互作用中来施展。哪里有不均等的关系，哪里就会出现权力，权力就具有这种自发性和天生的敏感性。它瞬间生成而且无处不在，这样，社会本身不仅充斥着权力，它几乎就是由权力构成，由权力关系构成的。这就是福柯从权力的角度对社会作出的理论诊断。①

关于权力关系的研究必须被去中心（decentred）。权力不再能够按照意向性来加以分析——谁拥有权力以及他心里在想什么？权力研究也不再能够完全集中于合法的、机构化的权力中心，如国家机构。这种做法只能导致一种关于权力的过于简单化的和形式主义的理解。福柯在心里所特别考虑的是马克思主义的解释，这种解释将所有权力表现中的人的理性都置于经济和阶级关系的层面，从而，这种解释必然是还原论的。他认为，必须避开司法主权和国家机构的有限领域，而从事一种关于权力的自下而上的分析。这也就是说，如果权力产生出了各种各样的后果，那么只有从下面，在它运作的最细微的点上来分析权力，才有可

① 汪民安：《身体、空间与后现代性》，江苏人民出版社 2006 年版，第 266 页。

能觉察出这些后果——一种权力的微观物理学。人的身体是最特殊的点，在这个点上，权力的微观战略能够被加以观察。正是这种关于权力作用于身体的微观物理学分析产生出了规训（disciplinary）权力或生物权力的观念，而这种规训权力或生物权力的观念在《规训与惩罚》中被详细地加以探讨。[①] 福柯认为，传统的权力研究只注意统治权而看不到非统治权，其根本的原因在于它研究权力的角度有问题，即它只从司法的角度而不从刑罚的角度察看权力的具体实施与生成。此外，即使传统的权力研究注意到刑罚过程，也只是将它看做司法的延伸与完成，而未注意到刑罚机制的相对独立，以及在这一环节出现的新的权力踪迹。在对达米安的刑罚中，我们看到在此起作用的是法律（law），而在巴黎少年犯监管所对犯人的惩罚中起作用的则是纪律（discipline）；在前者我们看到一个肉体如何被残酷地消灭，而在后者我们则看到肉体如何被一种文质彬彬的纪律所规训，后者并不消灭犯人的肉体与生命，而是要规训犯人的肉体与生命，使之能重返社会并更好地服务于社会。[②]

对福柯而言，监狱就是现代社会的一个生动隐喻，因为它体现了现代权力的最根本的规训特征，是现代社会形态的精确提纯，社会就是一个在规模上放大、在程度上减弱的监狱。只有在监狱这里，纷繁的社会本身才能找到一个焦点，一个醒目的结构图，一个微缩的严酷模型。而现代个体，正是被这个无处不在的监狱之城所笼罩，个体就形成和诞生于这个巨大的监狱所固有的规训权力执著而耐心的改造之中。个体，在这种权力的干预、生

---

① ［英］路易丝·麦克尼：《福柯》，贾湜译，黑龙江人民出版社1999年版，第97页。

② 余虹：《艺术与归家——尼采·海德格尔·福柯》，中国人民大学出版社2005年版，第251页。

产和造就下，是被动的、他律的、笨拙而呆滞的，最终，这几乎是个无望的个体，悲凉之雾覆盖着他。在这个现代规训社会的舞台上，个体的命运从来都是囚徒式的悲剧。个体诞生在权力机制毫不喧哗的冰冷实践中。[①] 在福柯看来，现代监狱的目的是为了培训顺从温驯的个人（individus soumis）。因此，现代监狱就是整个现代社会的缩影。而且，现代社会的统治阶级又将现代监狱的制度、形式、方法和程序扩大到整个社会，使现代社会变成一般化的监狱。也就是说，整个社会就是监狱的扩大形式，是监狱的延伸和效果。正如福柯所指出的，现代工厂、学校、军营、医院以及一切慈善机构（孤儿院、养老院、救济所等）都类似于现代监狱。整个现代社会就是一所大监狱。所有的人，只要生活在西方社会中，都同样生活于这所大监狱之中；因为每个人都必须如同监狱中的犯人一样，既受到严密的监视，又遭受无孔不入的规训和宰制。福柯把这种现代化的监视制度称为无处不可见，或无所不在的可见性（omnivisibilité）。人们生活在这所大监狱中，固然有他们的人权、自由和民主权，但时刻都必须承受社会法制、规范、原则、协议的监视和约束，无法逃脱国家权力所实行的宰制。甚至他们的私生活领域，也无法逃脱监控系统，脱离不了宏观敞视与微观窥视相结合的全面监视系统。因此，福柯直截了当地说：我们生活在一个由全方位环形敞视监督系统占统治地位的社会中（nous vivons dans une société où règne le panoptisme）。[②]

福柯在《规训与惩罚》中，对于围绕人建立的知识体系的

---

① 汪民安：《身体、空间与后现代性》，江苏人民出版社 2006 年版，第 266 页。

② 高宣扬：《福柯的生存美学》，中国人民大学出版社 2005 年版，第 228、229 页。

基础深恶痛绝：关于人的科学在过去一个多世纪里曾使我们人类感到欢欣鼓舞，但它们的技术母体乃是这些卑微、恶毒、烦琐的规训及其调查。就是说，在19世纪，人文科学的出现，使得规范化的程度加重，人处在无可逃脱的规训机制之中。① 福柯在探讨主体被构成的方式时，认识到：权力不仅深入意识，而且深入肉体。权力不仅控制人们的政治生活，而且制约人们的日常生活。所以，他不会把社会的改变寄托于一场革命，而是呼吁改变我们的日常生活。这也应该是生存美学努力的方向。② 福柯对康德的人类学理想是持否定态度的。他认为，从表面上看，少点残酷，少点痛苦，多点善意，多点尊重，多点人性是人类的共同愿望，是出于善良的动机，然而，这种做法已经产生了按监狱模式重塑整个现代社会这一恶果：越来越精巧、越来越阴险的惩罚性的训诫，不仅被强加到囚犯头上，而且在精心炮制新的个人矫正法的过程中，被强加给士兵、工人、学生，甚至包括被训练来监管各种训诫制度的各种职业人员。由此产生了双重效应：一方面是应加以了解的灵魂，另一方面是应予以维持的从属地位。③ 福柯批判了人本主义，因为人本主义代表了西方文明中一切禁锢权力欲望的东西：它限制权力欲望，排除争夺权力的可能性。④

在《规训与惩罚》中，福柯寻找到了一种有关身体的权力技术学和政治经济学，刑罚总是涉及身体，不论是血腥的刑罚，

---

① 李晓林：《审美主义：从尼采到福柯》，社会科学文献出版社2005年版，第108页。

② 李晓林：《审美主义：从尼采到福柯》，社会科学文献出版社2005年版，第146页。

③ ［美］詹姆斯·米勒：《福柯的生死爱欲》，时报文化出版公司1995年版，第365页。

④ 刘北成编著：《福柯思想肖像》，上海人民出版社2001年版，第210页。

还是仁慈的刑罚。刑罚的对象总是身体，而身体则相应地刻写了刑罚的痕迹。身体的可利用性，可驯服性，它们如何被安排，如何被征服，如何被塑造，如何被训练，都是由某种政治、经济、权力来实施的，都是由历史事件来实施的，都是由一种刑罚制度来实施的。身体反射了这种刑罚，那么，我们能以身体史为背景来撰写这种刑罚史吗?① 福柯关注的正是这种身体政治（body politic)，即将刑罚技术置于身体政治的历史中。福柯的结论是，刑罚和监狱属于一种涉及身体的政治技术学。他就是要将身体和刑罚连接起来，从而透过身体来展示刑罚史，展示谱系学家的刑罚史。所谓规训，首先就是操作身体的政治技术（la discipline, c’ est d’ abord une technique politique des corps)。现代国家虽然实行理性化，但仍然如同古代国家一样，是以生产、训练、培养和造就驯服的身体（le corps docile）为基本目标的。历代统治阶级很清楚地意识到，只有首先控制被统治者的身体，才能进一步对他们进行全面的统治和控制。因此，为了使被统治者温驯地服从统治，首先要千方百计地宰制被统治者的身体，使他们的身体变得温驯、听话、百依百顺、唯命是从。正因为这样，他们的统治方式几乎都一致地以摧残被统治者的身体为主要目标。正如福柯在论述尼采的权力谱系学时所指出的，任何权力运作都离不开对于身体的控制和宰制。但在不同的历史时代，统治者摧残被统治者的身体的方式和策略并不一样。现代监狱不同于古代社会那种以肉刑和身体酷刑为主的惩戒和规训身体的机构。古代社会的监禁所或监狱只是用来杀害、摧残、损伤被统治者的身体的场所。所以，如前所述，《规训与惩罚》从一开始，就描述了发生于1757年的一个骇人听闻的历史事件：一位名叫达米安的罪犯

① ［法］米歇尔·福柯：《规训与惩罚》，刘北成、杨远婴译，北京三联书店1999年版，第27页。

被施以磔刑，然后他的被撕裂的尸体残骸，被丢进火堆之中烧成灰烬。当时的统治者只是懂得以怎样的残酷方式摧残、折磨和杀害被统治者的身体，并不懂得如何以尽可能文明和理性的方式使身体就范，以便将被规训的身体和温驯的身体改造成为有利于权力运作的积极因素，并再为权力本身的运作效劳。可是，到了19世纪，在完成了资产阶级革命之后，在实行了资本主义社会的法制化和理性化之后，在整个社会流行着人文主义或人道主义思潮之后，在近代科学技术和现代知识取得辉煌成果之后，罪犯的身体再也不遭受同样的酷刑，他们只是被日日夜夜地关押在一个满足身体生活最低限度要求的时空里，被关押在监狱中。福柯讽刺地指出，这是人文主义的结果，是科学化和理性化的结果。由于近代人道主义思想的产生，罪犯还享有人权，享有法律上的平等待遇，不再遭受肉刑、摧残和酷刑。但是，福柯指出，取代这些残酷的刑罚和体罚的，是在时空方面对于他们的严密而精细的监视和控制。

福柯的研究领域非常广阔，涉及精神病学、心理学、医学、犯罪学、性学等，其中，福柯对刑罚和犯罪是非常感兴趣的。福柯在法兰西学院的讲座直接涉及犯罪和刑罚。1971年至1972年的课程名为《刑事理论和制度》。福柯研究了19世纪法国社会中的刑事制度，旨在探讨知识构成的法律—政治模式和权力—知识（pouvoir - savoir）的合二为一。[①] 这是因为若没有权力，知识就不会形成；若没有知识，权力就不会实施。权力—知识的合二为一，在古希腊集中体现在尺度（mesure）之中，在中世纪主要存在于讯问（enquête）之中，在工业社会则尤其浓缩在检查（examen）之中。尺度、讯问和检查既是实施权力的手段，又是确立知识的规则。尺度对应于秩序功能，讯问对应于中央集权功

---

① 莫伟民：《莫伟民讲福柯》，北京大学出版社2005年版，第19页。

能，而检查对应于排斥和选择功能。1972年至1973年的课程名为《处罚的社会》。福柯考察了古典时代刑事体制中的四大惩处策略：驱逐、偿还、肉刑、关押。福柯设问：以此为参照，我们能说古希腊社会是流放的社会，日耳曼社会是赎买的社会，中世纪末期的西方社会是加标记的社会，而现代社会就是关押的社会吗？福柯强调监狱是在19世纪初才成为一般的刑罚形式的，成为从心理学和道德上改造犯人的场所。19世纪奠定了敞视式监狱大行其道的年代。敞视式监狱、戒律和规范化概括地描述了权力对肉体的这种新的夺取。福柯告诉我们监狱存在的理由及其功能：监狱有生产犯人的便利，是控制和抑制非法活动的工具，是针对肉体的权力实施所不可忽视的部件，是这个已引发主体心理学的权力物理学的要素。[①] 在福柯看来，知识（真理）与权力之间的勾连关系是一切刑罚机制的核心，即使在古代酷刑中也是如此。福柯分析说古代酷刑之所以盛行，就在于它是一种揭示真相和显示权力的运作方式。它能确保把书面的东西变为口头的东西，把秘密公之于众，把调查程序与忏悔运作联系起来。[②] 它能使罪犯说出真相，并以公开行刑的方式展示真相，压倒真相，证明刑罚的正当性和权力的威力。在酷刑中真相与权力彼此交织、相互依赖，从而使权力的合法运作得以可能。在此，真相是否真是真相并不重要，重要的是权力的实施需要真相，因此，酷刑的基本方式就是按权力的要求逼供，屈打成招。在现代刑法实践中，真相—权力的关系仍然是核心，只不过形式不同、效果不同罢了。在此，对真相的揭示方式不再是酷刑拷打而是披着科学外

① 莫伟民：《莫伟民讲福柯》，北京大学出版社2005年版，第20页。

② ［法］米歇尔·福柯：《规训与惩罚》，刘北成、杨远婴译，北京三联书店1999年版，第60页。

衣的合理取证，比如对犯罪人的法医鉴定。[①] 对犯罪人的精神病鉴定正是一种权力的表现形式。

有时福柯所专注的似乎不过是对“discipline”一词双关用法的苦心经营。Discipline 一方面指知识的一个分支，另一方面指矫正和控制的体系。他的论点是：社会生活等于 discipline 的平方。Discipline（纪律）使 discipline（知识学科）成为可能（两个名词的位置可以互换）。知识来自于社会控制，又为社会控制提供了基础。社会控制的每一个特定形式都建立在知识的某种形式之上，又使知识的某种形式成为可能。由之导出：权力不只是压制性的，也是创造性的（即使它创造出的只是刑罚学）；同理，知识不只是认识，也是真理。[②] 但是，这并不使权力或知识显得格外醒目。从明显的意义上讲，刑罚学是由监禁系统构成的，没有监狱就不可能有对犯人的研究或对监禁效果的研究。Discipline 的一种形式产生出数据，而这数据又使其另一种形式成为可能。同时，刑罚学为监狱体系既提供了理论基础，又提供了知识结构。没有监禁的知识，就不可能有监禁的实施，至少是不可能有被认可的、有组织的实施。尽管也许太容易了些，这仍然是个不错的模式。不管怎样，福柯对它作了进一步的概括：“真理为此世界中的一种事物：只有通过多种约束的形式方可产生。真理引发了权力的一般效果。”[③] 所以，每一个社会、每一个历史年代都有一个真理王国，未经过计划却发挥着作用，以某

---

① 余虹：《艺术与归家——尼采·海德格尔·福柯》，中国人民大学出版社 2005 年版，第 243、244 页。

② 汪民安、陈永国、马海良编：《福柯的面孔》，文化艺术出版社 2001 年版，第 413 页。

③ ［美］布莱恩·雷诺：《福柯十讲》，韩泰伦编译，大众文艺出版社 2004 年版，第 192 页。

种方式生成于权力关系的网络，生成于约束的多种形式，并且与这些一起得到强化。话语的某些类型为社会所接受，社会使其成为真理；有一些机制使我们能分辨陈述的真伪；还有处罚，用以防止我们犯错。福柯坚信真理与它所带来的处罚有关，而知识则与生成它的约束有关。现在，刑罚话语开始再生产渗入社会之中的权力。为此，刑罚调动身体，使其个体化和正常化，它不再通过直接的酷刑，而是通过对精神产生作用的凝视以及通过与身体相连的内疚（bad conscience）对身体发挥影响。[①] 如果说古典时期的刑罚是以物质方式直接在身体上留下记忆，那么现代时期的刑罚则是用话语来产生这样的记忆。于是，作为现代性特征的应用型人文科学（刑罚学、精神病学）和纯人文科学（心理分析学、经济学），在记录记忆的过程中作为结构发挥着作用。

① 汪民安、陈永国、马海良编：《福柯的面孔》，文化艺术出版社2001年版，第421页。

参考文献

（一）福柯的著作和论文：

1.《规训与惩罚》，刘北成、杨远婴译，北京三联书店1999年版，2003年版，台湾桂冠图书公司1992年版；

2.《必须保卫社会》，钱翰译，上海人民出版社1999年版；

3.《不正常的人》，钱翰译，上海人民出版社2003年版；

4.《主体解释学》，佘碧平译，上海人民出版社2005年版；

5.《知识考古学》，谢强、马月译，北京三联书店2003年版；

6.《疯癫与文明》，刘北成、杨远婴译，北京三联书店2003年版；

7.《古典时代疯狂史》，林志明译，北京三联书店2005年版；

8.《福柯集》，杜小真选编，上海远东出版社2003年版；

9.《词与物——人文科学考古学》，莫伟民译，上海三联书店2001年版；

10.《性经验史》（增订版），佘碧平译，上海人民出版社2005年版；

11.《性史》，姬旭升译，青海人民出版社1999年版；

12.《临床医学的诞生》，刘北成译，译林出版社2001年版；

13.《权力的眼睛——福柯访谈录》，严锋译，上海人民出版社1997年版；

14. 《知识的考掘》，王德威译，台北麦田出版有限公司1994年版；

15. 《刑事理论与刑事制度》，强世功译，李康校，载陈兴良主编：《刑事法评论》第8卷，中国政法大学出版社2001年版；

16. 《刑罚的社会》，强世功译，李康校，载陈兴良主编：《刑事法评论》第8卷，中国政法大学出版社2001年版；

17. 《关于阿蒂加监狱的对话》，汪庆华译，强世功校，载陈兴良主编：《刑事法评论》第8卷，中国政法大学出版社2001年版；

18. 《苏维埃犯罪的政治学》，汪庆华译，强世功校，载陈兴良主编：《刑事法评论》第8卷，中国政法大学出版社2001年版；

19. 《什么是批判?》，凯文·保罗·杰曼（法译英），载[美] 詹姆斯·施密特编：《启蒙运动与现代性——18世纪与20世纪的对话》，徐向东、卢华萍译，上海人民出版社2005年版；

20. 《福柯自画像》，严锋译，载《现代外国哲学社会科学文摘》1996年第12期；

21. 《傅柯说真话》，郑义恺译，台北群学出版有限公司2005年版。

（二）有关福柯的著作：

1. [美] 艾莉森·利·布朗：《福柯》，聂保平译，中华书局2002年版；

2. [英] 路易丝·麦克尼：《福柯》，贾湜译，黑龙江人民出版社1999年版；

3. [英] 阿兰·谢里登：《求真意志——米歇尔·福柯的心路历程》，尚志英、许林译，上海人民出版社1997年版；

4. [澳大利亚] J. 丹纳赫、T. 斯奇拉托、J. 韦伯：《理解福柯》，刘瑾译，百花文艺出版社 2002 年版；

5. ［日］樱井哲夫：《福柯——知识与权力》，姜忠莲译，河北教育出版社 2001 年版；

6. ［美］L. 德赖弗斯、保罗·拉比诺：《福柯：超越结构主义与解释学》，张建超、张静译，光明日报出版社 1992 年版；

7. ［巴西］J. G. 梅基奥尔：《福科》，韩阳红译，昆仑出版社 1999 年版；

8. ［巴西］梅奎尔：《傅柯》，陈瑞麟译，台北桂冠图书股份有限公司 1998 年版；

9. ［法］迪迪埃·埃里蓬：《权力与反抗——米歇尔·福柯传》，谢强、马月译，北京大学出版社 1997 年版；

10. ［美］布莱恩·雷诺：《福柯十讲》，韩泰伦编译，大众文艺出版社 2004 年版；

11. ［英］尼格尔·罗杰斯、麦尔·汤普森：《行为糟糕的哲学家》，吴万伟译，新星出版社 2006 年版；

12. ［德］马文·克拉达、格尔德·登博夫斯基编：《福柯的迷宫》，朱毅译，商务印书馆 2005 年版；

13. ［美］詹姆斯·米勒：《福柯的生死爱欲》，高毅译，上海人民出版社 2003 年版及时报文化出版公司 1995 年版；

14. ［美］约瑟夫·劳斯：《知识与权力——走向科学的政治哲学》，盛晓明、邱慧、孟强译，北京大学出版社 2004 年版；

15. ［法］吉尔·德勒兹：《福柯褶子》，于奇智、杨洁译，湖南文艺出版社 2001 年版；

16. ［法］吉尔·德勒兹：《哲学与权力的谈判——德勒兹访谈录》，刘汉全译，商务印书馆 2000 年版；

17. ［法］吉尔·德勒兹：《德勒兹论福柯》，杨凯麟译，江苏教育出版社 2006 年版及台北麦田出版公司 2000 年版；

18. ［英］塔姆辛·斯巴格：《福柯与酷儿理论》，赵玉兰译，北京大学出版社 2005 年版；

19．莫伟民：《主体的命运——福柯哲学思想研究》，上海三联书店 1996 年版；

20．莫伟民：《莫伟民讲福柯》，北京大学出版社 2005 年版；

21．汪民安：《福柯的界限》，中国社会科学出版社 2002 年版；

22．汪民安、陈永国、马海良主编：《后现代性的哲学话语——从福柯到赛义德》，浙江人民出版社 2000 年版；

23．汪民安、陈永国、马海良编：《福柯的面孔》，文化艺术出版社 2001 年版；

24．汪民安：《身体、空间与后现代性》，江苏人民出版社 2006 年版；

25．汪民安、陈永国编：《后身体：文化、权力和生命政治学》，吉林人民出版社 2003 年版；

26．王治河：《福柯》，湖南教育出版社 1999 年版；

27．刘北成编著：《福柯思想肖像》，上海人民出版社 2001 年版；

28．陆扬：《后现代性的文本阐释：福柯与德里达》，上海三联书店 2000 年版；

29．于奇智：《凝视之爱——福柯医学历史哲学论稿》，中央编译出版社 2002 年版；

30．吴猛、和新风：《文化权力的终结——与福柯对话》，四川人民出版社 2003 年版；

31．李晓林：《审美主义：从尼采到福柯》，社会科学文献出版社 2005 年版；

32．李银河：《福柯与性：解读福柯〈性史〉》，山东人民出版社 2001 年版；

33. 李银河：《性的问题：福柯与性》，文化艺术出版社2003年版；

34. 余虹：《艺术与归家——尼采·海德格尔·福柯》，中国人民大学出版社2005年版；

35. 高宣扬：《福柯的生存美学》，中国人民大学出版社2005年版；

36. 黄华：《权力，身体与自我——福柯与女性主义文学批评》，北京大学出版社2005年版；

37. 于奇智：《傅柯》，台湾东大图书股份有限公司1999年版；

38. 黄煜文：《傅柯的思维取向另类的历史书写》，台北台湾大学出版委员会2000年版；

39. ［法］费德希克·格霍：《傅柯考》，何乏笔、杨凯麟、龚卓军译，台北麦田出版公司2006年版；

40. 张之沧主编：《马克思主义与当代西方社会思潮》，上海人民出版社2003年版。

（三）有关福柯的主要论文：

1. 苏力：《福柯的刑罚史研究及对法学的贡献》，载苏力：《阅读秩序》，山东教育出版社1999年版；

2. ［法］吉尔·德勒兹：《新的绘图员（纪律与惩罚）》，强世功译，王俔校，载陈兴良主编：《刑事法评论》第8卷，中国政法大学出版社2001年版；

3. 帕斯奎努：《犯罪学：一种特殊知识的诞生》，劳东燕译，强世功校，载陈兴良主编：《刑事法评论》第8卷，中国政法大学出版社2001年版；

4. 田立年：《福柯的启蒙》，载王生平主编：《世纪存疑——哲学伦理卷》，山西人民出版社2001年版；

5. 周舒：《生产“看”的场域——一种对福柯的解读方

式》，载《西南民族大学学报·人文社科版》2005 年第 12 期；

6. 秦静：《权力与身体的双重拷问——福柯〈性史〉解读》，载《史学理论研究》2002 年第 4 期；

7. 韦妙才：《权力·知识·生产力——福柯话语解读》，载《钦州师范高等专科学校学报》2000 年第 4 期；

8. 杜以芬：《浅谈福柯对传统认识论的批判——知识与社会权力的控制》，载《济南大学学报》2005 年第 3 期；

9. 文兵：《面向复杂性：福柯的后现代知识观》，载《首都师范大学学报（社会科学版）》2004 年第 2 期；

10. ［英］贺拉斯·MC·柯伊：《米歇尔·福柯——一位深受学子赞美又备受同侪憎恨的社会学家》，崔君衍译，载《东南学术》2005 年第 6 期；

11. 闻凤兰：《论福柯哲学的“非常规思维方式”》，载《内蒙古民族大学学报（社会科学版）》2005 年第 5 期；

12. 陈长利：《论福柯的三维话语理论》，载《河南师范大学学报（哲学社会科学版）》2006 年第 2 期；

13. 张之沧：《论福柯的“规训与惩罚”》，载《江苏社会科学》2004 年第 4 期；

14. 张之沧：《福柯的微观权力分析》，载《福建论坛·人文社会科学版》2005 年第 5 期；

15. 毛升：《可疑的真理——福柯“谱系学”之评析》，载《广西师范大学学报（哲学社会科学版）》2005 年第 3 期；

16. 张艳玲：《解读福柯：从“知识考古学”到“系谱学”》，载《河北师范大学学报（哲学社会科学版）》2004 年第 6 期；

17. 吴奇：《话语与权力——分析福柯“认知的意志”》，载《山东科技大学学报（社会科学版）》2005 年第 3 期；

18. 王炎：《福柯思想的三个重要来源》，载《中文自学指导》2005年第1期；

19. 杨春芳：《福柯话语理论的文化解读》，载《安康师专学报》2005年第4期；

20. 王冬梅：《福柯的微观权力论解读》，载《西北大学学报（哲学社会科学版）》2005年第5期；

21. 何雪松：《空间、权力与知识：福柯的地理学转向》，载《学海》2005年第6期；

22. 张艳、张帅：《福柯眼中的"圆形监狱"——对〈规训与惩罚〉中的"全景敞视主义"的解读》，载《河北法学》2004年第11期；

23. 胡健：《福柯的几个基本概念》，载《青海民族学院学报（教育科学）》2003年第2期；

24. 邹菡：《规训的权力与全景敞视主义——论福柯的〈规训与惩罚〉》，载《涪陵师范学院学报》2002年第5期；

25. 胡水君：《惩罚的合理性——福柯对人道主义的批判分析》，载《环球法律评论》2006年夏季号；

26. 陈弘毅：《从福柯的〈规训与惩罚〉看后现代思潮》，载《环球法律评论》2001年秋季号；

27. 李侠：《对福柯权力观的结构化分析》，载《洛阳师范学院学报》2005年第3期；

28. 赵晓锋：《福柯的"权力理论"分析》，载《理论学习》2003年第10期；

29. 张海斌：《福柯〈规训与惩罚〉解读》，载《青少年犯罪问题》2004年第6期；

30. 韩平：《福柯的权力观与法学研究》，载《长春理工大学学报（社会科学版）》2004年第2期；

31. 程党根：《在欲望与权力之间：德勒兹与福柯思想互动探析》，载《天津社会科学》2005年第4期；

32. 李晓林：《以福柯的“微观权力”观点解读卡夫卡的〈城堡〉》，载《枣庄学院学报》2006 年第 1 期；

33. 尹华容、肖洪泳：《西方权力制约途径之检讨》，载《湖南大学学报（社会科学版）》2004 年第 5 期；

34. 陈纪：《试比较福柯与韦伯的权力观》，载《邢台学院学报》2005 年第 2 期；

35. 刘魁：《真理、文化权威与知识生产的时代性——兼评福柯对真理话语的微观权力分析》，载《南京政治学院学报》2005 年第 3 期；

36. 余虹：《主体化的艺术——福柯的伦理谱系学与生存美学》，载《新疆大学学报（哲学·人文社会科学版）》2005 年第 6 期；

37. 张仁香：《主体价值论：从康德到福柯与马克思》，载《文艺理论与批评》2004 年第 6 期；

38. 季卫东：《作为国家缩影的刑罚制度——福柯监狱结构论点评》，载《检察日报》2005 年 4 月 30 日；

39. 高宣扬：《福柯的生存美学的基本意义》，载《同济大学学报（社会科学版）》2005 年第 1 期；

40. 李震：《福柯谱系学视野中的身体问题》，载《求是学刊》2005 年第 2 期；

41. 莫伟民：《福柯思想渊源梳理》，载《云南大学学报（社会科学版）》2005 年第 5 期；

42. 黄华：《论“话语的秩序”——福柯话语理论的一次重要转折》，载《北京行政学院学报》2006 年第 2 期；

43. 梁鸿：《话语、权力和主体——关于后结构主义者福柯的理论分析》，载《郴州师范高等专科学校学报》2002 年第 1 期；

44. 杨大春：《话语考古学与语言的物化——福柯与语言问

题》，载《湖南社会科学》2006年第2期；

45. 郝庆军：《何谓“后现代”？——来自福柯〈规训与惩罚〉的解释》，载《中国社会科学院研究生院学报》2004年第4期；

46. 黄晖：《文艺复兴以来西方知识的空间秩序——福柯的认识型理论解析》，载《西南民族大学学报·人文社科版》2005年第9期；

47. 陈殿青：《人的死亡与重生——福柯的主体思想解读》，载《佳木斯大学社会科学学报》2004年第6期；

48. 李瑶：《一段沉默历史的理性独白——读福柯的〈疯癫与文明〉》，载《社会观察》2005年第12期；

49. 《米歇尔·福柯与结构主义》，载［美］R. 沃斯诺尔、J. D. 亨特、A. 伯格森、E. 库兹维尔：《文化分析》，李卫民、闻则思译，周昌忠校，上海人民出版社1990年版；

50. 《米歇尔·福柯的新结构主义》，载［美］R. 沃斯诺尔、J. D. 亨特、A. 伯格森、E. 库兹维尔：《文化分析》，李卫民、闻则思译，周昌忠校，上海人民出版社1990年版；

51. 《话语与权力——读福柯〈规训与惩罚〉》，载沈立岩主编：《当代西方文学理论名著精读》，南开大学出版社2005年版；

52. 辛斌：《福柯的权力论与批评性语篇分析》，载《外语学刊》2006年第2期；

53. 陈炳辉：《福柯的权力观》，载《厦门大学学报（哲学社会科学版）》2002年第4期；

54. 刘思达：《福柯的“权力”概念》，载《法学文献数据库》2002年1月1日；

55. 杨卫东：《“规训与惩罚”——〈土生子〉中监狱式社会的权力运行机制》，载《外国文学》2002年第4期；

56. 于奇智:《福柯及其生平、著作和思想》,载《国外社会科学》1997 年第 1 期;

57. 李零:《“徒劳”的悲壮》,载《中国税务》2001 年第 8 期;

58. 吴兰香:《注视——规训化权力的一种技巧》,载《山西高等学校社会科学学报》2004 年第 10 期;

59. 张似韵:《福柯〈规训与惩罚——监狱的诞生〉述评》,载《社会》2001 年第 6 期;

60. 陈新:《历史与权力——〈规训与惩罚〉讲述的三个故事》,载《东岳论丛》2004 年第 5 期;

61. 张媛、王振卯:《从〈临床医学的诞生〉看福柯的社会历史观》,载《南京医科大学学报(社会科学版)》2005 年第 4 期;

62. 张春田:《“启蒙”三调与批判性质询的面向》,载《中文自学指导》2005 年第 6 期;

63. 张美川:《自我技术与权力关系——福柯晚期理论中的主体化困境》,北京大学硕士论文,2003 年;

64. 方生:《福柯的文艺美学思想初探》,北京大学硕士论文,1998 年;

65. 张玲:《从知识话语走向政治权力话语——用福柯的知识话语理论考察“自由主义作家”群的话语转型》,北京大学硕士论文,2006 年;

66. 杨艳萍:《后现代人文视野中的科学——论利奥塔、福柯、罗蒂和伽达默尔的科学观》,北京大学博士论文,2001 年;

67. 王简:《从知识论角度看福柯的考古学》,北京大学硕士论文,1997 年;

68. 李春萍:《学科制度下中国学术的演变:以北京大学为例(1898 - 1927)》,北京大学教育学院博士论文,2004 年。

（四）有关刑罚的著作和论文：

1．陈兴良：《从威吓到忠诚：一般预防的话语转换》，载陈兴良：《当代中国刑法新境域》，中国政法大学出版社 2002 年版；

2．陈兴良：《死刑备忘录》，武汉大学出版社 2006 年版；

3．周光权：《刑罚进化论——从刑事政策角度的批判》，载《法制与社会发展》2004 年第 3 期；

4．［法］爱弥尔·涂尔干：《乱伦禁忌及其起源》，汲喆、付德根、渠东译，上海人民出版社 2006 年版；

5．［德］布鲁诺·赖德尔：《死刑的文化史》，郭二民编译，北京三联书店 1992 年版；

6．孙万怀：《刑事法治的人道主义路径》，北京大学出版社 2006 年版。

（五）英文资料：

1. Michel Foucault, On Power, in Politics, Philosophy, Culture: Interviews and Other Writings, 1977 - 1984;

2. Michel Foucault, The History of Sexuality, Vol. 1, An Introduction, Trans. Robert Hurley, Harmondsworth: Penguin, 1978;

3. Michel Foucault, The Subject and Power, in Michel Foucault: Beyond Structuralism and Hermeneutics, by Hubert L. Dreyfus and Paul Rabinow, Chicago: The University of Chicago, 1982;

4. Michel Foucault, Discipline and Punish. Trans. Alan Sheridan. New York: Random House. 1977;

5. Michel Foucault, Power/Knowledge. New York: Pantheon. 1980;

6. Michel Foucault, ed., I, Pierre Riviere, having slaughtered my mother, my sister, and my brother…: A Case of Parricide in the 19th Century, New York: Partheon, 1975;

7. Michel Foucault, The Archaeology of Knowledge and Dis-

course on Language. New York:Pantheon, 1972;

8. Michel Foucault, Power – Knowledge: Selected Interviews and Other Writings. 1972 – 1977. Harvester. 1980;

9. Metzger, Walter, The Academic Profession in the United States. Clark, Burton. The Academic Profession: National, Disciplinary and Institutional Settings. Berkley and Los Angels and London: University of California Press. 1994;

10. Russell Jacby, The Last Intellectuals: American Culture in the Age of Academe. Arts & Licensing International, Inc., USA. 1987;

11. Geiger, Roger, To Advance Knowledge: The Growth of the American Research Universities, 1900 – 1940. New York: Oxford University Press. 1986.

附录

福柯生平年表①

1926年　10月15日，福柯（Michel Foucault）生于法国中部省城普瓦利埃市（Poitiers），父亲为当地外科医生。

1946年　福柯进入巴黎高等师范学院。两年后，在此认识任职哲学学监的阿尔都塞。福柯后来分别取得哲学（1948年）与心理学（1949年）大学文凭，并在黑格尔研究专家让·伊波利特（Jean Hyppolite）指导下研究黑格尔，取得高等研究文凭。这段期间，福柯多次企图自杀。

1950年　福柯加入法国共产党，但旋即于1952年退出。

1951年　福柯考取中学教师资格（前一年未考取），成为高等师范学院心理学学监，并在巴黎规模最大的圣—安妮（Sainte－Anne）精神医院任心理师。

1952年　福柯前往法国北部工业城市里尔（Lille）担任里尔大学文学院助教。

1953年　福柯接任阿尔都塞在高等师范学院的位置，并继续心理学研究，陆续取得巴黎心理学研究院（L'institute de psychologie de Paris）的心理病理学及实验心理学文凭。一直到《古典时代疯狂史》为止，福柯的早期著作都是关于心理学的。而且，一直到动身前往突尼西亚（1966年），他在大学的身份都是

① 转引自［法］吉尔·德勒兹：《德勒兹论福柯》，杨凯麟译，江苏教育出版社2006年版，附录。

心理学讲师。

1954 年　福柯的《心理疾病与性格》（Maladie mentale et personalité）出版，并替宾斯瓦格（Ludwig Binswanger）的《梦与实存》（Rêve et Existence）法译本写序；开始旁听拉康在圣一安妮医院开设的早期讲座。

1955 年　福柯应历史学家迪梅齐（Georges Dumézil）之邀，前往瑞典担任法国文化馆馆长，直到 1958 年。正是在“瑞典的漫漫长夜”中，福柯开始撰写《古典时代疯狂史》。

1958 年　福柯与 D. 贝尔格（D. Berger）合译维克多·冯·瓦尔茨赛克（Victor Von Weizsacker）的《结构的循环》（Cycle de la Structure）；离开瑞典，前往华沙，开设法国文化中心。

1959 年　福柯仓促离开波兰，执掌汉堡的法国研究所。

1960 年　福柯结识德费尔。完成国家博士论文《疯狂与非理性：古典时代疯狂史》（Folie et déraison. Histoire de la folie à l'age classique），法国最大的出版社之一 Gallimard 出版社拒绝出版，转由 Plon 出版社印行（1961 年）。撰写副论文《康德人类学的起源及结构》（Genès et structure de l'anthropogie de Kant），而康德的《实效观点人类学》（Anthropologie du point de vue pragmatique）由福柯译为法文，1964 年由 Vrin 出版社印行。受聘为克莱蒙·费尔兰德学院心理学副教授，并在这里认识哲学家米歇尔·塞尔（Michel Serres）。

1961 年　福柯在索邦大学提交哲学国家博士论文，并在法国文化电台制作“疯狂与文学史”系列节目。

1962 年　福柯当选克莱蒙—费朗大学心理系主任。出版《心理疾病与心理学》（Maladie mentale et psychologie），本书是福柯对《心理疾病与性格》的大幅度改写。

1963 年　福柯成为《批评》月刊（由巴塔伊创刊）的编辑

顾问，直到1977年。出版了《临床医学的诞生》、《雷蒙·鲁塞尔》。福柯在20世纪60年代对当代文学曾做过相当系统性的研究并发表不少论文，如讨论巴塔伊的《越界序言》（Préface à la transgression），讨论布朗肖的《域外思想》（La pensée du dehors），讨论克罗索夫斯基的《Actéon的散文》（La prose d' Actéon）等。

1966年　福柯出版《词与物》，书中宣称“人已死”，引发论战，特别是由萨特及其阵营与法国共产党知识分子所组成的人道主义团体对福柯大加挞伐（在《词与物》中最后以未指名方式批评萨特）。福柯前往突尼斯，担任首都突尼斯大学哲学系教授，并常常趁机保护当地持异议的学生免于镇压。

1968年　“五月风暴”时，福柯在突尼斯开始筹划新的文森大学（Paris Ⅷ - Vincennes，巴黎第八大学）哲学系事宜。

1969年　福柯出版《知识考古学》。

1970年　福柯继任其老师让·伊波利特的位置，被任命为法兰西学院“思想系统史”讲座教授。翻译出版列奥·施皮策的《风格研究》。福柯在《批评》月刊第282期上发表《哲学剧场》（Theatrum philosophicum），评论德勒兹的《差异与重复》及《意义的逻辑》。

1971年　福柯出版法兰西学院就职演说《话语的秩序》；与德费尔等人创立“监狱情报小组”。福柯积极参与各式涉及司法、医学、精神医学、性别等领域的抗争运动，从此开创了一种新型的政治实践形式，一种将日常生活问题政治化的斗争方式。

1973年　福柯与萨特等人共同创办《解放报》；出版《我，皮埃尔·里维埃……》。

1974年　福柯出版《规训与惩罚》。

1976年　福柯出版《知识的意志》，作为六册《性史》的导论［计划中的另外五册为《肉体与身体》（La chair et le corps)、《儿童十字军》(La croisade des enfants)、《女人、母亲与歇斯底里患者》(La femme, la mère et l' hystérique)、《性变态者》(Les pervers)、《人口与种族》(Population et races)]。福柯还为德勒兹与瓜塔里的《反俄狄浦斯》英文版写序。

1978 年 福柯发表《不名誉者的生活》，两度前往伊朗观察伊朗革命。

1984 年 福柯出版《快感的享用》与《自我的忧虑》，而同属于《性史》的《肉体的告白》未来得及完成。6 月 25 日，福柯因艾滋病猝死于巴黎硝石库医院(Hôpital de la Pitié - Salpétrière)。丧礼中，德勒兹代表其念读一段刚刚出版的《快感的享用》的序文。

1994 年 福柯生前在报章杂志的所有访谈及文章由德费尔及埃瓦尔德集结成四册《说与写》出版。

1997 年 福柯在法兰西学院的讲座"思想系统史"(1970 - 1984 年)笔记陆续出版。第一本为 1975 年至 1976 年的课堂笔记《必须保卫社会》(Il faut defender la société)。

1999 年 福柯的第二本课堂笔记《精神异常者》(Les anormaux, 1974 - 1975 年)出版。

后 记

呈现在读者面前的这本小书，是笔者在博士论文的基础上修改而成的。

记得还是在硕士阶段，我写作一篇关于口供的论文时，读到一篇文章，其中介绍了一些福柯关于刑罚的观点，读后倍感清新，击掌称快，对于福柯运用权力理论分析监狱、刑罚、犯罪、知识形态的努力深表赞同。

待到读博伊始，就萌发了以福柯为主题撰写博士论文的想法。但本人才疏学浅，又不懂福柯的母语——法语，能否驾驭这个选题，尚待考证。所幸福柯的主要著作均已译为中文，社会学界、哲学界对于福柯的研究已经相当深刻，也就勉为其难，向恩师陈兴良教授汇报选题愿景。经恩师首肯和鼓励，乃着手广泛收集资料，数月奔走于各大图书馆、书店之间，一时竟汇集资料非常可观。接下来的任务便是阅读和消化了，历经春夏秋冬，期待量到质的转变。然长期的阅读和写作，已感疲惫，尤其是在最后成稿冲刺阶段，日益艰辛。

在此书成稿之际，本人当向研究对象福柯致以最崇高的敬意。福柯离开这个世界已经20多年了，但是他的著作已被翻译成各种文字，在世界各地发行，他的思想也在不同肤色的人群中间传递。福柯的论敌、世界著名的哲学家哈贝马斯承认："在我们这个时代的哲学家圈子里，福柯的思想对于这个时代的影响也许是最深远的。”福柯思想之深邃、之异端，往往不为常人所理解。福柯关注和研究的事物往往是社会边缘的现象，如监狱、精神病、癫狂、性犯罪等。再加上福柯的一些生活轨迹，如吸食致幻剂、同性恋等，使福柯遭到一些人士的诟病。但是这种诟病有何道理？本人觉得，任凭个体意志的坚强，倘若没有丰富的社会阅历，断难在思想上有所突破。福柯身先士卒，尝试人间各种体验，利己不损人，追求思维的高峰体验，成为一位世界级的思想大师，有何过错？我们一般人没有勇气去尝试罢了，尽管继续平凡的生活好了，奈何冷嘲热讽？这不属言论自由的问题，却是井底之蛙的无稽之谈。

岁月蹉跎，本人离开父母来京读书已整整11年，10余年对于一个人的自然生命来说，也不算短暂，更何况是本人的青春岁月。回顾10年，本人多是幼稚肤浅，碌碌无为。承蒙恩师不弃，忝列师门。跟随恩师6年，对于恩师的浩浩恩情，无以回报，不禁汗颜。恩师的为人和治学，学界早已有共识，恩师谦和待人，勉励后进，给人以无限希望。与恩师谈话，如沐春风，常有茅塞顿开之感。恩师的著作丰厚，语言优美，思想深邃，每每读来令人心潮澎湃，感念不已。

在北大法学院的6年读书生活，本人最应当感谢的是各位老师，本人有幸聆听了储槐植教授、张文教授、刘守芬教授、郭自力教授、白建军教授、王世洲教授、梁根林教授、赵国玲教授、张美英教授、朱苏力教授、汪建成教授、陈瑞华教授等诸位先生和女士的讲演和授课，受益匪浅，在此深表谢意。

本人还要对周光权教授、林维教授、王政勋教授、刘树德法官、高艳东博士、葛磊博士、方鹏博士、车浩博士、樊雪志博士、丁保河博士等致以深深的谢意，感谢他们的关怀和帮助。

抚今追昔，感慨系之。在此书完成之际，本人应当做些总结，理清思绪，继续前进。只有如此，方能报答父母的养育之恩和恩师的教育之恩。

是为后记。

孙运梁

2009年5月7日于北京航空航天大学